Netzkulturen

Wissen 3000
Herausgegeben von Christina Knüllig

Ich danke Andreas Broeckmann, Dominik Busch, Florian Cramer, Volker Grassmuck und Claudia Wahjudi (alle Berlin) für ihre differenzierte Kritik und die vielen hilfreichen Hinweise.

Inke Arns,
geboren 1968, studierte Osteuropastudien, Kunstgeschichte und Politikwissenschaften in Berlin und Amsterdam. Sie ist freie Kuratorin und Doktorandin an der Humboldt-Universität zu Berlin, Gründungsmitglied des »Syndicate«-Netzwerkes und des Berliner Vereins »mikro – Verein zur Pflege von Medienkulturen«, einem Zusammenschluss von Künstlern, Theoretikern und Journalisten aus dem Bereich der unabhängigen Medienkultur. http://www.v2.nl/~arns

Inke Arns

Netzkulturen

wissen 3000

Europäische Verlagsanstalt

Inhalt

Praxis der Netzkulturen in den 90er Jahren

Von der Alternativkultur zur politischen Beteiligung

Die Vergänglichkeit des Netzes

Anhang

Was sind Medienkulturen, was sind Netzkulturen?

Mit dem Aufkommen des Internet verändern sich die Kommunikationsmöglichkeiten Einzelner auf grundlegende Art und Weise. »Kleine« oder »Do-it-yourself-Medien« können aus passiven Konsumenten aktive Nutzer machen und überregionale Vernetzungen vereinfachen.

Für die Kritiker globaler Konzerne ist das Internet zu einer der wichtigsten Waffen geworden: Durch die Vernetzung mit Partnern und Informationsquellen auf der ganzen Welt werden sie selber zu »Global Players«. Das Internet macht es heute jedoch nicht nur für kleine AktivistInnengruppen leichter, Kampagnen mit globaler Reichweite durchzuführen (für die es früher großer Organisationen bedurft hätte), es entstehen zunehmend auch geografisch weit verteilte Gemeinschaften, oder *Communities*, die über dieses Medium Kontakt zueinander halten.

Mich interessieren in diesem Buch die kleinen, minoritären, widerständigen Praktiken, die marginalen Positionen, die kleinen Taktiken am Rande eher als die großen Strategien im Zentrum. Der Fokus dieses Buches richtet sich daher nicht auf die »populären Kulturen« bzw. die »majoritären Nutzungen« des Internet, also z.B. die Nutzung von Chat-Rooms oder Bedingungen des E-Commerce. Diese populären Nutzungen des World Wide Web bilden jedoch einen Kontext für die Praxis der Netzkulturen in den 90er Jahren, die in dem vorliegenden Buch skizziert werden sollen. Mit *Netzkulturen* soll ein Daneben oder auch ein Abseitiges fokussiert werden, das kritische Sichtweisen und alternative Entwürfe der Netzentwicklung formuliert und den passiven Konsumenten zu einem aktiven Nutzer werden lassen kann.

Der Titel Netzkulturen betont die in den 90er Jahren zu neuen Ehren gekommenen Begriffe des Netzes, der Vernetzung und die (zunehmende) Bedeutung von Netzwerken. Soziale Vernetzung war, wie auch das gleichzeitige Nebeneinanderbestehen heterogener Praktiken und Kulturen, ein Aspekt, der schon in den 70er und 80er Jahren von den alternativen Linken (bzw. so genannten »Graswurzel«-Initiativen) mit dem Begriff des »Netzwerkes« popularisiert worden war, die damit eine auf »gleichberechtigter Kooperation statt auf Ausbeutung, Autorität und Unterordnung basierende Gegenökonomie auf der Basis von Freiwilligkeit und Autonomie« (Herzinger) schaffen wollten. Die Tatsache, dass sich die offizielle politische Rhetorik heute dieses ursprünglich subkulturellen Konzeptes bedient, sollte nicht darüber hinwegtäuschen, dass die Idee der sozialen Vernetzung in den hier dargestellten kritischen Netzkulturen der 90er ein nach wie vor wichtiges (und vielleicht hier sogar wichtigeres) Konzept ist, zu dessen Realisierung nun auch technische Netzwerke wie z.B. das Internet herangezogen werden.

»Seit der Anschluss ans Internet von Wirtschaft und Politik zum Kriterium für die Zukunftsfähigkeit eines Individuums oder eines Unternehmens erhoben wurde, gilt es als unzweifelhaft erstrebenswert, ›im Netz‹ zu sein. In den apokalyptisch gestimmten Achtzigern hätte eine Vokabel wie *Vernetzung* noch orwellianische Endzeitvisionen ausgelöst.«

Richard Herzinger, *Der Tagesspiegel*, 31.12.2000

Dieses Buch versucht zu Beginn des 21. Jahrhunderts, in einer Art Momentaufnahme einen Rückblick auf die Entwicklung der vergangenen zehn Jahre zu werfen. Der Begriff der *Netzkulturen* zeigt durch seine Wendung in den Plural an, dass es in den 90er Jahren eine extreme Erweiterung dessen gibt, was als Netzkultur verstanden werden kann – einige der hier vorgestellten Projekte widersprechen sogar dem ursprünglichen »Hacker«-Primat des »möglichst optimalen, ungehinderten Datenflusses«. Von Interesse ist jedoch nicht nur der Versuch einer möglichst breiten Darstellung dessen, was heute unter dem Begriff *Netzkulturen* firmiert, sondern auch, wie in den 90er Jahren die »alte« Netzkultur auf die Entstehung einer neuen reagiert hat. So z.B. reagieren Vertreter der eher technischen »Hacker«-Kultur sehr ungehalten auf so genannte »virtuelle Sit-Ins« von Netzaktivisten, also das Lahmlegen von Rechnern durch Datenüberflutung, weil mit dieser »undifferenzierten Vorschlaghammermethode« die fragilen technischen Ressourcen des Internet in Mitleidenschaft gezogen würden.

Medienkulturen

Das vorliegende Buch beschäftigt sich ausdrücklich mit *Netzkulturen*. Diese werden als Teil von Medienkulturen verstanden. »Medienkulturen« ist ein hybrider Überbegriff für Formen und Paradigmen des Umgangs mit und des bewussten Einsatzes von neuen wie alten Medien. Medienkulturelle Praktiken sind z.B. die Schaffung lokaler Produktions- und Distributionsorte (z.B. offene Kanäle), die Schaffung bestimmter Öffentlichkeiten mit spezifischen Interessen sowie Vernetzungsanstrengungen auf (trans)lokalem Niveau. Auch fallen die Verbreitung von und der Einsatz für Medienkompetenz, politische und kulturelle Initiativen (Aktivisten), die sich über alte und/oder neue Medien vernetzen und zu *pressure groups* werden, sowie Kunst, die sich dieser alten wie neuen Medien bedient (Medienkunst), unter diesen Begriff.

»The most democratic aspect of the internet is the ability for people to communicate in groups.«

Steven Clift während des Social Software Panels der *transmediale.01*, Berlin, Februar 2001

Kleine Medien: Praktiken, nicht Techniken

Kleine Medien sind *Praktiken*, keine *Techniken*. Das macht ihre Abgrenzung so schwierig. Eine Website z.B. ist nicht per se ein »kleines Medium«. »Kleine Medien« haben jedoch immer mit nichtmehrheitlichen Nutzungen oder Praktiken zu tun. So z.B. kann selbst in einem so zentral programmierten Massenmedium wie dem Fernsehen durch Benutzung eines Videorecorders eine nichtmajoritäre Nutzung möglich werden (man muss sich nicht mehr nach dem TV-Programm richten, sondern kann sein eigenes individuell zusammenstellen). Offensichtlich legen »kleine Medien« nicht nur die Fähigkeit zu (passivem) Lesen, sondern vor allem zu (aktivem) Schreiben in die Hand der Endbenutzer. Bestimmte Medien eignen sich besser für »kleine« Praktiken als andere: Digital Video besser als Film, Mailinglisten besser als Radio, Websites besser als Fernsehen.

Im Hinblick auf die unterschiedlichen Nutzungsmöglichkeiten steht der Begriff der »kleinen Medien« dem der »Massenmedien« diametral gegenüber. Während die hierarchische und zentralisierte *Closed-broadcast*-Struktur der »alten«, also analogen, (Massen-)Medien nur eine *One-to-many*-Einweg-Kommunikation (besser: Ausstrahlung) erlaubt, ermöglicht der Einsatz »kleiner« oder »Do-it-yourself«-Medien die Schaffung alternativer Öffentlichkeiten und Gemeinschaften. Im *open broadcast system* der »kleinen Medien« kommen als Sender all jene in Frage, die Zugang zu den im Gegensatz zu den Massenmedien relativ frei verfügbaren »kleinen Medien« haben. Es gibt hier nicht nur wenige Sender und viele Empfänger, sondern jeder kann ein potenzieller Sender sein.

Medienkulturen z.B. vernetzen über *alte* »kleine Medien« sowohl lokale als auch translokale Gemeinschaften. (Piraten-)Radio, Schrift (z.B. der handschriftliche Samizdat in der ehemaligen Sowjetunion) und Druck (Zeitungen, Fanzines, Poster, etc.) ermöglichen Öffentlichkeiten »von unten«. Mit dem Übergang von analogen zu digitalen Produktions- und Distributionsmedien werden diese auch kostengünstiger, mithin erschwinglicher für Einzelpersonen oder Gruppen. Für nichtmajoritäre Nutzungen eignen sich besonders digitale Medien wie z.B. Mailboxen, Internet-Mailinglisten, -Newsgroups, Webseiten sowie diverse Streaming-Technologien.

Mit dem Aufkommen des Netzes verändern sich die Kommunikationsmöglichkeiten Einzelner insofern grundlegend, als dass jeder Teilnehmer nun Einzelne oder Gruppen *beliebiger Größe* von anderen Teilnehmern ansprechen kann. Insofern *vereinfachen* das Internet und die digitalen »kleinen Medien« den Aufbau (trans)lokaler Gemeinschaften. Es ist jedoch auch anzumerken, dass »kleine Medien« keinen Wert »an sich« darstellen (sie sind nicht per se »gut«), denn allein die Feststellung ihrer Verfügbarkeit sagt noch nichts über die Art und Weise ihrer Nutzung bzw. über ihre Relevanz allgemein aus. Die Nutzung dieser Werkzeuge kann z.B. auch rechtsradikaler Richtung sein, wie z.B. im Fall des seit den 80er Jahren existierenden neonazistischen »Thule-Netzes«. Außerdem bedeutet eine potentiell globale Reichweite nicht automatisch eine effizientere Durchsetzung oder breitere Veröffentlichung der jeweiligen Interessen. Digitale kleine Medien vernetzen zahlenmäßig relativ kleine Gruppen, sie bilden Teilöffentlichkeiten, deren Reichweite die Grenzen dieser Gruppen nur selten überschreitet (z.B. durch so genannte Multiplikatoren, die die in dieser Gruppe virulenten Themen nach »außen« vermitteln). Die Reichweite kleiner Medien wird außerdem durch die extreme Aufsplitterung in die unterschiedlichsten Öffentlichkeiten eingeschränkt: Das beste Informationsangebot bleibt ungehört, wenn man nichts davon weiß.

Netzkulturen

Das Internet und die digitalen »kleinen Medien« eröffneten zu Beginn der 90er Jahre neuartige Möglichkeitsräume z.B. im Hinblick auf einen politischen Informationsaustausch und die Verbreitung gesellschaftlich relevanter Themen. Auch kommt es zur Entstehung einer sich künstlerisch mit dem Internet auseinander setzenden »Netzkunst«, an deren früher Ausprägung maßgeblich KünstlerInnen aus Osteuropa beteiligt sind.

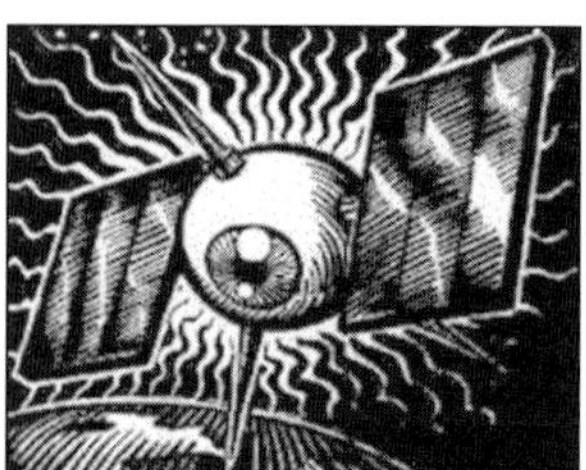

Auch wenn sich, wie eingangs erwähnt, die Netzkulturen der 90er Jahre punktuell in Opposition zur eng mit der Entwicklung des Internet verbundenen Hacker-Ethik positionieren, gibt es in den 90er Jahren – parallel zur Kommerzialisierung des Netzes – einen Diskurs über alternative politische, kulturelle und ökonomische Aspekte des Netzes sowie über gesellschaftspolitische Konsequenzen technologischer Entwicklung. Da die Formulierung solch alternativer Umgehensweisen mit dem Netz teils auf die »Frühgeschichte« des Netzes zurückgreift, wird der historischen Entwicklung des Netzes und seiner Kulturen entsprechender Raum eingeräumt. Zu fragen wäre z.B., inwieweit die Praxis der Geschenkökonomie, die sich im Internet entwickelt hat, über ein Widerstandspotential gegenüber einer restlosen Durchkommerzialisierung des Netzes verfügt.

Das Internet wird, wie jeder Diskursort, von unterschiedlichen Nutzerkulturen geprägt, die jeweils verschiedene seiner Aspekte betonen, so z.B. den politischen, den ökonomischen oder den künstlerischen. In diesem Buch soll es um Netzkulturen gehen, die sich vor allem mit den politischen, künstlerischen und sozialen Dimensionen des Internet auseinander setzen und in Opposition zu dessen Kommerzialisierung stehen.

Kurze Geschichte des Internet – die 60er und 70er Jahre

Die Geschichte des Internet und seiner jeweiligen Nutzerkulturen lässt sich grob in drei Phasen einteilen: in eine Frühphase ab Mitte der 60er bis zum Ende der 70er Jahre, eine »wilde« Graswurzel-Phase in den 80er Jahren und in eine kommerzielle Phase seit Anfang der 90er Jahre. Ab Mitte der 60er Jahre werden mit dem ARPANET die Grundlagen gelegt.

Die Frühzeit

Die Vorgeschichte des Internet begann mit dem Sputnik-Schock: Nachdem die UdSSR 1957 den ersten künstlichen Erdtrabanten (russ. *sputnik*, »Wegbegleiter«) in die Erdumlaufbahn geschossen hatte, wurde in den USA im Jahr darauf eine neue Abteilung des Verteidigungsministeriums gegründet, die Advanced Research Projects Agency (ARPA), die die amerikanische Führung in militärisch anwendbarer Wissenschaft und Technik wiederherstellen sollte.

In den frühen 1950er Jahren wurde das SAGE-Netz *(Semi-Automatic Ground Environment)* als Bestandteil des amerikanischen Luftaufklärungssystems eingerichtet. Es kalkulierte die Flugbahnen feindlicher Flugzeuge und bestand aus mehreren Computern, die per Telefon miteinander verbunden waren. Mit SAGE begann das Zeitalter der Datenfernverarbeitung.

Vgl. Sager 1995

Die Computer der 50er Jahre (Mainframes) waren groß, teuer und mussten aus wirtschaftlichen Überlegungen rund um die Uhr in Betrieb sein. Hierdurch bedingt war die Stapelverarbeitung, wodurch der Benutzer nur über den Operateur mit dem Computer in Kontakt trat (Lochkarten, Magnetbänder), um Aufträge auf einem entfernten Mainframe abarbeiten zu lassen. Immer ging es darum, die knappe, kostspielige Ressource Prozessor optimal auszulasten. Dieses ökonomische Motiv stand auch hinter dem erstmals 1959 von Christopher Strachey vorgeschlagenen Konzept des *Timesharing*.

Nach diesem Konzept wird die Rechenzeit eines Rechners in kleine »Pakete« unterteilt, und alle Benutzer des Rechners bekommen nacheinander ihren Rechenanteil sozusagen scheibchenweise zugewiesen. Die Intervalle zwischen den ihnen jeweils zugewiesenen »Zeitscheiben« sind sehr kurz, und so bemerkt ein Benutzer nicht, dass der Rechner zwischendurch auch für andere Benutzer tätig ist. Jeder von ihnen hat die Illusion, der Rechner arbeite nur für ihn allein.

»What will on-line interactive communities be like? They will be communities not of common location, but of *common interest.*«

J.C.R. Licklider & Robert W. Taylor, in: *Science and Technology,* April 1968

1962 wechselte J.C.R. Licklider, ein Psychologe, der in den späten 50er Jahren eine Forschungsgruppe zu *Timesharing*-Systemen beim US-Rüstungslieferanten Bolt, Beranek and Newman (BBN) leitete, zur ARPA. Entgegen der weit verbreiteten Ansicht, dass *Timesharing* eine ineffiziente Verwendung von Computer-Ressourcen darstelle und daher nicht weiter verfolgt werden solle, argumentierte Licklider, dass Rechner für eine Echtzeit-Interaktion für »kooperatives Denken mit einem Menschen« zu schnell und zu kostspielig seien, weshalb sie ihre Zeit zwischen vielen Nutzern aufteilen müssten. Licklider war einer der Ersten, die den Gemeinschaftsgeist wahrnahmen, der unter den Nutzern der ersten Großrechner aufgekommen war, an denen man sich Rechenzeit teilen konnte (u.a. gab es hier bereits lokale Mail, File Transfer Protocol [FTP], Games sowie schwarze Bretter). Seine Erfahrungen mit *Timesharing*-Systemen erlaubten es ihm, eine Neudefinition vom Computer als Rechenmaschine zum Computer als Kommunikationsgerät (Medium) vorzunehmen. Er war davon überzeugt, dass aus technischer Vernetzung soziale Vernetzung folgen würde.

Information päckchenweise

In dieselbe Zeit fällt die Verschiebung vom leitungsorientierten zum paketvermittelten Paradigma (packet-switching) in der Telekommunikation. In einer paketorientierten Übertragung teilt der absendende Rechner die zu übertragende Datei in kleine Päckchen auf, und der empfangende Rechner baut die erhaltenen Päckchen wieder zur Ursprungsdatei zusammen. Der Vorteil ist, dass für eine solche Dateiübertragung keine exklusive Leitung vorhanden sein muss. Die Leitung kann vielmehr für viele verschie-

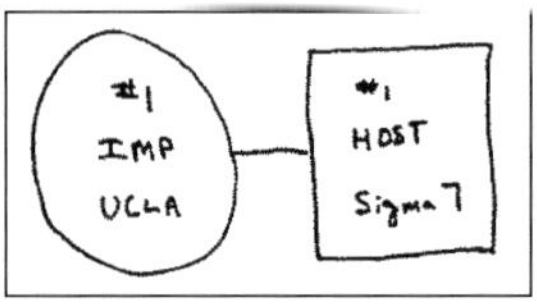

Diagramm der ersten Host-IMP-Verbindung an der UCLA, 1969

dene Übertragungen gleichzeitig genutzt werden. Das Konzept der Paketvermittlung, das u.a. auf Paul Barans Arbeit an der in der Rüstungsforschung tätigen RAND Corporation von 1962 zurückgeht, war Voraussetzung für die Entwicklung neuer verteilter und dezentraler Netzarchitekturen, die in den folgenden Jahren im ARPANET realisiert werden sollten. Ein solch dezentrales »Maschennetz« entsprach auch ganz klar dem Bedürfnis des Militärs nach Schaffung einer »unverwundbaren« Command-and-Control-Struktur im Falle eines Angriffes.

Überregionale Kommunikation

»Der große Erfolg des Internet liegt nicht im Technischen, sondern im Menschlichen begründet. Electronic Mail ist vielleicht kein besonders großer Fortschritt in der Informatik, aber es ist ein vollkommen neuer Weg für Leute, die miteinander kommunizieren wollen.«

David Clark, MIT

Als 1969 vier Großrechner der Universitäten von Los Angeles, Santa Barbara, Utah und des Stanford Research Institute miteinander verbunden wurden, begann die Geschichte des Internet. Das ARPANET war das erste »wide-area packet-switching network«, das 1971 bereits von 40 Einrichtungen gebildet wurde.

Die ersten beiden verfügbaren Dienste waren Telnet und FTP. Mit Telnet steuert man entfernte Rechner, FTP ermöglicht Dateiübertragungen. Die Wissenschaftler mussten nun nicht mehr mit dem geografisch nächsten Computer vorlieb nehmen, sondern konnten sich, dank dieser beiden Dienste, aus dem stetig wachsenden Angebot der ans Netz angeschlossenen Computer den qualitativ besten heraussuchen. Es fehlte jedoch noch ein Dienst, der eine überregionale Kommunikation erlaubte. Obwohl man sich innerhalb lokaler *Timesharing*-Systeme bereits Botschaften schicken konnte, fehlte diese Möglichkeit erstaunlicherweise im ARPANET selbst. 1971 schließlich entwickelt Ray Tomlinson von BBN das erste Electronic-Mailing-Programm (E-Mail), um Nachrichten über ein verteiltes Netz zu schicken.

1973 wurde die erste regelmäßige transkontinentale Verbindung zwischen dem ARPANET und dem University College of London (England) etabliert. Anfang 1975 verfügte das ARPANET über 61 Knoten. E-Mail machte 75% des gesamten Datenaufkommens aus. 1975 richtet Steve Walker die erste Mailingliste ein, *MsgGroup*. Mailinglisten werden zum wichtigsten Kommunikationsmittel der technischen *Community*. So erstaunt kaum, dass die beliebteste Liste in dieser Zeit SF-*Lovers* war, auf welcher über Sciencefiction diskutiert wurde.

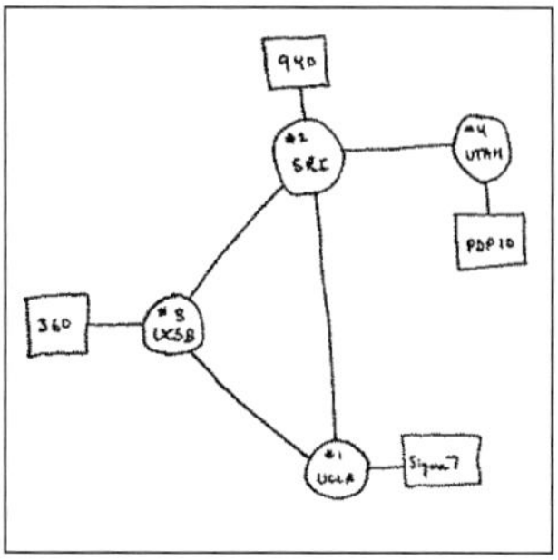

Diagramm des ARPANET mit vier Knoten, 1969

Schon nach wenigen Jahren zeigte sich, dass das bisherige Network Transfer Protocol (NTP) den enorm gestiegenen Anforderungen nicht mehr gewachsen war. Seit Anfang der 70er Jahre wurde daher an der Entwicklung einer neuen – ebenfalls paketvermittelten – Übertragungstechnik gearbeitet. Bob Kahn und Vint Cerf stellten Mitte der 70er Jahre auf einem Treffen der International Network Working Group den ersten Entwurf zum neuen Transmission Control Protocol (TCP) vor, das von nun an neben einer fehlerfreien Paketübertragung auch die Integration der unterschiedlichsten Netztechnologien leisten sollte.

Ein anderes Protokoll – das Unix to Unix Copy Protocol (UUCP) – wurde 1976 an den AT&T Bell Labs entwickelt und als Teil der Version 7 des Betriebssystems Unix verbreitet. Es ermöglichte Einrichtungen, die sich keine Standleitung leisten konnten, über Telefonwählleitungen Daten mit Rechnern am ARPANET auszutauschen. Dies wurde vor allem für Mailboxsysteme in den 80er Jahren interessant.

Seit den 70er Jahren wird das ARPANET vor allem von der technischen »Community« als Kommunikationsmittel benutzt, also vor allem von akademischen Technikern, die an universitären Forschungseinrichtungen an der Entwicklung dieses Netzes selbst mitarbeiten. 1990 wird das ARPANET eingestellt.

Netze von unten: Elektronische Communities in den 80er Jahren

Zeitgleich mit dem Wechsel von der militärischen zur akademischen Forschungsförderung Ende der 70er Jahre beginnt das Wachstum und die internationale Ausbreitung des Internet. Neben akademischen Nutzern schließen sich in den 80er Jahren immer mehr externe (Graswurzel-)Netze an das NSFNET an.

NSFNET – das ARPANET öffnet sich

Ende der 70er Jahre sind nur wenige amerikanische Universitäten an das ARPANET angeschlossen. Um dies zu ändern, treffen sich im Mai 1979 Vertreter verschiedener Universitäten, um über die Einrichtung eines eigenen Datennetzes zu diskutieren. Das Ergebnis ist das von der National Science Foundation geförderte Computer Sciences Network, das 1986 in das National Science Foundation Net (NSFNET) übergeht. Während das ARPANET der 70er Jahre aus vielen vernetzten Einzelrechnern bestand, setzt sich das NSFNET in den 80er Jahren (wie auch später das Internet) zunehmend aus miteinander verknüpften *Netzen* von Rechnern zusammen.

Das NSFNET verfügt über eine Hauptleitung (*backbone*) mit einer damals sehr hohen Übertragungsrate von 56 Kilobit pro Sekunde (kbps), die fünf Supercomputer-Zentren miteinander verbindet. Ziel ist es, auch Universitäten, die über keinen eigenen Supercomputer verfügen, solche zugänglich zu machen. Ab 1986 steigt die Zahl der neuen Verbindungen rapide an, vor allem von Universitäten. 1987 hängen bereits mehr als 10 000 Rechner am Netz. Der NSFNET Backbone wird 1988 auf T1 (1544 Mbps) aufgerüstet. Kanada, Dänemark, Finnland, Frankreich, Island, Norwegen, Schweden schließen sich an das NSFNET an.

Usenet – »das ARPANET des armen Mannes«

Die Wurzeln des Usenet liegen, wie die des Internet, im universitären Bereich. Das Usenet, auch »ARPANET des armen Mannes« genannt, entstand 1979 und sollte in der Folge zu einem Internet-weiten schwarzen Brett werden, das sich heute aus mehr als 60000 Newsgroups, also Diskussionsforen, zu Themen wie Unix, Programmiersprachen, Politik, Philosophie und Wissenschaft zusammensetzt. Zwei Studenten der Duke University in North Carolina hatten, kurz nachdem die mit Unix to Unix Copy Protocol (UUCP) ausgestattete Version 7 des Betriebssystems Unix ausgeliefert worden war, die Idee, Computer anstelle über teure Standleitungen über günstigere Telefonleitungen miteinander zu verbinden, um einen Informationsaustausch unter Unix-Nutzern zu ermöglichen. Sie schrieben dazu die erste Version einer *News*-Software. Rechner treten automatisch über Telefonwahlverbindungen und UUCP in Kontakt und suchen nach geänderten oder neuen Dateien (d.h. Beiträge von Nutzern eines solchen schwarzen Brettes). Finden die Rechner solche Dateien, werden diese automatisch von einem auf den anderen Rechner kopiert. Beiträge werden so automatisch auf alle an das Usenet angeschlossenen (und meistens zum Telefon-Ortstarif erreichbaren) Computer verteilt.

»We had little idea of what was really going on on the ARPANET, but we knew we were excluded ... The ›Poor man's ARPANET‹ was our way of joining the Computer Science community.«

Stephen Daniel, zit. in: *Netizens. An Anthology*, 1995

Das Usenet ist ein partizipatorisches und kooperatives Netzwerk, das im Gegensatz zum ARPANET all jenen, also auch außeruniversitär Arbeitenden, offen steht, die das damals bereits recht weit verbreitete Betriebssystem Unix verwenden.

Anfang der 80er Jahre besteht das Usenet aus drei Rechnern. 1981 verfassen Mark Horton und Matt Glickman an der Universität Berkeley eine neue Version des Programms, um mit der rasch zunehmenden Menge an News fertig zu werden. 1984 werden moderierte Newsgroups eingeführt, in denen ein für ein Thema Verantwortlicher die eingehenden Beiträge filtern und redigieren kann. Zwischen 1979 und 1988 wächst der Datenverkehr im Usenet exponentiell –

von zwei Beiträgen am Tag, die 1979 in drei Usenet »Sites« gepostet werden, hin zu 1800 Beiträgen/Tag in 11000 »Sites« 1988.

Grassroot-Netzwerke: Mailboxen, BBSe

In den 80er Jahren erlebten Rechnernetze ihre erste Blüte. 1981 lief das BITNET (*Because It's Time NETwork*) als kooperatives Netzwerk an der City University in New York mit einer ersten Verbindung zur Yale University an. Eine Besonderheit von BITNET war, dass es die Datenübertragung per E-Mail ermöglichte. 1983 zogen die Europäer nach und verbanden im European Academic and Research Network (EARN) europäische Universitäten und Forschungseinrichtungen miteinander, darunter das Kernforschungszentrum CERN in Genf.

1977 waren u.a. mit dem »Commodore PET« die ersten Computer für den Privatgebrauch auf den Markt gekommen, und die Firma Apple wurde von Steve Jobs und Steve Wozniak gegründet. Für unter 1500 Dollar kann man nun den ersten Kleinrechner kaufen, einen Apple II. Der PC-Boom beginnt: Der IBM-PC folgt 1981 und kurz darauf die ersten IBM-Clones. Durch die billigen Kleinrechner und ihre Fähigkeit, per Modem zu kommunizieren, betritt eine neue Generation von Nutzerkulturen die Informatik- und Netzwelt.

Am 16. Februar 1978 geht in Chicago die erste private Mailbox der Welt ans Telefonnetz. Randy Seuss und Ward Christensen hatten sie entworfen und programmiert, um eine Pinnwand aus Kork zu emulieren. Man sollte Nachrichten in digitaler Form anheften und lesen können. Dieser *quick hack* wird zur Basis für alle nachfolgenden Mailbox-Programme. Nach und nach entstehen – parallel zum Internet – weitere Mailboxen (engl. *Bulletin Board Systems* [BBS]), die via Telefon für jeden erreichbar sind, der einen Computer und einen Akustikkoppler oder ein Modem (»Modulator-Demodulator«) besitzt.

Mailboxen sind lokale Diskussionsforen, die zunächst auf allein stehenden PCs mit einer oder mehreren Einwählverbindungen laufen, sich dann aber auch über Telefonleitungen und Dateiübertragungsprotokolle vernetzen, d.h., die angeschlossenen Mailboxen tauschen nachts private Nachrichten der Teilnehmer (E-Mail) und der (öffentlichen) schwarzen Bretter aus. In den nach Themen geordneten Brettern können die User eigene Mitteilungen, Informationen oder Diskussionsbeiträge anbringen bzw. Beiträge von anderen Nutzern lesen.

Das 1983 von Tom Jennings entwickelte FidoNet z.B. ist ein Mailbox- und E-Mail-System, das nicht nur die Übertragung von Nachrichten, sondern auch von Programmdaten erlaubt. FidoNet entwickelt sich zum ersten unabhängigen, alternativen (*Grassroot-*)Netzwerk der Welt. 1985 gründet Steward Brand das legendäre BBS *Whole Earth 'Lectronic Link* (WELL) in San Francisco. *The WELL* wird zu einer der bekanntesten Online-Communities, die bis heute besteht. Die Mailbox-Kultur in Deutschland bzw. im deutschsprachigen Raum entsteht seit Anfang der 80er Jahre. Auch hier schließen sich einzelne Mailboxen zu thematischen Netzen zusammen. Das *Computernetzwerk Linksysteme*, kurz */CL-Netz*, hat sich z.B. mit über 140 Mailboxen und Einwahlknoten in Deutschland, Österreich, der Schweiz und der Türkei zum Medium und Archiv der neuen sozialen Bewegungen entwickelt, das etwa 300 thematische Bretter zu sozialen, politischen, ökologischen und kulturellen Themen bereithält. Ein anderes Netz ist das deutschsprachige Z-Netz, das einen Zusammenschluss von Mailboxen (u.a. die berühmte //BIONIC-Mailbox in Bielefeld) darstellt, die mit der Zerberus-Mailbox-Software arbeiten.

Howard Rheingold widmete *The WELL* www.well.com/ 1993 ein ganzes Buch: *The Virtual Community: Homesteading on the Electronic Frontier.*

Sowohl die separaten Mailbox-Netze als auch die in den 80er Jahren entstandenen ersten kommerziellen BBSe wie CompuServe und AOL richten Ende der 80er Jahre Gateways zum Internet ein, über die sie E-Mail und Usenet News austauschen können (FidoNet 1988, CompuServe 1989).

In den 80er Jahren sind es nicht mehr ausschließlich die Techniker, die das Netz nutzen, sondern zunehmend solche Communities, die technisch versiert sind, das Netz aber als Mittel zum Zweck (z.B. politischer, ökologischer Aktivismus) benutzen. Durch den Anschluss unterschiedlicher Netze (elektronische Bürgernetze, Mailbox-Netze, Usenet) an das Internet erfährt dieses hinsichtlich seiner Nutzerkulturen eine enorme Öffnung.

Disneyfizierung des Netzes

1990 beginnt die kommerzielle Phase des Internet. Das World Wide Web, die grafische Oberfläche des Internet, macht das bislang textbasierte Internet ab Mitte der 90er Jahre sehr populär. Und wieder breitet sich eine neue Nutzerkultur aus: die des klickenden Konsumenten.

Suchmaschinen bewältigen die Datenflut

Zu Beginn der 90er Jahre wird das Internet nach wie vor überwiegend von studentischen und wissenschaftlichen Anwendern genutzt. In dieser Zeit schließen sich 20 Länder erstmals am NSFNET-Backbone an. Hatte es seit Entstehung des ARPANET rund 20 Jahre gedauert, bis die Anzahl der Hosts die 100000er-Grenze erreicht hatte, verdreifacht sich jetzt diese Zahl in nur einem Jahr. Den technischen Alltag im Netz bestimmen – neben E-Mail – jedoch vor allem immer noch Protokolle wie FTP und Telnet. Für beide Dienste entstehen zwischen 1989 und 1990 aufgrund der immensen Erhöhung des Datenaufkommens wichtige Hilfsmittel: die ersten Suchmaschinen.

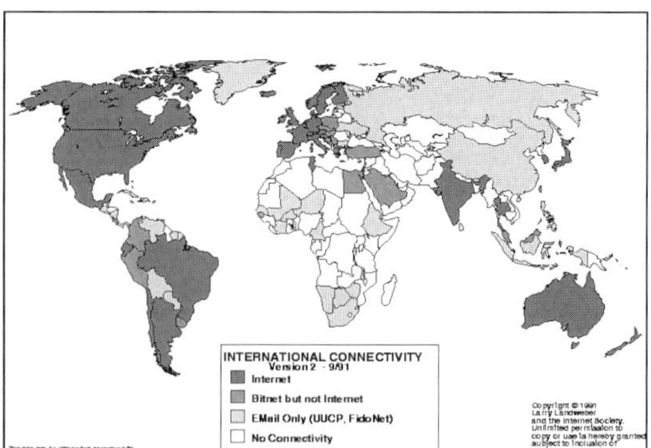

Karte der 1991 ans Netz angeschlossenen Länder

WWW – das grafische Interface des Internet

Die wohl radikalste Veränderung, die das Internet Anfang der 90er Jahre erfahren hat, ist der Wechsel von einer textbasierten hin zu einer grafischen und multimedialen Oberfläche. 1988/89 begann Tim Berners-Lee am Schweizer Kernforschungszentrum CERN in Genf mit der Entwicklung eines Hypermedia-Systems, das mehreren hundert Physikern die gemeinsame Arbeit an Projekten vereinfachen sollte – dem zukünftigen World Wide Web (WWW). Im November 1990 lief der erste WWW-Server am CERN, im Mai 1991 wurde das WWW auf den Computern des CERN-Rechenzentrums freigegeben, und im Jahr darauf entwickelte Marc Andreessen am *National Center for Supercomputing Applications* (NCSA) den ersten Web-Browser Mosaic. Als dessen rasante Verbreitung begann, wuchs das Datenaufkommen des WWW auf dem NSF-Backbone um 341 634 % im Jahr.

Kommerzialisierung und exponentielles Wachstum

Die kommerzielle Erschließung und die Massenbesiedlung des Internet beginnt spätestens mit der Verkündung der National Information Infrastructure (NII) Agenda for Action durch den amerikanischen Vizepräsidenten Al Gore am 15. September des Jahres 1993, in der er Netzwerke nicht nur selbst zu einer Multi-Milliarden-Dollar-Industrie, sondern zu einer Grundlageninfrastruktur für Wirtschaft, Bildung, Wissenschaft und Kultur erklärt.

Im Verlauf der 90er Jahre findet ein exponentielles Wachstum des Datenverkehrs auf dem (ständig erweiterten) NSFNET-Backbone statt, die Anzahl von weltweiten Hosts, Domains, Webseiten und Netzwerken steigt explosionsartig an, und auch die internationale IP-Anbindung nimmt ständig zu. 1993 geht das Weiße Haus online und bald darauf die Vereinten Nationen. Die Massenmedien werden auf das Internet aufmerksam.

1994 zeichnet sich der kommende phänomenale Erfolg des WWW bereits deutlich ab. So steigt die Zahl der Webserver von rund 2700 im Juni auf über 10 000 im Dezember. Um den Überblick im Internet zu behalten, legen die beiden Studenten David Filo und Jerry Yang eine umfangreiche Bookmark-Sammlung an, die sie in einer selbst geschriebenen, sehr schnellen Datenbank verwalten. Filo und Yang machen die Datenbank im Netz zugänglich – und gründen damit »Yahoo!«, das bis heute eine der populärsten Suchmaschinen ist.

1995 wird das WWW zum wichtigsten Dienst im Internet: Es überflügelt FTP hinsichtlich des Datenaufkommens.

Anfang 1996 zählt man rund 9,5 Millionen Internet-Hosts, Ende des Jahres hat sich die Zahl verdreifacht. Ähnlich rapide breiten sich die Websites aus, deren Zahl von etwa 100 000 im Januar auf rund 230 000 im Juni 1996 wächst. 1997 registriert das Mailinglisten-Verzeichnis Liszt 71 618 Mailinglisten im Internet.

Die Gentrifizierung

»Newbies are the silent majority of today's Net. However much we romanticize the old days when the Net was a place for conversation and exchange, this is not its function for most of its users now ... They do not understand what life in the community of the WELL, or a MOO, is really like.«

Lawrence Lessig, *Code and other Laws of Cyberspace*, 1999

Bis ca. Mitte der 90er Jahre breitet sich das Internet ziemlich unkontrolliert und fast unter Ausschluss der Öffentlichkeit aus. Doch der 1994/1995 einsetzende Netzboom und die kommerziellen Interessen, die mit dem Internet verknüpft werden, fordern ihren Tribut. Der international wachsende, vermeintlich rechtsfreie Raum des Internet kollidiert mit nationalen Ordnungen, die neuen Strukturen des Internet stoßen auf bestehende soziale und rechtliche Strukturen der Gesellschaft. Im Gefolge der Wirtschaft halten ab Mitte der 90er Jahre auch die Rechtsanwälte Einzug in das Internet. In vielen Ländern greifen Gerichte und staatliche Behörden in das Internet ein, um auch hier gesetzliche Regularien zu Kryptographie und Urheberrechtsschutz durchzusetzen (siehe den Fall der Internet-Musiktauschbörse *Napster*).

Der erste spektakuläre Streit darüber, ob Domain-Namen geistiges Eigentum sind, war der Fall Adam Curry gegen MTV, in dem entschieden wurde, dass Domain-Namen dem Warenzeichenregime unterliegen, sie also nicht kopiert werden dürfen. Ein reger Handel mit dem knappen Gut war die Folge. CNET beispielsweise kauft 1996 die URL »tv.com« für 15 000 US-Dollar. »business.com« wird 1997 für 150 000 US-Dollar verkauft und zwei Jahre später für bereits 7,5 Millionen US-Dollar weiterverkauft.

Die Regulierung des Netzes

Auch der Gesetzgeber unternimmt Schritte zur Regulierung des Internet. 1996 tritt der umstrittene *Communications Decency Act* (CDA) in den USA in Kraft, der den Gebrauch von »unanständigen« Wörtern im Internet verbietet, nur um im Jahr darauf für verfassungswidrig erklärt zu werden. In China müssen sich 1996 Nutzer und Internet Service Provider (ISPs) bei der Polizei registrieren lassen, und die dortige Regierung versucht, den Zugang zu politisch unliebsamen Websites zu unterbinden. In Deutschland sperren Provider den Zugriff auf den holländischen Provider xs4all, auf dessen Servern eine Kopie der in Deutschland verbotenen linksautonomen Zeitschrift *Radikal* liegt. Im selben Jahr entscheidet ein deutsches Gericht, dass CompuServe den Zugang zu rund 200 Newsgroups, die sich im weitesten Sinne mit Sexualität beschäftigen, unterbinden muss (Pornografie-Vorwurf). Die Sperrung sorgt weltweit für Aufsehen und Empörung.

»Bertelsmann, Sony, Time-Warner u.a. arbeiten seit etwa 1994 nach Kräften daran, ihre Waren über das Netz verkaufbar zu machen und technisch abzusichern. Für die neuen Generationen von Nutzern gibt es nur eine Information, die frei und möglichst weit zirkulieren soll, und das ist Werbung.«
Volker Grassmuck

Die neuen Nutzerkulturen, die mit dem grafischen WWW und der einsetzenden Massennutzung ab Mitte der 90er Jahre in das Internet kommen, haben nichts mehr mit den »alteingesessenen« Internetnutzern gemein. »Netzwelt« und »Realwelt« prallen ab Mitte der 90er Jahre in Auseinandersetzungen um Copyright und Trademarks immer heftiger aufeinander.

Geschenkökonomie vs. Kommerzialisierung

Parallel zu der in den 90er Jahren einsetzenden Kommerzialisierung des Internet existiert eine Geschenkökonomie, die sich kommerziellen Verwertungskreisläufen entzieht und stattdessen über eine Ökonomie des »Ansehens« funktioniert. In einem solchen Kontext entstand das Betriebssystem Linux.

Gebt, so wird euch gegeben

Der Begriff der Geschenkökonomie geht auf Marcel Mauss' ethnologische Studie *Die Gabe* (1925) zurück, die den »Potlatch« (dt. geben) in südamerikanischen Indianerkulturen untersucht. Der »Potlatch«, also das Verschenken oder auch Zerstören von Besitztum, soll Rang und Reichtum des Gastgebers demonstrieren. Das Prinzip der Geschenkökonomie im Internet basiert allerdings eher auf »gleichberechtigtem« Geben und Nehmen.

Lewis Hyde unterscheidet in seinem Buch *The Gift. Imagination and the Erotic Life of Property* zwei Arten von Ökonomien: In einer Waren- (oder Tausch-)Ökonomie gelangen diejenigen zu Ansehen, die viel besitzen. In einer Geschenkökonomie hingegen erlangen diejenigen Ansehen, die anderen viel geben. Geschenkökonomien findet man, so Hyde, nicht nur in primitiven Gesellschaften; vielmehr folgt auch die Wissenschaft den Regeln einer solchen Ökonomie. Auch das frühe Internet basiert auf einer solchen Ökonomie des Geschenkes (engl. »gift economy«). Dies bedeutet, dass NutzerInnen Texte, Konzepte, Software, Musik u.a. frei über das Netz einander zur Verfügung stellen. Dafür bekommt jeder einzelne Nutzer Zugang zu den Inhalten, die durch die anderen ins Netz gestellt worden sind. Die Menge, die ein Einzelner so erhält, ist viel größer als die, die er jemals produzieren könnte.

Kochtopf-Märkte

Rishab Aiyer Ghosh, indischer Ökonom und Journalist aus Neu-Delhi, entwickelt seit 1994 das Konzept der »Cooking Pot Markets« (Kochtopf-Märkte). Mit dieser Metapher beschreibt Ghosh eine Form der Ökonomie, die sich nicht am kapitalistischen Modell von Angebot und Nachfrage orientiert, sondern in der Geschenk und freier Tausch, Aufmerksamkeit und persönliches Ansehen zentrale Kategorien darstellen.

Die ökonomischen Prinzipien von Kochtopf-Märkten finden sich in konkreten Beispielen wie Internet-Mailinglisten, Content-Produktion und Software-Entwicklung. Digitale Daten unterliegen dem Gesetz von Angebot und Nachfrage nicht, weil sie keiner materiellen Begrenzung unterliegen. Sie können beliebig vervielfältigt werden. Ob ein Text von zehn oder 100 Abonnenten empfangen wird, bedeutet keinen Mehraufwand, kann allerdings zu einer erheblichen Steigerung des Ansehens der Autorin führen. Der Wert der Arbeit steigt dadurch, dass sie von vielen genutzt wird.

»While the exchange economy may have been appropriate for the industrial age, the gift economy is coming back as we enter the information age.«
Gifford Pinchot, The Gift Economy

Ein konkretes Beispiel für die Dynamik dieser Art der Produktion und der Cooking-Pot-Ökonomie ist das offene, kooperativ entwickelte, freie Betriebssystem GNU/Linux, das seit einigen Jahren auf Initiative des finnischen Programmierers Linus Torvalds weltweite Aufmerksamkeit und wirtschaftlichen Erfolg verbucht.

Entwicklung freier Software als Beispiel für die Geschenkökonomie

Freie Software entsteht meist nicht auf Anweisung eines Vorgesetzten oder Auftraggebers. Sie ist oft eine eigenmotivierte Tätigkeit, angetrieben von dem Wunsch, ein aktuelles Problem zu lösen. Software-Entwickler veröffentlichen Versionen ihrer Projekte frühzeitig und in kurzen Zeitabständen, in der Annahme, dass sie nicht die Einzigen sind, die dieses Problem haben, und dass es andere gibt, die ihnen bei der Lösung helfen. Meist bildet sich schon bald nach der Erstveröffentlichung um den Initiator eine Gruppe von Mitstreitern, die ihre Kenntnisse und Zeit in das Projekt zu investieren bereit sind und die, wenn die Zahl der Beteiligten wächst, als *Maintainer* eine koordinierende Verantwortung für Teile des Projekts übernehmen.

»I don't believe that software should be owned ...
It prevents people from getting the maximum benefit out of the program's existence.«

Richard Stallman, in: Steven Levy, *Hackers. Heroes of the Computer Revolution*

Bis in die 70er Jahre, so schreibt Volker Grassmuck in »Geschichte und Mechanismen freier Software«, war es üblich, die an den Universitäten entwickelte Software frei zu verbreiten. Auch in der kommerziellen Computerwelt waren damals die Quellen verfügbar, einfach, weil Software noch keinen eigenständigen Markt darstellte. Die Hardware-Hersteller lieferten sie gleichsam als Gebrauchsanweisung dazu, alles weitere schrieben die Anwender selbst.

Anfang der 80er war dann fast alle Software proprietär. Seit 1981 kann in den USA Software, die bis dato als Algorithmen oder mathematische Formeln und damit als unschützbar angesehen wurde, zum Patent angemeldet werden. Heute ist evident, so Grassmuck, dass Patentschutz nur großen Unternehmen und vor allem der Rechtsindustrie nützt.

Das Betriebssystem Unix, das seit 1969 von AT&T Bell Labs entwickelt und danach von einer akademischen Nutzer-*Community* gemeinsam weitergepflegt worden war, wurde 1984 durch AT&T geschlossen. Diese Privatisierung und Schließung einer Software, an der zahllose Leute in der ganzen Welt mitgearbeitet hatten, brachte viele von ihnen auf. Als Reaktion darauf gründete Richard Stallman 1984 das GNU-Projekt (und 1985 die Free Software Foundation).

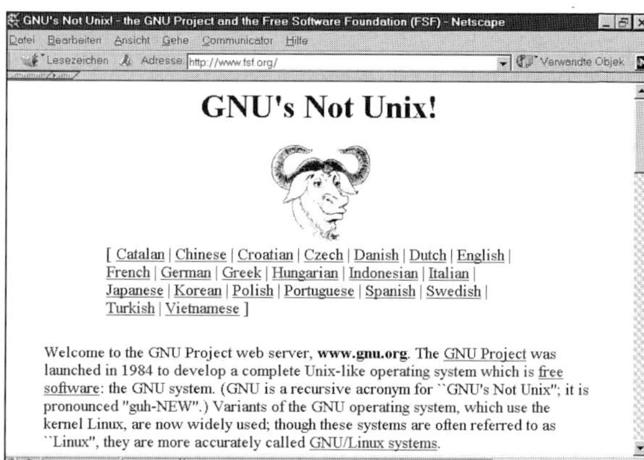

Website der Free Software Foundation www.fsf.org

»St. IGNUtius« – Richard Stallman

Die Abkürzung steht für »GNU's Not Unix«, und genau das war sein Ziel: ein Betriebssystem zu schreiben, das die gleichen Funktionen wie Unix erfüllt, aber keine einzige Zeile von AT&T geschützten Codes enthält. Und vor allem: das in freier Kooperation weiterentwickelt werden kann, ohne irgendwann dasselbe Schicksal zu erleiden wie Unix.

»Unfreie Software ist ›proprietäre Software‹, also Software, die einem Eigentümer gehört. Das wäre nicht weiter schlimm, würde die Tatsache des Privateigentums an Software nicht zum Ausschluss anderer führen. Der Eigentümer schließt andere von der Nutzung der Software aus, um ein knappes Gut zu erzeugen. Das geht bei Software relativ einfach durch Zurückhalten des Quellcodes des Programms. Nur knappe Güter besitzen Tauschwert und lassen sich zu Geld machen. Das ist das Funktionsprinzip des Kapitalismus.«

Stefan Meretz, *GNU/Linux ist nichts wert – und das ist gut so!*

Doch die wirklich geniale Leistung des GNU-Projekts bestand in der Schaffung einer besonderen Lizenz, der GNU *General Public License* (GPL) – auf der das »Copyleft« beruht. Die Freiheit, die die GPL den Nutzern einer Software gewährt, umfasst 1) den Zugang zum Quellcode, 2) die Freiheit, die Software zu kopieren und weiterzugeben, 3) die Freiheit, das Programm zu ändern, und 4) die Freiheit, das veränderte Programm – unter denselben Lizenzbedingungen – zu verbreiten (nicht unbedingt kostenlos).

Die besondere Stärke der GNU-GPL besteht also in dem Verbot, GPL-Programme in proprietäre Software zu überführen. Auf diese Weise kann sich niemand offene Quelltexte aneignen und modifiziert in binärer Form in eigenen Produkten verwenden. Damit kann freie Software nicht reprivatisiert werden, die Freiheit bleibt gewährleistet. »Die besondere Stärke der GPL, die Reprivatisierung zu unterdrücken, ist in den Augen der Privatisierer ihr größter Nachteil.« (Stefan Meretz)

Das GNU-Projekt entwickelte ein nahezu komplettes Betriebssystem – bis auf einen kleinen, aber nicht unwichtigen Rest: einen lauffähigen Kernel, also den »Kern« eines Betriebssystems, der alle nötigen Systemfunktionen für alle Programme bereitstellt. Die Situation änderte sich 1991 schlagartig, als Linus Torvalds die Version 0.01 eines freien Unix-Kernels vorstellte – fortan »Linux« genannt. Die Entwicklungsdynamik war rasant, der Erfolg war so überwältigend, dass heute oft vergessen wird, welchen Anteil das GNU-Projekt am Zustandekommen des freien Betriebssystems hat.

Warum gelang aber einem finnischen Studenten, was einem ausgewachsenen Projekt wie GNU nicht glückte? Es lag, so Stefan Meretz, am unterschiedlichen Entwicklungsmodell. Stallman und die GNU-Leute hatten die klassische ingenieurwissenschaftliche Vorstellung, dass ein komplexes Programm wie ein Kernel nur von einem kleinen eingeschworenen Team entwickelt werden könne, da sonst der Überblick und die Kontrolle verloren gehen würde. Das hat Torvalds intuitiv auf den Kopf gestellt.

Die Kathedrale und der Basar

Diese zwei gegensätzlichen Entwicklungsmodelle – nämlich das kommerzielle und das freie Software-Entwicklungsmodell – kann man sich bildhaft, wie von Eric S. Raymond vorgeschlagen, als Typus »Kathedrale« und als Typus »Basar« vorstellen. Dem ersten hierarchischen Typ entspricht die Mehrzahl der kommerziellen Software, die von einem, unter großer Geheimhaltung arbeitenden, Team erstellt wird. Im »Basar«-Stil zu entwickeln heißt dagegen, dass man so früh, viel und oft wie möglich Versionen der Software veröffentlicht, die Software von möglichst vielen testen lässt und viel delegiert – an eine Community, die wie auf einem belebten Markt

Komponenten hinzufügt, abwandelt und weiterentwickelt.

GNU/Linux zeigt, dass Wunder der Gemeinschaftsarbeit wahr werden (und dass das Basar-Modell funktioniert). Es ist, neben dem in den 80er Jahren entwickelten BSD, das erste – sehr erfolgreiche, weil gegenüber proprietärer Software konkurrenzfähige – freie Betriebssystem, das aus einer weltweiten, über das Internet vernetzten Entwicklergemeinde entstanden ist. Auch unter proprietären Software-Anbietern setzte sich zunehmend die Erkenntnis durch, dass das Entwicklungsmodell von Linux durchaus zukunftsfähig sein könnte: So gab z.B. auch die Firma Sun den Quellcode des Officepaketes StarOffice frei.

Parallel zur Durchkommerzialisierung des Netzes setzt in den 90er Jahren eine selbstbewusste Rückbesinnung auf die Prinzipien der Geschenkökonomie ein. Im »Basar«-Stil entwickelte Software-Projekte werden zu einer ernsthaften Konkurrenz für Anbieter proprietärer Software.

Kontrolle und Überwachung: Das Netz als Panoptikum

Wir bewegen uns zunehmend in digitalen, programmierten Räumen, in denen Überwachung und Kontrolle immer lückenloser durchführbar sind. So stellt sich sehr dringlich die Frage nach Datenschutz und dem Schutz der Privatsphäre überhaupt, ebenso die Frage nach der Freiheit, die eine programmierte Umgebung erlaubt.

ECHELON

ECHELON, ein von der amerikanischen National Security Agency betriebenes, weltweit operierendes elektronisches System zum Abhören kommerzieller Telekommunikationssatelliten, war schon seit Ende der 80er Jahre bekannt, wurde jedoch erst 1997 erstmals in einem offiziellen EU-Papier erwähnt. Mit diesem System ist es möglich, E-Mails, Faxe, Telefongespräche und andere Arten von Kommunikationen abzuhören und mit Hilfe des Künstliche-Intelligenz-Systems Memex in Echtzeit nach bestimmten Begriffen zu durchsuchen und auszuwerten. Es wird von den Vereinigten Staaten vor allem für die Überwachung nichtmilitärischer Ziele – Regierungen, Organisationen oder Firmen außerhalb der USA – u. a. für Wirtschaftsspionage eingesetzt.

»Code«: Kontrollarchitekturen im Internet

Das ECHELON-Beispiel betrifft Überwachungstechnologien, die von außen Kontrolle über Kommunikation im Internet ausüben. Heute haben wir es jedoch zunehmend mit einer Kontrollfunktion zu tun, die direkt in die Architektur des Netzes eingebaut wird. Diese These stellt der amerikanische Jurist Lawrence Lessig in *Code and other Laws of Cyberspace* (1999) auf. »Das Programm selbst wird zum Gesetz« ist das Leitmotiv von Lessigs Publikation. Der ursprünglich freie Raum des Internet werde sich, wenn Gegenkräfte dies nicht verhindern, in einen Raum perfekter Kontrolle verwandeln.

»Wenn Identifikation möglich ist, ist auch Regulierung möglich. Damit wird der ursprüngliche Charakter des Netzes, seine Freiheit, preisgegeben.«

Lawrence Lessig, Die Architektur der Kontrolle: Internet und Macht, in: *Eurozine*, 28.10.2000

Die ursprüngliche Konstruktion des Internet, so Lessig, entzog sich der Kontrolle, insbesondere der staatlichen, und schuf so eine gewisse Freiheit im Cyberspace. Sie machte ebenso Kontrolle durch andere Akteure oder Konkurrenten unmöglich. Das ursprüngliche Netz schützte beispielsweise die freie Rede, die Privatsphäre (durch Anonymität), den freien Informationsfluss, und es schützte Individuen vor Reglementierung. Was aber, fragt Lessig, wenn die Konstruktion des ursprünglichen Netzes verändert würde? Was, wenn es einfacher würde, jemanden zu identifizieren? Was, wenn Inhalte leichter überprüfbar würden? »Die freie Rede wäre in Gefahr«, so Lessig, »weil Andersdenkende aufgespürt werden könnten. Die Privatsphäre wäre nicht mehr geschützt, weil Identitäten offen liegen würden. Inhalte könnten nicht mehr ungehindert verbreitet werden, weil Kontrolle möglich wäre. Das Verhalten wäre reglementierter, weil Staaten den Zugang über den Zwang zur Anpassung an ein bestimmtes Verhalten regulieren könnten.«

Kontrolle im Netz findet heute auf zwei Ebenen statt: so z.B. durch »Cookies«, die die Erstellung von Nutzerprofilen ermöglichen und zunehmend kommerziell von Interesse sind, sowie über die Kontrolle von Inhalten. Das Netz wird, so Lessig, in einer Weise umgebaut, die den Netzbetreibern Macht über die zulässigen Verwendungsweisen des Netzes gibt. All dies steht in eklatantem Gegensatz zur ursprünglichen Freiheit des Internet.

Menwith Hill Station, UK (53°59′N 1°32′W)

Einen Vorgeschmack auf das vollkommen durchregulierte »Internet der Zukunft« gibt Lessig zufolge AOL. Der Online-Dienst, der bereits die Hälfte aller Internet-Nutzer

Lawrence Lessig, *Code and other Laws of Cyberspace*, New York 1999

online bringe, zeichne jeden Platz auf, den ein Abonnent besucht, bemerke, wer wann wo an wen eine E-Mail sende, überwache die Kommunikation in »privaten« Chat-Rooms, und führe Buch darüber, was jemand wo einkaufe. Es gibt, so Lessig, im AOL auch keinen öffentlichen Versammlungsort, keine Agora, keinen zentralen Ort des Protests: In den Chat-Rooms könne man sich zwar mit anderen Usern unterhalten, mehr als 23 »passen« aber nicht gleichzeitig in die virtuellen Plauderstuben. Zahlreiche Nachrichtenbretter und Diskussionsforen seien ebenfalls zugänglich – aber kein einziges beschäftige sich mit Themen, die AOL selbst betreffen.

Die Architektur, die mit Hilfe des sie bestimmenden Software-Codes eine »Zusammenrottung« verhindert und eine weitgehende Kontrolle der Nutzer erlaubt, erscheine den meisten Abonnenten zwar »natürlich«. Kaum jemand würde sie daher hinterfragen. Der Code sei aber keineswegs von Gott geschrieben worden, sondern von Programmierern.

Pretty Good Privacy (PGP)

Durch die Gestaltung der Programmcodes wird zwar einerseits Kontrolle ausgeübt, aber andererseits der Schutz vor Überwachung gewährleistet. Eine der besten Möglichkeiten bietet das asymmetrische Verschlüsselungsverfahren Pretty Good Privacy (PGP), eine frei aus dem Netz herunterladbare Software für PCs, die (in ihrer internationalen, nicht aber in der neuesten US-Version) sichere Datenkommunikation erlaubt. PGP ist deshalb so sicher, weil es zwei Schlüssel verwendet: einen öffentlichen Schlüssel (den *public key*) und einen privaten (*private key*). Der *public key* kann beliebig verbreitet werden, ohne die Sicherheit zu gefährden. Der *private key* befindet sich einzig und allein auf dem Rechner des Schlüsselbesitzers. Eine Nachricht, vom Sender mit dem *public key* verschlüsselt, kann ausschließlich mit dem *private key* des Empfängers wieder in Klartext verwandelt werden. Sein Entwickler Phil Zimmermann beschloss 1991, das Programm kostenlos über das Internet abzugeben, um eine möglichst weite Verbreitung zu gewährleisten. Doch wozu überhaupt Verschlüsselung? Kommunikation im Internet ist per se unsichere Kommunikation. Der Versand unverschlüsselter E-Mails gleicht eher der Kommunikation über Postkarten. »Der eigentliche Wert von PGP«, so Peter Sager, »liegt darin, die Power von Verschlüsselung zu demokratisieren.« Starke Kryptographie, also Verschlüsselung, die sich langer Schlüssel bedient und daher sicherer ist, gilt nämlich in vielen Ländern der Erde als Waffe und fällt unter Ex- und Importverbote und andere Restriktionen.

1995 wurde Richard White laut US-amerikanischem Waffenexportkontrollgesetz als erste Person zu einer Waffe erklärt, weil er den Quellcode einer RSA-basierten Verschlüsselungssoftware auf seinen Arm tätowiert hatte.

Kontrolle und Überwachung haben mit dem Aufkommen des Netzes eine neue Bedeutung bekommen. Der Einbau von Kontrollmechanismen in die Architektur des Internet könnte dazu führen, dass aus dem ursprünglich freien und unkontrollierbaren Netz ein perfektes Kontrollinstrumentarium wird – sofern man nicht z.B. PGP verwendet.

Die kalifornische Ideologie und die europäische Antwort

Anfang der 90er Jahre herrschte unter den so genannten »Digerati« der amerikanischen Westküste ein ungebrochener Glauben an das emanzipatorische Potential der neuen Informationstechnologien. In Europa übernahm man diese »kalifornische Ideologie« zunächst kritiklos. Dann aber formierte sich eine europäische Antwort auf die Ideologie der Virtuellen Klasse.

Die Westküsten-»Digerati« oder die »Virtuelle Klasse«

»An die Mächtigen der Industrie, müde Giganten aus Fleisch und Blut. Ich komme aus dem Cyberspace, der neuen Heimat des Geistes. Im Namen der Zukunft: Lasst uns in Ruhe! Wo wir uns versammeln, habt ihr keine Macht mehr.«

Auszug aus John Perry Barlows *Unabhängigkeitserklärung* von 1996

Mit dem Aufkommen des Internet erlebte der amerikanische Traum eine Renaissance – dies ist nicht zuletzt das Verdienst der Electronic Frontier Foundation (EFF), deren Mitbegründer John Perry Barlow der Netzcommunity anlässlich der Verabschiedung des »Communication Decency Act« im Februar 1996 die *Declaration of the Independence of Cyberspace* präsentierte. Diese *Unabhängigkeitserklärung* ist eine wütende Reaktion auf den Versuch des amerikanischen Senates, durch einen Zusatz zur amerikanischen Telekommunikationsgesetzgebung Inhalte im Internet zu regulieren. Barlow erklärt den Cyberspace zu einem Raum außerhalb der Souveränität der »Regierungen der industriellen Welt« und proklamiert die »Zivilisation des Geistes im Cyberspace«. Den »Cyberspace«, den er ausruft – eben jene *frontier*, die die EFF verteidigt –, vergleicht Barlow an anderer Stelle mit dem Wilden Westen des 19. Jahrhunderts, einem quasi rechtsfreien Raum, in dem einzig die *Pursuit of Happiness* jede Tat rechtfertigte, die im Namen dieses unveräußerlichen Rechts begangen wurde.

Die vorgebliche Radikalität der *Unabhängigkeitserklärung* lässt sich bei näherer Betrachtung problemlos mit Newt Gingrichs *Virtual America* und der *Magna Charta for the Know-*

ledge Age – beides Traktate der amerikanischen wirtschaftsliberalen Neuen Rechten – vereinbaren. Die »Digerati« der amerikanischen Westküste, wie der selbst ernannte »kognitive Dissident« Barlow, predigen einen Eskapismus, dessen Anziehungskraft vor allem darin besteht, dass die Probleme der Welt im virtuellen Paradies ausgeschlossen sind. Verbunden mit der Forderung nach einer Minimierung der staatlichen Kontrolle wird so implizit eine neue Elite definiert: die mit der Informationsgesellschaft verbundene technische Intelligenz, auch bekannt als »Virtuelle Klasse«.

Cover von *Wired*, August 2001

Diese »Virtuelle Klasse«, die sich selbst auch gerne als »Digerati«, also Fahnenträger der digitalen Revolution, bezeichnet, glaubt an einen gewissen technologischen Determinismus, also daran, dass Technologien bestimmte Eigenschaften gleichsam automatisch innewohnen (z.B., dass sie »demokratisch« sind), der Einsatz dieser Technologien also zwangsläufig bestimmte Folgen haben muss. Außerdem ist sie der festen Überzeugung, dass die neuen elektronischen Kommunikationsmedien die Emanzipation des Menschen fördern werden.

»So wie jede Kapitalismuskritik heute mit einer Kritik des ökonomistischen Determinismus beginnen muss, muss jede Netzkritik mit einer Kritik des Technodeterminismus beginnen.«
Oliver Marchart, in: *Netzkritik* 1997

Elemente dieser Ideologie sind ein profunder Anti-Etatismus und der Glaube an das Individuum. Beide sind irgendwo zwischen Anarchismus und Neoliberalismus zu verorten. Dazu kommt eine feindliche Einstellung gegenüber dem Kapitalismus der großen *Corporations* und die Zuversicht, dass sich in den emergierenden Gemeinschaften der Netze der Prototyp einer neuen herrschaftsfreien Gesellschaftsform abzeichnet.

Cover von *Mondo 2000*, Winter 1991

Lange Zeit hatten die »Digerati« die Definitionsmacht über einen großen Teil des Internet und der nichtkommerziellen Online-Szene. Ob nun digitaler Ersatz für das Drogen-Nirvana der 70er oder konkreter politischer Raum: Das Internet wurde in allen Fällen zu einem »implementierten Utopia« (Maximilian Vogel). Die kalifornische Ideologie war trotz ihrer Widersprüchlichkeiten und Probleme so simpel und so zugänglich, dass sich lange Zeit kein ernsthafter ideologischer Rivale zu den ansteckend optimistischen Parolen der »Digerati« entwickeln konnte. Auch in Europa, aus dem man aufgrund anderer soziokultureller und wirtschaftlicher Rahmenbedingungen Gegenpositionen erwarten konnte, beeilte man sich stattdessen, durch Studien wie den Bangemann-Bericht die kalifornischen Verhältnisse zu kopieren.

Eine europäische Antwort: Netzkritik

»Vor allem aber ist die CYBERKULTUR, entgegen ihrer eigenen Überzeugung, keine Alternativbewegung mehr. Aus ihr rekrutiert sich die herrschende Klasse mit ihren neuen Technologien und Organisationsformen.«

Florian Rötzer, Die kalifornische Ideologie – Ein Phantom?, in: *Telepolis,* 12.8.1996

Die »kalifornische Ideologie«, die in den Manifesten der Westküsten-Digerati eine »Verbindung des frei schwebenden Geistes der Hippies mit dem unternehmerischen Antrieb der Yuppies« erkannte, war eine der ersten fundamentalen Kritiken an der Cyberkultur amerikanischer Prägung und der mit ihr verbundenen politischen und gesellschaftlichen Ideologien und Utopien. Formuliert wurde sie von Richard Barbrook und Andy Cameron, die damit einen europäischen Ansatz für eine sozialliberale Politik der Informationsgesellschaft entworfen hatten.

Die »kalifornische Ideologie« wurde 1996 zuerst auf *Nettime* veröffentlicht, einer netzkritischen Mailingliste, die im Juni 1995 von Geert Lovink und Pit Schultz gegründet worden war und sich »als europäische Antwort auf *Wired*« (Wark) verstand. Hier wurde leidenschaftlich diskutiert über Argumente für und wider den Technikdeterminismus, über »affirmative Techno-Utopien« (Diefenbach) und über die »Virtuelle Klasse«, deren Argumentationsfiguren man dekonstruierte. So vermutete man z.B. in der basisdemokratischen Forderung nach *access for all* ein zentrales Stereotyp der Netzdebatte: nämlich die technikdeterministische Behauptung, dass »mehr Kommunikation« automatisch zu »mehr Wissen« und damit zu »mehr Demokratie« führen würde.

Die im Umfeld von *Nettime* entwickelte »Netzkritik« wollte vor allem eine bestimmte Umgangsweise mit dem Netz, eine »Theoriepraxis«, bilden, Anregungen geben, um das »Medienmonopol« zu brechen, konkrete Handlungsmöglichkeiten liefern, wo sonst Ohnmacht und Kritiklosigkeit herrschten.

nettime (Hg.): *Netzkritik*. Berlin 1997

Die Manifeste der Vertreter der »kalifornischen Ideologie« haben heute ihre Ausstrahlung verloren. In ihrer Technikgläubigkeit wirken sie genauso naiv wie die überzogene Technikkritik konservativer oder alternativer Kreise. Inzwischen hat sich ein pragmatischeres Verhältnis zum Internet und den Neuen Medien eingestellt.

Die Bedeutung der Kleinen Medien

Mit dem Aufkommen des Netzes verändern sich die Kommunikationsmöglichkeiten Einzelner grundlegend. Im Gegensatz zu den Massenmedien ermöglichen die so genannten »kleinen Medien« eine horizontale, nicht-hierarchische Kommunikation zwischen Individuen oder Gruppen auf lokaler, translokaler oder globaler Ebene.

B92 goes Internet

Im Dezember 1996 war die kleine lokale Belgrader Radiostation B92 der berühmteste Sender der Welt. BBC World Service, CNN, Deutsche Welle, alle berichteten über die Abschaltung von B92 durch die serbische Regierung. B92 hatte offen die Proteste der serbischen Opposition gegen die Annullierung der Kommunalwahlen unterstützt und war zu einer wichtigen Koordinationsstelle für die Demonstrationen geworden, zu denen sich Tausende von Belgradern jeden Tag aufmachten. So ließ die Milosevic-Regierung die B92-Frequenz zuerst stören und schließlich den Sender beim staatlichen Funkturm ganz abschalten.

Ein Sturm der Entrüstung brach los. Die Informationen über die Ereignisse waren innerhalb weniger Stunden durch das Internet und durch Telefonnetze verbreitet, und internationale Medien, Journalistenverbände und Regierungen begannen, Druck auf das Milosevic-Regime auszuüben. In diesen Stunden bekam Drazen Pantic, Leiter der Internet-Aktivitäten von B92, einen Anruf aus den USA von Progressive Networks, dem Hersteller der RealAudio-Software, mit deren Hilfe erstmals Live-Audiosignale in befriedigender Qualität über das Internet ausgesendet werden konnten. Das Angebot war einfach: B92 erhielt einen starken RealAudio-Server, mit dessen Hilfe es sein Programm unabhängig von den serbischen Sendeanlagen verbreiten konnte, Gegenleistungen keine, außer, dass Progressive Networks auf diese Weise zusammen mit B92 in die Weltöffentlichkeit treten würde.

Innerhalb weniger Tage war der RealAudio-Server bei XS4ALL in Amsterdam installiert, die auch vorher schon eng mit B92 zusammengearbeitet hatten, und das Programm von B92 war fortan nicht mehr nur ein paar Häuserblöcke weit im Zentrum Belgrads, sondern überall da zu hören, wo es einen Internetanschluss gab und man von dem Informationsangebot wusste. Die Website von B92, die seit Herbst 1995 mit Unterstützung der Soros Foundation betrieben wurde, war plötzlich eine der wichtigsten Quellen der internationalen Medien für die neuesten Nachrichten über die Belgrader Winterproteste.

Kleine Medien vs. Massenmedien

Das Beispiel von B92 zeigt die besondere Qualität der neuen Kommunikation. Sein Wechsel vom Äther ins Internet geschah sozusagen im ursprünglichen Sinne der Paketvermittlung: Bei teilweisen Ausfällen des Netzes wird einfach um die Ausfallstelle herum navigiert.

Das Internet ermöglicht Kommunikation zwischen Individuen und Gruppen in dezentraler Weise. Daraus ergeben

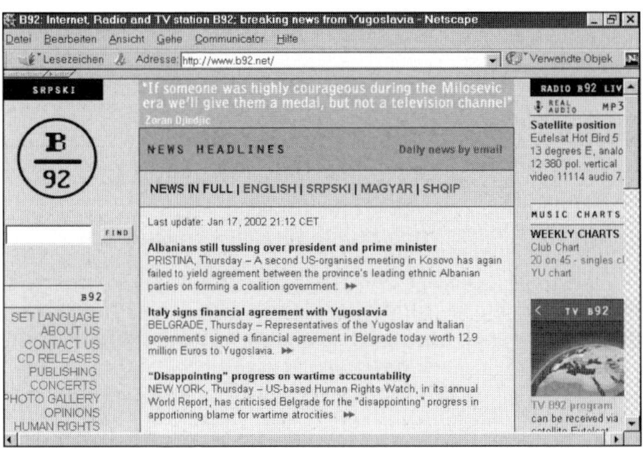

Startseite von B 92

»Es sind die weiten, aber trotzdem flachen Informationsnetze, die erstmals in der Geschichte das traditionelle ›Organisationsgesetz‹ durchbrechen, demzufolge Größenwachstum unvermeidlich mit Abschließung nach außen und Hierarchiebildung im Innern verbunden ist, vom Sportverein über den Wirtschaftsbetrieb bis zum Großreich.«

Helmut F. Spinner, *Die Architektur der Informationsgesellschaft*, 1998

sich ganz neue Verhältnisse oder Strukturen, die als viel versprechendste nichttechnische Neuerungen der aktuellen Wissensordnung gelten können. Die besondere Qualität dieser Umgebung ergibt sich, so Grassmuck, aus der Zweiwegkommunikationsstruktur und der Archivfunktion des Netzes. Die schlichte Tatsache, dass jeder Teilnehmer Einzelne oder Gruppen beliebiger Größe von anderen Teilnehmern ansprechen kann und dass viele der öffentlichen Äußerungen in öffentlich zugänglichen Archiven nachles- und referenzierbar bleiben, führt zu dem, was John Perry Barlow, Mitbegründer der amerikanischen Electronic Frontier Foundation, als »das Ende der Sendemedien und den Beginn der Großen Konversation« bezeichnet hat.

Aus dem einen Sender und den 1000 Empfängern (also der radialen Sendestruktur der Massenmedien) werden im Internet somit potentiell 1000 Sender und ebenso viele Empfänger (Punkt-zu-Punkt-Struktur).

Kleine Medien unterscheiden sich zunächst hinsichtlich des Zugangs von den Massenmedien: Der stark reglementierten Zugangskontrolle des *closed broadcast system* der Massenmedien steht die Offenheit des Zugangs im *open broadcast system* gegenüber. Als Sender kommen hier all jene in Frage, die über einen Internetzugang, über grundlegende Kenntnisse im Umgang mit Computern, Software und die englische Sprache verfügen.

Repressiver Mediengebrauch	**Emanzipatorischer Mediengebrauch**
Zentral gesteuertes Programm	Dezentralisierte Programme
Ein Sender, viele Empfänger	Jeder Empfänger ein potentieller Sender
Immobilisierung isolierter Individuen	Mobilisierung der Massen
Passive Konsumentenhaltung	Interaktion der Teilnehmer: *feed-back*
Entpolitisierungsprozess	Politischer Lernprozess
Produktion durch Spezialisten	Kollektive Produktion
Kontrolle durch Eigentümer oder durch Bürokraten	Gesellschaftliche Kontrolle durch Selbstorganisation

Quelle: Hans Magnus Enzensberger, Baukasten zu einer Theorie der Medien, 1970

Im Gegensatz zur Homogenisierung der Inhalte in den Massenmedien, die ja auch immer Mehrheitsmeinungen transportieren, erlauben kleine Medien eine Heterogenität der Inhalte und Meinungen. Kleine Medien ermöglichen die Schaffung alternativer Öffentlichkeiten und Gemeinschaften.

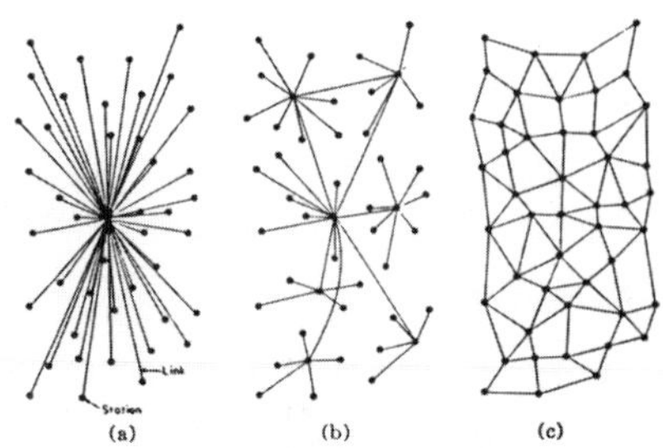

Fig. 1—(a) Centralized. (b) Decentralized. (c) Distributed networks.

Zentralisiertes, dezentrales und verteiltes Netzwerk, Paul Baran 1964

Auch hinsichtlich ihrer Struktur gibt es eklatante Unterschiede zwischen kleinen und Massenmedien. Während Massenmedien ein zentralisiertes, vertikales Sendemodell zugrunde liegt, das nur hierarchische bzw. *Top-down*-Kommunikation (besser: -Ausstrahlung) erlaubt, ermöglichen kleine Medien im Gegensatz dazu durch ihre verteilte bzw. Netzstruktur eine horizontale, nonhierarchische Kommunikation zwischen Individuen oder Gruppen auf lokaler, translokaler oder globaler Ebene. Die Struktur des Internet verhindert – zumindest für den, der eigene infrastrukturelle Zugangswege unterhält – Kontrolle bzw. Regulierung der über diese kleinen Medien transportierten Inhalte.

Durch den Einsatz kleiner digitaler Medien in den 90er Jahren werden Vernetzungen auf globaler Ebene einfacher. Kleine Medien vernetzen jedoch zahlenmäßig relativ kleine Gruppen, sie bilden Teilöffentlichkeiten, deren Reichweite die Grenzen dieser Gruppen nur selten überschreitet. Die Reichweite kleiner Medien wird außerdem durch die extreme Aufsplitterung in die unterschiedlichsten Öffentlichkeiten eingeschränkt.

Das Netz als politischer Raum und politisches Werkzeug

In den 90er Jahren zeichnet sich ab, dass Veränderungen der technischen Struktur des Internet quasipolitische Entscheidungen sind. Auch wird das Internet seit dieser Zeit zunehmend für netzexterne politische Aktivitäten genutzt.

Politik des Netzes

Das Credo der Internet-Entwickler-gemeinde lautet: »We reject: kings, presidents and voting. We believe in: rough concensus and running code.«
Dave Clark, IETF Credo, 1992

»Netzpolitik« betrifft zunächst den Raum des Internet selbst. Strukturelle Entscheidungen, die in diesem Raum getroffen werden, sind nie nur technische, sondern immer auch politische Entscheidungen.

Bis Mitte der 90er Jahre war es eine eingeschworene Technikergemeinde, die diese Entscheidungen traf. Aus dieser *Community*, die das Internet seit den 60er Jahren mitentwickelt hatte, gingen zunächst die Internet Engineering Task Force (IETF) und die Internet Assigned Numbers Authority (IANA) hervor. Während die IANA bis 1993 die Autorität über alle wichtigen Ressourcen des Internet, darunter die Namens- und Nummernräume sowie die zentralen Rootserver, innehatte, war die IETF das wichtigste Standardisierungsgremium. Die Legitimation dieses technischen Regimes wurzelte, so die Berliner Netzpolitologin Jeanette Hofmann, »zum einen in der Geschichte des Netzes, zum anderen in einem quasi zeitlos gültigen, kollektiv getragenen Ziel: der Entwicklung einer technisch robusten, weder durch wirtschaftliche noch politische Einzelinteressen korrumpierten Netzarchitektur«. Je stärker das Netz jedoch durch reine Anwender und eine Industrie, die sich ihnen widmete, geprägt wurde, desto mehr wurden die Technikerkultur und ihre Prinzipien, die bis zu Beginn der 90er Jahre das gesamte Internet zu repräsentieren schien, zu einer Anwenderkultur neben anderen.

ICANN Organizational Chart

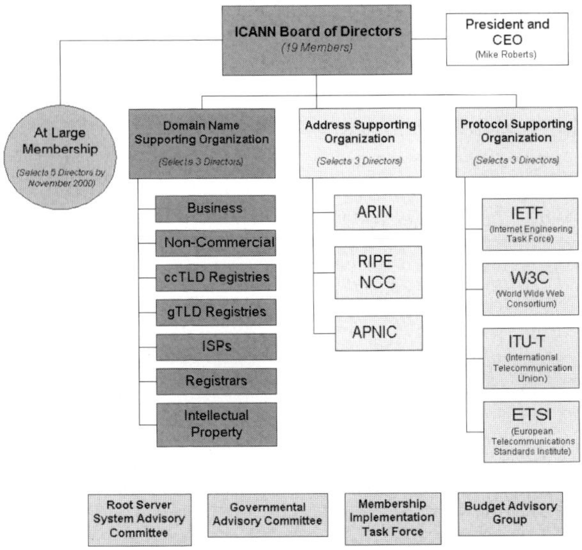

Etwa Mitte der 90er Jahre wurde deutlich, dass weder die verfügbare Kapazität noch die – zunächst von der IANA und ab 1993 im Auftrag der US-Regierung von dem amerikanischen Unternehmen Network Solutions Inc. (NSI) verwaltete – Organisationsstruktur des Domainnamensystems (DNS) der wachsenden wirtschaftlichen Bedeutung von Domainnamen gerecht wurde und daher dringend einer Reform bedürfe. Die amerikanische Regierung setzte auf Selbstorganisation der Internet-Wirtschaft und initiierte dazu im November 1998 die Gründung von ICANN, der Internet Corporation for Assigned Names and Numbers. ICANN wird künftig alle bestandswichtigen – vorher von IANA und NSI sichergestellten – Funktionen und Ressourcen des Internet koordinieren. Das gemeinnützige Unternehmen erhält u.a. die Aufsicht über den Nummernraum sowie die generischen Namensräume, die nun von konkurrierenden Registraturen (und nicht mehr allein von NSI) bewirtschaftet werden sollen. Der Rootserver »A«, von dem alle anderen Datenbanken ihre Informationen beziehen, wird derzeit noch von NSI betrieben, soll jedoch mittelfristig auch an ICANN übergehen. ICANN wird sich zukünftig außerdem um die Publikation der Internet-Standards kümmern. Aufgrund dieser Machtfülle wird ICANN in der Presse als neue Internet-Regierung tituliert.

Toywar-Kampagne 1999

Netzaktivismus: Das Netz als taktisches Werkzeug

Neben der Thematisierung »netzinterner« politischer Entscheidungen wird das Internet auch zunehmend als taktisches Werkzeug im Einsatz für politische Ziele genutzt. Hier sind zwei Arten des Einsatzes zu unterscheiden: einmal der »blockierende« Einsatz der Mittel, auch »Hacktivismus« genannt, sowie der »ermöglichende« Einsatz, der auf Vernetzung und Herstellung von Kommunikation abzielt.

Der Begriff »Hacktivismus« setzt sich aus den Begriffen »Hacken« und »politischer Aktivismus« zusammen. Damit bezeichnen einige Netzaktivisten Formen des elektronischen Protestes im Netz (wie virtuelle Sit-ins, bei denen eine große Zahl von irregulären Aufrufen einer Website den Server dazu bringt, seine Dienste einzustellen). Zurückgeführt werden kann der Begriff auf Aktionen des Electronic Disturbance Theater (EDT), das 1998 eine Serie von Protestaktionen gegen Webseiten der mexikanischen Regierung organisiert und mit Hilfe einer globalen Netz-Community durchgeführt hat. Entsprechend harsch werden die »Hacktivisten« daher auch von den Hackern kritisiert.

Der so genannte »ermöglichende« Einsatz bedient sich ebenfalls des Internet und neuer Kommunikationstechnologien, zielt aber auf Vernetzung und Herstellung von Kommunikation zwischen den »befreundeten« Parteien ab. Die Antiglobalisierungs-Proteste Ende der 90er Jahre basierten in ganz entscheidendem Ausmaß auf der weltweiten Internet-Kommunikation der lokal agierenden Gruppen. Dies ist insofern erstaunlich, als sich die »Linke« bislang oft durch latente Technikfeindschaft ausgezeichnet hatte.

»Leider sind Denial-of-Service-Attacken nicht nur technisch brutal, dumm und primitiv, sie ziehen auch die ganze Infrastruktur des Netzes in Mitleidenschaft und vergrößern die Kluft zwischen ›Usern‹ und ›Administratoren‹, weil sich kein normaler Mensch vor Brute-force-Angriffen schützen kann.«

Florian Cramer, März 2001

Antiglobalisierungs-Proteste, die maßgeblich über das Netz koordiniert wurden, gab es erstmals anlässlich des World Economic Forum (WEF) in Davos Anfang 1998. Seither finden parallel zu internationalen Konferenzen des WEF, der World Trade Organisation (WTO) oder der G8 Proteste statt, die von unterschiedlichen internationalen Initiativen organisiert werden. Das klägliche Scheitern der 3. Konferenz der WTO Ende 1999 in Seattle ist zum Symbol für die Kraft eines global organisierten Widerstandes geworden. Abertausende von Protestierenden reisten in der bislang größten Mobilisierungswelle aus aller Welt an, um gegen die Wirtschaftspolitik der WTO zu protestieren. Die Massenmedien trugen in ihren Berichten Bilder einer durch die Menge der anwesenden Protestierer und die massive Polizeipräsenz vollständig gelähmten Stadt in die Welt.

In der Tat haben sich die »kleinen Medien« des Netzes mit ihren Vernetzungsmöglichkeiten zu wichtigen Werkzeugen für global koordinierte und organisierte Kampagnen entwickelt.

Digitale Spaltung

Die rasante Wandlung hin zu einer Informationsgesellschaft birgt in sich die Gefahr einer Spaltung in Information-haves und Information-have-nots in sich: Während die-haves über Zugang und Technologie (Bandbreite) verfügen, das Internet als Medium auch aktiv nutzen, sind die -have-nots entweder vom Zugang aus sozialen oder wirtschaftlichen Gründen ausgeschlossen oder lediglich auf eine passive Nutzung des Internet beschränkt.

Schon in der ersten Hälfte der 90er Jahre haben sich mit der Gefahr des *digital divide* Initiativen wie z. B. De Digitale Stad, xs4all (sprich: access for all; »Zugang für alle«) (beide Amsterdam), die Internationale Stadt (Berlin) und Public Netbase (Wien) auseinander gesetzt. Die Vermittlung von Medienkompetenz war zwar ein Anliegen (so wollte man z.B. mit dem Laptop in Seniorenwohnheime oder Schulen gehen und Schulungen anbieten bzw. in Bibliotheken öffentliche Terminals aufstellen), jedoch waren die genannten Organisationen zu klein, um Wissensvermittlung auf breiter Ebene anbieten zu können.

Inzwischen sind diese kleinen *bottom-up*-Modelle von groß angelegten, von Bundesregierung und Wirtschaftsunternehmen getragenen *top-down*-Programmen, wie z.B. »Schulen ans Netz« oder »Initiative D21«, beerbt worden, die durch das Zur-Verfügung-Stellen von Computern und Bandbreite vor allem junge Menschen schon früh mit diesen Technologien vertraut machen wollen. Ziele sind die Vermittlung »beruflicher Grundqualifikation« für den E-Commerce des 21. Jahrhunderts sowie – im Stile eines Fünfjahresplans – 80% der Bundesbürger bis 2005 ins Netz zu bringen (»xs4all«!). Problematisch ist bei diesen Projekten jedoch die Privatisierung der Computer- und computergestützten Bildung an öffentlichen Schulen, durch die die unterstützenden Unternehmen bereits in jungen Jahren eine Kundenbindung aufzubauen versuchen.

Kritische Medienkompetenz in der »Informationsgesellschaft«

Um in der Lage zu sein, die digitalen Medien *als aktiver Produzent* nutzen zu können, braucht es neben passiven auch aktive Fähigkeiten. Die unterschiedlichen Haltungen lassen sich an den beiden wichtigsten Webbrowsern veranschaulichen, die in unterschiedlichem Ausmaß eine aktive Nutzung unterstützen: Während Netscape seinem kostenlosen Browser den Editor »Composer« mitgibt, verschenkt Microsoft nur den Betrachter und lässt sich die HTML-Editoren bezahlen. Browsen gibt's also umsonst, die Fähigkeit, Webseiten zu gestalten, muss man sich kaufen.

Staatliches Bildungsziel sollte also nicht eine der Industrie hinterher laufende Bedienerkompetenz, sondern die Vermittlung einer *kritischen Medienkompetenz* sein. Diese müsste grundlegende Kenntnisse über die Gestaltungsfähigkeit verschiedener Betriebssysteme (Windows, MacOS, Linux u.a.) und Webbrowser (Netscape, Internet Explorer, Opera u.a.), Kreativität im Umgang mit digitalen Ausdrucksmitteln, soziale und kulturelle Geschichte von Computern und des Internet, basale Kenntnisse im Umgang mit Computer-Hardware umfassen sowie für Fragen des persönlichen Datenschutzes und der Sicherheit im Internet sensibilisieren. Der Virus »I love you« hätte 2000 wahrscheinlich nicht diese verheerenden globalen Ausmaße gehabt, wenn ein Minimum an kritischer Medienkompetenz vorhanden gewesen wäre.

In einer zunehmend vernetzten Welt ist die Vermittlung einer »kritischen Medienkompetenz« unabdingbar. Nur mit ihr können Menschen das Netz und die neuen Kommunikationstechnologien unabhängig von den Interessen z. B. der Wirtschaft benutzen und für ihre eigenen Ziele einsetzen.

Translokale Vernetzung – »neue Identitäten«

Neue Kulturen der Zusammenarbeit entstehen aus der offenen, verteilten Struktur des Internet. Globale oder translokale Formen der Kooperation werden durch »kleine Medien« ermöglicht, die eine horizontale, nichthierarchische Kommunikation zwischen Individuen oder Gruppen unterschiedlicher Größe und geografischer Verteilung erlauben.

Translokale Vernetzung

J.C.R. Licklider und Robert W. Taylor, zwei »Miterfinder« des Internet, sahen bereits 1968 die Entwicklung von Gemeinschaften voraus, die sich nicht über eine gemeinsame Herkunft oder einen gemeinsamen Ort, sondern über gemeinsame Interessen definieren würden. Vor allem Internet-Mailinglisten und -Newsgroups fördern heute die Entstehung solcher interessengeleiteter Gemeinschaften.

Ein Ergebnis dieser neuen Vernetzungsmöglichkeiten stellt z.B. die enge Kooperation zwischen ost- und westeuropäischen KünstlerInnen dar, die in den 90er Jahren zur Entstehung und spezifischen Prägung der frühen Netzkunst führte. Ein anderes Beispiel ist das Xchange-Netzwerk, das Ende 1997 vom E-Lab in Riga initiiert wurde und sich Klangexperimenten im Internet widmet. Die teilnehmenden Gruppen in London, Ljubljana, Sydney, Berlin und vielen anderen Orten nutzen das Netz, um in Live-Audiostreams ihr Soundmaterial von unterschiedlichen Servern in verschiedenen Ländern weltweit zu verteilen und verschiedene Streaming-Quellen live zu mischen. Es entsteht so ein kooperatives, über den Globus verteiltes und nur im Internet zu hörendes ortloses Klangkunstwerk.

Identitäten im Netz

Das Internet hat eine wahre Fülle anonymer und kollektiver Identitäten und Pseudonyme hervorgebracht. In virtuellen textbasierten Räumen, genannt MOOs und MUDs, treffen sich weltweit unzählige Spieler, um Abenteuer zu erleben, Rätsel zu lösen und, nicht zuletzt, um sich zu unterhalten. Dabei konstruiert sich jeder registrierte Nutzer eine virtuelle Persönlichkeit, die wenig oder gar nichts mit seiner/ihrer Alltagsperson zu tun haben muss. Es gibt Dutzende von Geschlechtern, und die Beschreibung des Äußeren ist nur durch die eigene Fantasie beschränkt.

Geschlecht im Netz

"On the Internet, nobody knows you're a dog."

Cartoon von Peter Steiner, 1993

Ausgelöst durch die besonderen Bedingungen der Anonymität im Netz entwickelte sich schon bald eine lebhafte Debatte um die Entstehung einer neuen, vollkommen virtualisierten Existenz, die potentiell unendliche Kommunikationsfäden spinnt und dabei viele Facetten annimmt. So war z.B. davon die Rede, dass in den virtuellen Welten Geschlechterrollen unwichtig werden, da man sie nach Belieben wechseln könne. Vor allem in den USA vertraten einige Theoretiker die Ansicht, dass der physische Körper im Netz an Bedeutung verlieren würde. Der Cyberspace stelle eine Bühne für das von Geschlecht, Rasse und Klasse befreite Individuum dar, das im virtuellen Raum die vollkommenen Bedingungen für seine absolute Selbstverwirklichung vorfindet. Für Frauen und ethnische Minderheiten sollte das endlich ein Ende der Diskriminierungen und Benachteiligungen bedeuten. Diese Sicht steht und fällt jedoch mit ihrer Prämisse, dass die

»Der Klassiker zum Thema«

Körperkonfigurationen im Internet diejenigen des realen Raums aufheben würden.

Wie funktioniert nun Geschlecht in einem angeblich geschlechtslosen Raum? Die Frage, welches Geschlecht man im »wirklichen Leben« hat, spielt dabei im MOO eine große Rolle. Aus – begründeter – Angst vor Belästigung nehmen Frauen in MOOs in der Regel neutrale oder männliche Charaktere an; die weiblichen Charaktere sind in der Regel Männer, die sich dadurch mehr Aufmerksamkeit erhoffen. Dabei kommt es aber kaum zu einer Umkehrung von Geschlechterstereotypen, eher im Gegenteil – die von Männern gespielten Frauen übertreiben die von der Gesellschaft als weiblich benannten Eigenschaften. Beobachtungen im virtuellen Raum lassen also keineswegs den Schluss zu, »dass im virtuellen Raum Geschlecht überwunden wird und eine Befreiung von Normen der realen Welt stattfindet, sondern dass dieser auf die gleiche Weise an Gesellschaft und ihre Struktur gebunden ist, wie der Rest unseres Lebens«. (Djordjevic/Nonnenmacher 1998)

Global/glokal

Internet-Mailinglisten, die oft von Hunderten von Menschen benutzt werden, um in Kontakt zu bleiben, Projekte zu koordinieren, Nachrichten auszutauschen und an Diskussionen teilzunehmen, spielen eine bedeutende Rolle für die Verbreitung kritischer Informationen und die Entwicklung translokaler Formen der Kooperation. Die Bedeutung medienkultureller Praxis ist jedoch nicht nur technologischer und damit translokaler Natur, sondern entfaltet sich stets in lokalen Zusammenhängen. So gibt es neben den neuen virtuellen Räumen auch Konferenzen, Workshops und informelle Treffen, auf denen lokale Gemeinschaften mit translokalen Netzwerken verknüpft werden. Das Lokale und das Globale schließen sich nicht aus – im Gegenteil: Das Lokale muss als ein Aspekt des Globalen verstanden werden. Globalisierung ist in der Definition des Soziologen Ulrich Beck auch: das »Zusammenziehen, Aufeinandertreffen lokaler Kulturen, die in diesem ›clash of localities‹ inhaltlich neu bestimmt werden müssen«. Roland Robertson – ebenfalls Soziologe – schlägt vor, den Grundbegriff kultureller Globalisierung durch »Glokalisierung« zu ersetzen. »›Globale Kultur‹ kann«, so Beck, demnach »nicht statisch, sondern nur als ein kontingenter und dialektischer ... Prozess verstanden werden ... Globalisierung – scheinbar das Ganz-Große, das Äußere, das, was am Ende noch dazukommt und alles andere erdrückt – wird fassbar im Kleinen, Konkreten, im Ort, im eigenen Leben, in kulturellen Symbolen, die alle die Signatur des ›Glokalen‹ tragen.«

Untersuchungen haben ergeben, dass bei manchen Menschen Computernutzung schnell exzessiv werden und zu einer Vereinsamung des Individuums führen kann. Bei Leuten, die die Computernutzung auf ein normales Maß beschränken (können), trifft im günstigsten Fall eher das Gegenteil zu: Translokale Vernetzung führt zu einer drastischen Erhöhung der zwischenmenschlichen Kontakte und somit auch der Reisefrequenz.

Die im Internet entstehenden neuen Kulturen der Zusammenarbeit lassen Faktoren wie geografische Lage und Identität zunächst obsolet erscheinen. Translokale Kooperationen sind mit der Verbreitung des Netzes zum ersten Mal in diesem Ausmaß möglich. Klar wird jedoch auch, dass die Faktoren »Geografie« und »Identität« nach wie vor eine nicht zu unterschätzende Rolle spielen.

Kontextsysteme: Urbane Räume im Netz

1994 und 1995 entwickelte sich eine Reihe virtueller »stadtähnlicher« Gemeinschaften im damals neuen World Wide Web (WWW). Ein wichtiges Anliegen dieser Projekte war die Forderung nach breit angelegtem »access for all«, also erschwinglichem Zugang zum Internet und seinen Ressourcen.

De Digitale Stad

Ein wichtiges Vorbild für die Entwicklung der Digitalen Stadt waren elektronische Bürgernetzwerke (FreeNets), die bereits Mitte der 80er in den Vereinigten Staaten und Kanada entstanden waren.

Neben *The Thing*, einem Projekt, das Ende 1991 als einfaches Mailboxsystem zunächst ans New Yorker Telefonnetz ging und seit 1995 seine Plattform für Produktion und Präsentation von Kunst und ihren Diskursen im WWW anbietet, ist *De Digitale Stad* (DDS) in Amsterdam, online seit Januar 1994, in diesem Kontext das wohl bekannteste Projekt. Getragen durch das Amsterdamer Zentrum für Politik und Kultur *De Balie* und die von Computeraktivisten gegründete Stiftung *Hacktic Netwerk* (heute *xs4all*, dt. »Zugang für alle«), entwickelte sich die DDS in kürzester Zeit zu Europas größtem öffentlichen Freenet: Allein in den ersten zehn Wochen registrierten sich 13 000 virtuelle »EinwohnerInnen«. Hier gab es kostenlose E-Mail-Adressen für alle (nicht nur für Amsterdamer), Serverplatz für eigene Homepages, jede Menge Möglichkeiten, Leute kennen zu lernen und Informationen zu verbreiten. Die Digitale Stadt verstand sich als digitaler öffentlicher Raum im besten Sinne. Die bewusst eingesetzte Stadtmetapher zielte einerseits auf die umfassende Repräsentation der Stadt und ihrer Funktionen im Web und sollte andererseits die im Netz verfügbaren Dienste anschaulicher machen – die DDS verfügte über eine Bibliothek, ein Postamt, eine Verbindung zur Stadtverwaltung von Amsterdam, über Plätze, Cafés etc. Die Stadtmetapher stand aber auch für freie Meinungsäußerung und Vereinigungs- und Versammlungsfreiheit. Im August 1994 wurde die Digitale Stadt in eine gemeinnützige Stiftung umgewandelt und erhielt in der Anfangsphase öffentliche Unterstützung. Bis Mitte 1997 war die DDS auf über 50 000 »EinwohnerInnen« angewachsen.

Die Stadtmetapher ist auch eine implizite Fortschreibung der Stadtutopien von Thomas Morus' *Utopia* und Campanellas *Sonnenstaat*. Die »digitalen Sonnenstädte« entstanden – wie ihre puritanischen Vorläufer – allesamt in protestantischen Ländern.

Während um 1994–95 die DDS für eine breite Öffentlichkeit in Amsterdam eine der ganz wenigen Zugangsmöglichkeiten zum Internet darstellte, änderte sich dies bald durch die Entstehung kommerzieller Provider, die dieselben »Dienstleistungen« anboten, oft sogar mehr und bessere, als es der DDS möglich war. Durch diesen erhöhten Konkurrenzdruck wurden Werbefeldzüge notwendig, die einen Kundenstamm anzogen, der nicht mehr viel mit den ursprünglichen Belangen der DDS zu tun hatte. Eine Analyse des Nutzerverhaltens zeigt, dass die Nutzer kein Interesse mehr am Aufbau einer Gemeinschaft oder an einem sozial und politisch relevanten Informationsaustausch haben.

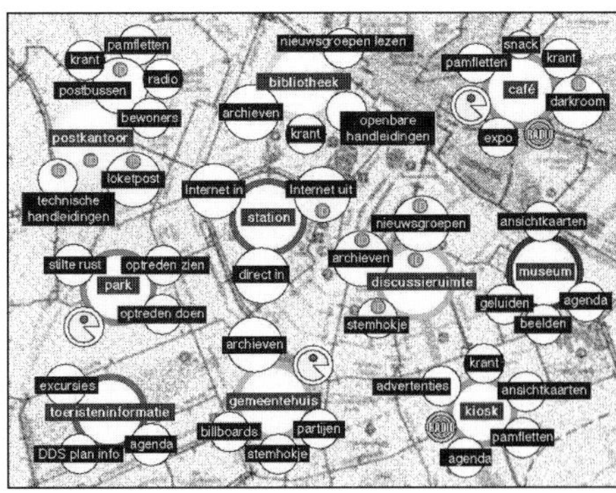

Digitale Stadt, 1994

Wegen ausbleibender öffentlicher Förderung blieb der DDS nur die verstärkte Hinwendung zum Markt sowie die Annahme von Auftragsarbeit und Sponsoring. 2000 wurde die gemeinnützige Stiftung in ein IT-Unternehmen im Privatsektor umgewandelt (Anfang 2000 betrug die Zahl der »EinwohnerInnen« 160 000). Der Aufbau und die Förderung einer Gemeinschaft sind jedoch nicht länger ausschlaggebend. »Gemeinschaft« reduziert sich heute auf einen Pool von Werbekonsumenten für die Großkunden der DDS.

Internationale Stadt

Ende 1994 gründete sich nach dem Vorbild der DDS in Berlin die *Internationale Stadt* (IS). Sie hatte sich zum Ziel ge-

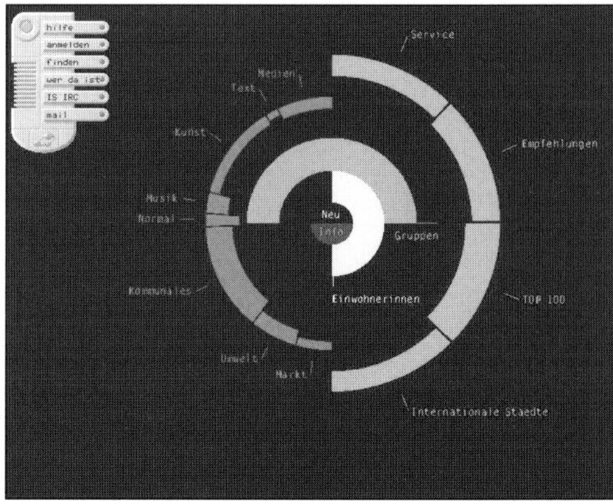

Internationale Stadt Berlin

setzt, als unabhängiger Internet-Provider kulturellen Projekten die Präsenz im Internet zu erleichtern. Die IS war daher – ganz im Sinne »selbst organisierter« oder »selbst verwalteter« Projekte – als ein »Kontext-System« (Joachim Blank) konzipiert, bei denen die Initiatoren eine Infrastruktur zur Verfügung stellten, in der möglichst viele Nutzer miteinander kommunizieren und interagieren sollten. Die sieben Initiatoren kamen aus der Hacker- und der Medienkunstszene, wie z. B. Handshake, einem der ersten Netzkunstprojekte in Deutschland (1993–94). Die IS entwickelte einfach zu bedienende Werkzeuge (die z. B. die Integration von textbasierten Internetdiensten wie E-Mail, IRC, Newsgroups in das WWW ermöglichten) und bot ihren bis zu 300 »EinwohnerInnen« günstige Internetzugänge und Serverplatz für eigene Experimente an – zu einer Zeit, als Internetzugang noch fast unbezahlbar war, war das nicht zu unterschätzen.

In den drei Jahren ihrer Existenz entwickelte sich die IS zu einem Zentrum für künstlerische Aktivitäten im Internet: Die Mehrzahl der frühen Netzkunstprojekte in Deutschland war hier angesiedelt. Finanziert wurde die Infrastruktur zu einem kleinen Teil aus den Mitgliedsgebühren (29 DM/Monat), vor allem jedoch durch die Arbeit der IS-Crew an

Internet-Auftritten für Großkunden wie die Deutsche Telekom, Daimler-Benz oder Hewlett-Packard.

1995 war die IS das wohl prominenteste Projekt der deutschen Netzszene, und seine Gründer zogen mit ihrem Konzept von einer Konferenz zur nächsten. Repräsentanten von Großunternehmen und Telekommunikationsriesen schrieben bereits damals eifrig mit. 1997 präsentierten diese Unternehmen dann ihre Ergebnisse: kommerziell orientierte »Infocities« und »digitale Shopping Malls«. Viele dieser Projekte (z.B. www.berlin.de, ab 1998/99) waren einfach kommerzielle Versionen des IS-Konzeptes, erweitert um ein Online-Bestellsystem.

Die IS löste sich Ende 1997 auf. Einige Mitglieder wollten an kommerziellen Projekten, andere wiederum eher künstlerisch arbeiten (z.B. Blank & Jeron). Der wichtigste Grund für die Auflösung war jedoch, dass die hohen gesellschaftlichen Ansprüche der IS sich nicht einlösen ließen. Die komplexen Web-Interfaces wurden nur von sehr wenigen Leuten genutzt. Die IS hatte zwar Zeit und Energie in die Entwicklung dieser Tools investiert, jedoch nicht genug an der *Community* gearbeitet, die diese Tools benutzen sollte. Die IS wurde von ihren EinwohnerInnen zunehmend auf kostengünstigen Internetzugang und billigen Serverplatz reduziert – Dienste, die bereits 1997 von kommerziellen Providern billiger und effizienter angeboten wurden und mit denen die IS natürlich nicht konkurrieren konnte.

Von allen Projekten schaffte es De Digitale Stad Amsterdam noch am ehesten, »echtes« Sozialleben auf ihren Seiten zu initiieren. Die frühen utopischen und nichtkommerziellen Ansätze der Pioniere (v.a. der DDS und der IS) wurden jedoch schnell von der kommerziellen Entwicklung eingeholt und zerbrachen daran.

Netzaktivismus I: Autonome Systeme

Netzaktivismus umfasst unterschiedliche Strategien, die von der Einrichtung alternativer Kommunikations- und Informationskanäle bis hin zu praktiziertem »elektronischen zivilen Ungehorsam« reichen. ZaMir, Name.Space und Insular Technologies stehen beispielhaft für die Schaffung autonomer Kommunikationsnetze.

ZaMir

»Ich betrachte das Internet als öffentlichen Raum – so wie die Straßen ... In den letzten Jahren hat es diese Gentrifizierung von ganzen Stadtvierteln gegeben, jetzt setzt eine Disneyfizierung des Netzes ein, die genauso gefährlich ist.«

Paul Garrin, in: *[net.art] Materialien zur Netzkunst,* 1999

Noch bevor der Krieg im zerfallenden Jugoslawien tatsächlich ausbrach, wurde die Kommunikation zwischen den Republiken bis zur Unmöglichkeit erschwert. Familien, Freunde und unabhängige Gruppen, die in verschiedenen Landesteilen lebten, konnten nicht mehr direkt miteinander telefonieren, geschweige denn von einer Republik in die andere reisen.

Im Sommer 1991 fuhr der Amerikaner Eric Bachman, der schon seit Jahren beim unabhängigen Medienkollektiv FoeBuD e.V. in Bielefeld arbeitete, nach Zagreb, um dort mit den Friedensgruppen über die Koordination der Kommunikation und gemeinsamen Friedensaktivitäten zwischen unabhängigen Gruppen im ganzen ehemaligen Jugoslawien zu sprechen. Mit Bachmans Hilfe wurden in Zagreb und Belgrad, später auch in Ljubljana, Sarajevo, Tuzla, Mostar usw. Rechner eingerichtet, die gemeinsam das ZaMir Translocal Network (ZTN) bildeten. ZaMir heißt in den verschiedenen südslawischen Sprachen »für Frieden«. Über das ZaMir-Netz können E-Mails und andere Daten ausgetauscht werden, ohne dass man auf Standleitungen angewiesen wäre. Als wichtigster Knoten des Netzes dient bis heute die //BIONIC-Mailbox von FoeBuD in Bielefeld, über die die verschiedenen jugoslawischen Städte miteinander

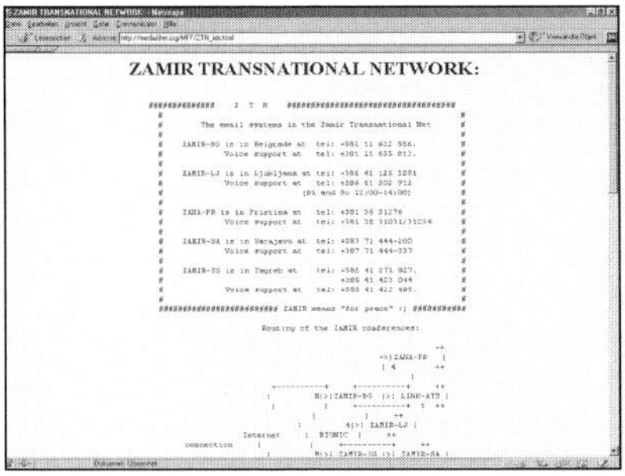

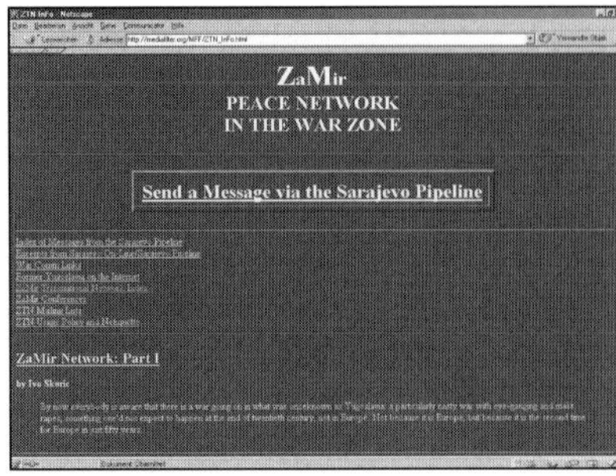

in Kontakt treten. Mehrmals täglich wählen sich die lokalen Rechner per Modem in Bielefeld ein, schicken E-Mails weg und holen die neu eingetroffenen, für sie bestimmten Datenpakete ab.

Auch wenn das ZTN keine direkte Internet-Verbindung hatte, ermöglichte es einen weitgehend kontinuierlichen Informationsaustausch zwischen den vom Krieg getrennten Menschen. Es funktionierte in der Weise, wie das Netz von den amerikanischen Strategen ursprünglich gedacht war: als flexibles, strategisches Mittel, das in Konfliktsituationen Informationen schnell und sicher zu übermitteln hilft und das auch dann weiter funktioniert, wenn einzelne Knoten im Netz ausfallen.

Name.Space

Ein anderes Infrastruktur-Projekt hat der New Yorker Video- und Medienkünstler Paul Garrin 1996 gegründet: Das Projekt Name.Space sollte es jedem Netznutzer unabhängig vom Domain Name System (DNS) des Internet ermöglichen, seinen individuellen Domainnamen einzurichten.

Bereits 1996 waren viele der begehrten Domainnamen – besonders solche mit generischen Top Level Domains wie z.B. .com, .org, .net, von denen es bislang nur sieben gibt – vergeben. Bisher hat die US-amerikanische Firma Network Solutions Inc. (NSI) ein von der amerikanischen Regierung zugeteiltes Monopol auf die kostenpflichtige Vergabe dieser Domainnamen (100 US-Dollar/Jahr pro Domainname).

Garrin wollte daher das DNS durch ein eigenes Namenssystem ersetzen. Damit wollte er beweisen, dass es zumindest technisch keine Grenze für die Anzahl von (Top Level) Domains gibt. Der Namensraum des Name.Space erlaubte – das behauptete zumindest Garrin – im Gegensatz zum heutigen DNS die Einführung einer unbegrenzten Anzahl von Top Level Domains *durch die einzelnen Nutzer*.

»This is not a problem that you solve on your own or with a few friends. Internet is built by hundreds of thousands of people that have programmed it. You can't solve this with three people, not from the structure Name.Space has now. You solve this by working with large groups, involving universities etc.«

Rop Gongrijp, in: Josephine Bosma, *Nettime*, 12.1.1997

Damit die Name.Space-Domainnamen von jedem ans Internet angeschlossenen Computer aufgerufen werden könnten, wollte pgMedia NSI zur Aufnahme der Name.Space-Domainnamen in den Rootserver File bewegen. Network Solutions lehnte ab. Die Klage, die Garrin daraufhin gegen NSI einreichte, wurde Anfang 2000 abschlägig beschieden. NSI behält das Monopol zur Vergabe von Domainnamen in generischen TLDs bis mindestens zum Jahr 2003.

Garrin ist überzeugt, dass die Verbreitung unabhängiger Informationen und »unpopulärer«, kritischer Ideen nur durch die Schaffung einer auch ökonomisch unabhängigen Netzinfrastruktur gewährleistet werden kann. Ein solcher »autonomer« Server ist Garrins *Mediafilter* (seit März 1995 online). Hier findet man unabhängige Zeitschriften, die investigativen Journalismus fördern, z. B. *Covert Action Quarterly* oder *The Balkan Media and Policy Monitor*.

Im September 1997 brach auf *Nettime* ein heftiger Streit über Garrins Name.Space aus. Streitpunkt war weniger Garrins Zielsetzung als seine Methode, die gegen die kollektive Erarbeitung von Internet-Standards verstieß.

INSULAR Technologies

Ein anderes autonomes Kommunikationssystem entwickelt der slowenische Künstler Marko Peljhan seit 1999. *INSULAR Technologies* (»International Networking System for Universal Long-distance Advanced Radio«) ist konzipiert als ein weltweites, unabhängiges, offen zugängliches und dezentrales Radionetzwerk, das parallel zu den herkömmlichen Kommunikationsstrukturen Daten, Text und Sprache überträgt. Es soll in erster Linie eine sichere Kommunikation zwischen unabhängigen Kultur-, Medien- und gesellschaftlichen Initiativen, Nichtregierungsorganisationen und Individuen gewährleisten, zumal dann, wenn diese nur erschwerten Zugang zu Telekommunikationsnetzen haben. Sichere Kommunikation wird durch den Einsatz von Verschlüsselung und durch die Existenz einer autonomen Infrastruktur gewährleistet, die darauf abzielt, die NutzerInnen unabhängiger von der gegenwärtig bestehenden proprietären Telekommunikationsinfrastruktur zu machen. INSULAR *Technologies* soll auch als Back-up-System dienen und im Notfall bestehende digitale und analoge Netzwerke und Telekommunikationsinfrastrukturen ersetzen.

Die Schaffung eigener technischer und ökonomischer Netzinfrastrukturen ermöglicht im Falle des Ausfalls oder der Zensur des Kommunikationsnetzes den Rückgriff auf autonome Kommunikationssysteme. Eigene Strukturen sollen Unabhängigkeit sichern. Auffällig ist, dass alle (mehr oder weniger erfolgreichen) Beispiele – Bionic/ZaMir, Name.Space, INSULAR Technologies – von Künstlern initiiert wurden.

Netzaktivismus II: Elektronischer ziviler Ungehorsam

Neben dem Aufbau autonomer Kommunikationssysteme zählt die Strategie des »elektronischen zivilen Ungehorsams« zu den wichtigsten Praktiken des Netzaktivismus. Dieser kam auch in dem spektakulären Fall etoy vs. eToys zum Einsatz.

Critical Art Ensemble: Elektronischer ziviler Ungehorsam

Das Konzept des elektronischen zivilen Ungehorsams, das von der US-amerikanischen Künstlergruppe Critical Art Ensemble (CAE) 1996 geprägt wurde, überträgt das Prinzip des zivilen Ungehorsams in den elektronischen Datenraum. Während sich ziviler Ungehorsam gegen lokalisierbare Machtzentren und Institutionen (z. B. Regierungseinrichtungen, Ministerien, Unternehmenszentralen) richtet, deren reibungsloses Funktionieren er durch Blockade des Zugangs zeitweilig stört, reicht, so die These des CAE, diese gewaltlose Strategie heute nicht mehr aus.

»Blocking the entrance to a building, or to some other resistant action in physical space, can prevent reoccupation (the flow of personnel), but this is of little consequence as long as information-capital continues to flow.«
Critical Art Ensemble, *Electronic Civil Disobedience and other Unpopular Ideas*, 1996

Unternehmen sind zu transnationalen, global agierenden Korporationen geworden, die sich zunehmend von konkreten Orten in den Cyberspace verlagern. Diese Korporationen können Provokationen des zivilen Ungehorsams ausweichen, da sich ihre Existenz zunehmend in einen nomadischen elektronischen Datenstrom verlagert. Um unter diesen Umständen noch wirksam zu sein, sollte sich ziviler Ungehorsam nicht länger der Blockade physischer Orte widmen, sondern vielmehr den Fluss von Informationen selbst hemmen. Der strategische Ort des Widerstandes erweitert sich also, folgt man dem CAE, von den Straßen in das Internet.

Electronic Disturbance Theater: »FloodNet« (1998)

Das Konzept des elektronischen zivilen Ungehorsams entstand aus dem seit 1994 betriebenen globalen Internetaktivismus der mexikanischen Zapatistas und ihrer Anhänger. Zwei ihrer Unterstützer, Stefan Wray und Ricardo Dominguez, sind wichtige Vertreter des elektronischen zivilen Ungehorsams. Wray unterhält eine Website zur Theorie und Praxis des elektronischen zivilen Ungehorsams, und Dominguez, der als Mitglied des Critical Art Ensemble einer der Coautoren von *Electronic Civil Disobedience* war, arbeitet als Redakteur bei *The Thing*. Wray und Dominguez sind außerdem Mitglieder der Gruppe Electronic Disturbance Theater (EDT), die für ihre Software *FloodNet* (»FlutNetz«) bekannt geworden ist. Seit April 1998 hat das EDT u. a. die Webseite der mexikanischen Regierung wegen ihres Vorgehens gegen die Zapatistas gezielt mit ihrer *FloodNet*-Software angegriffen. *FloodNet* ist ein verteiltes, auf Massenbeteiligung basierendes System, das automatisch die anzugreifende Website aufruft. Beteiligen sich genügend Leute an einem solchen Angriff, wird der Server mit einer Welle von Anfragen überflutet, die er nicht mehr abarbeiten kann. Die Webseite ist für alle weiteren Anfragen blockiert und vorübergehend nicht mehr erreichbar. Bei einem *FloodNet*-Angriff handelt sich also um ein virtuelles Sit-in vor der angegriffenen Website. Neben dem simplen Blockadeeffekt gab es auch subtilere Vorgehensweisen; z. B. suchten automatisierte Anfragen nach der Seite mit dem Dateinamen »human_rights«. Da es diese Seite auf dem Server nicht gab, erschien in der (allerdings nur für den Systemadministrator einzusehenden) Log-Datei des Servers die Meldung »human_rights not found on this server«.

»Power had shifted from the streets to the information highway so we started thinking about how to create political gestures on the web equivalent to lying down in the street and refusing to move.«
Ricardo Dominguez, in: Jeanne Carstensen, *Nettime*, Juni 1998

An dem Streit, der sich an den »virtuellen Sit-ins« des EDT entzündete, wurde das immer wieder aufbrechende »Hacker/Aktivisten-Schisma« (CAE) deutlich, in dem sich »alte« und »neue« Netzkulturen (man könnte auch sagen: das »Technik«- und das »Politikprimat«) unversöhnlich gegenüberstehen. Auf der *Ars Electronica* 1998 in Linz wurde *Flood-Net* außerordentlich scharf von der Organisation *Hackers for Electronic Art* (HEART) kritisiert. Hacker lehnen solche Angriffe generell ab, da diese a) nicht kunstvoll genug sind, um als genuines »Hacken« zu gelten, und b) weil die empfindliche Netzinfrastruktur generell, so die Hacker-Ethik, nicht durch »undifferenzierte« Angriffe gestört werden dürfe. Die Aktivisten des EDT ihrerseits hielten dagegen, dass ihre Taktik sehr zielgerichtet und vor allem nicht (wie die typischen, von »Skript-Kiddies« ausgeführten *Distributed Denial of Service*-Angriffe) anonym sei.

Die Netz-Community rüstet auf: etoy vs. eToys (»Toywar«), 1999–2000

Seit dem Beginn der Kommerzialisierung des Web kommt es immer wieder zu heftigen juristischen Auseinandersetzungen um Domain-Namen. Besonders Adressen mit der .com(»dot com«)-Erweiterung sind begehrt, weil rar.

Einen ihrer spektakulärsten Erfolge konnte die globale Netz-Community in der Sache etoy vs. eToys für sich verbuchen. Auch hier war es der Einsatz kleiner taktischer Medien durch eine globale Netzgemeinschaft von Aktivisten, der letztendlich zum Erfolg führte. Der neu gegründete US-amerikanische Internet-Spielzeugversand eToys störte sich 1999 daran, dass die Schweizer Künstlergruppe etoy, die seit Mitte der 90er Jahre u.a. durch ihr Projekt »Digital Hijack« und durch ihre perfekte Firmensimulationsstrategie bekannt geworden war, eine ganz ähnliche URL hatte (www.etoy.com), die potentielle Kunden verwirren könnte. EToys bot der Künstlergruppe 500 000 US-Dollar (damals 1 Million DM) für den Verkauf der Domain an. Etoy lehnte die »feindliche Übernahme« jedoch ab.

Kurseinsturz der eToys(ETYS)-Aktien während *Toywar* (Dezember 1999 – Januar 2000)

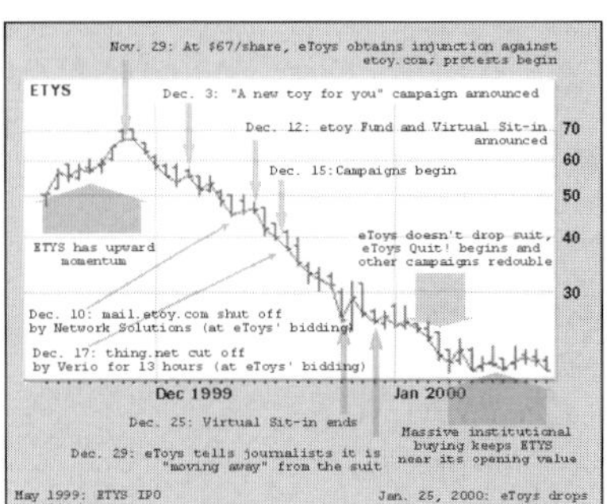

Obwohl die Künstler ihre URL schon ein paar Jahre länger besaßen als die

Spielzeugfirma ihre Adresse, erließ im November 1999 ein Richter am Los Angeles Superior Court auf Antrag von eToys.com eine einstweilige Verfügung gegen die Verwendung des Domain-Namens etoy.com. Die Künstlergruppe lenkte ein. Dennoch löschte die Firma Network Solutions, die für die Vergabe und die Eintragungen von Domains in das Hauptverzeichnis zuständig war, Anfang Dezember 1999 die URL etoy.com aus eben jenem Hauptverzeichnis, ein Schritt, der nicht durch die einstweilige Verfügung gedeckt war. Etoy war nun auch nicht mehr per E-Mail erreichbar. Die Netz-Existenz der Gruppe war gelöscht worden.

Auf Toywar.com »wurden Mailadressen von eToys-Beschäftigten und Sit-in-Skripte herumgereicht, Leute lernten sich kennen ... und ein kollektives Brainstorming schüttete ein Füllhorn an Vorschlägen aus, mehr als jede professionelle Kampagnenorganisation verarbeiten konnte.«

Reinhold Grether, in: *Telepolis*, 9.2.2000

Als Antwort auf das Verhalten von Network Solutions und eToys entwickelte eine Community von Netzaktivisten um die US-amerikanische Künstler- und Aktivistengruppe RTMark den eToy-Solidaritäts-Fonds und die *Toywar*-Plattform, deren erklärtes Ziel es war, die Firma eToys zu zerstören. Weniger pathetisch ausgedrückt: Es ging darum, den Wert der eToys-Aktien mit allen zur Verfügung stehenden Mitteln so weit wie möglich nach unten zu drücken. In den folgenden Wochen griffen Aktivisten die Website von eToys mit verschiedenen Mitteln (z. B. virtuelle Sit-ins) an,

Das Sieges-
monument

die, so las man in einer Pressemitteilung von RTMark, für den darauffolgenden 70%igen Wertverlust der eToys-Aktien in der Nasdaq-Notierung verantwortlich gemacht wurden.

Für die »virtuellen Sit-ins« wurde eine neue Version der *FloodNet*-Software eingesetzt, die von der Gruppe Electronic Disturbance Theater (EDT) entwickelt worden war. Das raffinierteste Skript war wahrscheinlich »killertoy.html«, ein nichtlineares Skript, das die Warenkörbe auf eToys.com unablässig füllte, ohne jemals einen Kauf zu tätigen. Es handelte sich dabei um automatisierte Anfragen, die – bildlich gesprochen – mit ihren virtuellen Einkaufswagen über die eToys.com-Seiten zogen, Kinderspielzeug tausendfach in diesen Einkaufswagen stapelten – und natürlich nie zur Kasse gingen. Das »virtuelle Shop-in« diente einzig dem Zweck, den Server zu überlasten.

Auch wenn von Seiten der Aktivisten betont wurde, dass man peinlich darauf achtete, den Server nur kurzfristig anzugreifen und unter keinen Umständen völlig außer Gefecht zu setzen (weil es, so Reinhold Grether, um den »symbolischen Ausdruck der Breite des Protests und nicht um einen Terroranschlag« ging), führte das virtuelle Sit-in zehn Tage in der Vorweihnachtszeit 1999 doch zur fast kompletten Blockade des eToys-Servers.

Die *Toywar*-Website war ein symbolisches »Schlachtfeld«, ein Online-Solidaritäts-Spiel, in dem die UnterstützerInnen von etoy in Form von playmobilartigen, mit virtuellen Waffen ausgerüsteten Avataren aufmarschierten. Die Spielankündigung las sich folgendermaßen: »On your team, thousands of players. Your opponents: eToys and its shareholders – as long as they still own shares. The stakes: art, free expression and life on the Internet.« Die Pro-etoy-Community wurde auf dem Höhepunkt der Kampagne durch 1798 Avatare visualisiert, die auf der Website demonstrativ Stellung bezogen.

Nach drei Monaten ließ eToys.com Ende Januar 2000 die Klage gegen die Künstlergruppe fallen – nicht zuletzt wegen der heftigen Gegenreaktionen, die eToys.com zu spüren bekommen hatte.

etoy, digital hijack, 1996

Das Netz steigert den Aktionsspielraum der Einzelnen, fördert und erleichtert – wie bei FloodNet und Toywar geschehen – die Zusammenarbeit in virtuellen Gruppen und erlaubt in günstigen Fällen die Selbstorganisation einer »Gegen-Macht«, die einen hoch organisierten Gegner an die Wand spielen kann. Der so genannte »Hacktivismus« ist jedoch innerhalb der Netz-Community nicht unumstritten.

Frühe Netzkunst: Strategien der Ent-Täuschung

KünstlerInnen arbeiten seit den 60er Jahren mit Computernetzwerken und neuen Kommunikationstechnologien. »Netzkunst« im engeren Sinne entsteht jedoch erst mit der zunehmenden Verbreitung des Internet bzw. dessen grafischer Oberfläche World Wide Web (WWW).

Das Netz als Kunstraum

Die Künstlergruppe *Knowbotic Research + cF (KRcF)* (Köln/Zürich) fällt zwar aus der engen Definition von »Netzkunst« heraus, setzt sich aber schon seit 1991 intensiv mit vernetzten Wissens- und Kommunikationsstrukturen auseinander: http://www.krcf.org

Netzkunst war, besonders in ihrer Frühphase bis ca. 1997, ein genuines Produkt translokaler Vernetzung: KünstlerInnen aus Ost- und Westeuropa trugen zu gleichen Teilen zur Entwicklung dieser neuen Kunstform bei.

Netzkunst benutzt dabei das Internet nicht nur als Medium, sondern vor allem als Ort und als Material. Unter die Kategorie Netzkunst fällt nicht, wenn Ölbilder digitalisiert und dann ins Internet gestellt werden. Das wäre dann »Kunst im Netz«. Netzkunst jedoch ist ein genuines Produkt des Netzes, das sich der spezifischen Eigenschaften des Raumes Internet annimmt und diese Eigenschaften – konkret: alles, was das Internet bzw. das World Wide Web ausmacht – als künstlerisches Material verwendet. Dies können spezifische Internetdienste oder -protokolle sein (z. B. http, ping, E-Mail, irc etc.), das Verändern und Schreiben von (künstlerischer) Software, die Verwendung bestimmter Skripts oder der Einsatz von Suchmaschinen und Hypertextformaten. Es gibt sehr unterschiedliche Formen von Netzkunst: z. B. Projekte, deren Seiten das Hypertextformat voll ausschöpfen und zu einer Interaktion mit anderen Dokumenten im Kontext des WWW einladen, oder Arbeiten, die sich bewusst jeder Interaktion verweigern und Erwartungen der Nutzer enttäuschen.

Ein Beispiel für ein das Hypertextformat ausschöpfendes

Refresh 1996

Netzkunstprojekt ist bzw. war das »intergalaktische web loop« *Refresh*, ein im September 1996 in Rotterdam, Ljubljana und Moskau gemeinsam von Andreas Broeckmann, Vuk Cosic und Alexej Shulgin begonnenes Netzkunstprojekt. Die Initiatoren verschickten über verschiedene Mailinglisten einen Aufruf zum Bau von Webseiten, die die »Refresh«-Funktion des Webbrowsers »kreativ« einsetzen sollten, um damit bis zu 50 auf unterschiedlichen Servern in verschiedenen Ländern liegende Webseiten zu verlinken. Alle zehn Sekunden erschien so automatisch die nächste Webseite der »intergalaktischen Achterbahn«. Dieses Projekt und seine Entstehung zeugen vom Netzwerkcharakter und von der Vernetztheit des sozialen Zusammenhangs, in welchem es entstanden ist. Nur ein Bruchstück des ursprünglichen *Refresh*-Ringes ist heute noch online.

Ein Beispiel für ein das Hypertextformat ad absurdum führendes, sich jeder Interaktion verweigerndes und die Erwartungen der Nutzer enttäuschendes Projekt ist die Arbeit des britischen Netzkünstlers »im Ruhestand« Heath Bunting, *_readme* (1998), eine Textseite, genauer: ein Text von James Flint über Heath Bunting, dessen einzelne Wörter Hyperlinks zu Internetadressen gleichnamiger Firmen (»dot coms«) darstellen – eine Schreckensvision, die durch den Untertitel der Arbeit noch expliziert wird: *Own, Be Owned Or Remain Invisible*. Vorstellbar ist, dass Firmen inzwischen auf alle noch so absurden Domains Markenschutz angemeldet haben. Bunting macht hier in eindrücklicher Weise klar, dass es sich bei dem fortschreitenden Kampf um Domainnamen um nichts weiter als die Privatisierung des öffentlichen Raumes handelt. Während 1998 noch viele Links ins Nichts führten, sind Anfang 2001 fast alle Adressen belegt.

Dann wiederum gibt es Projekte, die sich mit den strukturellen und technischen Grundlagen des Netzes auseinander setzen. Zu dieser Kategorie gehören Arbeiten, die das Netz selbst als Ausgangsmaterial für die künstlerische Arbeit benutzen. I/O/D, eine britische Künstlergruppe, hat gleich einen eigenen Browser entwickelt. Der *Webstalker* ermöglicht es den NutzerInnen, den Aufbau von Websites schematisch darzustellen. Also nicht die Web-Oberfläche zu zeigen, sondern die darunter liegenden »tragenden« Strukturen sichtbar werden zu lassen. Das holländisch-belgische Künstlerpaar Jodi »dekonstruiert« mit seinen elegant programmierten Arbeiten den HTML-Code, indem es anstelle der glatten Web-Oberfläche die ASCII-Zeichen des Quellcodes verwendet, den Quellcode selbst also zum Bild werden lässt. Die Künstler negieren mit dieser »Sichtbarmachung« jedoch gleichzeitig die Möglichkeit, dass sich

Jodi, OSS

das Internet im Webbrowser abbilden ließe. Jodi gehört mit seiner Website, die Nutzern beim ersten Besuch den Eindruck vermittelt, sie hätten sich einen Virus eingefangen, zu den bekanntesten Vertretern der so genannten »net.art«. Jodi arbeitet – und das ist typisch für frühe Formen der Netzkunst um 1996/97 – mit den materiellen Voraussetzungen des Mediums Internet und widmet sich dem, was normalerweise als technische Dysfunktion unterdrückt wird: der medialen Störung in der Kommunikation zwischen Maschinen. Interaktion wird hier radikal ad absurdum geführt.

Erklärtes Ziel des 1998 gegründeten ASCII Art Ensembles (eine Gruppe mit Mitgliedern in Amsterdam, Ljubljana und Berlin) ist die »Rückübertragung« bewegter Filmbilder in »netzbasiertes bewegtes ASCII«. Das Verfahren erinnert an frühe, grafiklose und 24-nadelige Stadien der Druckertechnologie, als Bilder nur durch im Computer vorhandene ASCII-Zeichen dargestellt werden konnten und dementsprechend schwer entzifferbar waren. Bislang entwickelt worden sind u.a. die *ASCII to Speach history of art for the blind*, die in ASCII-Zeichen gewandelte Bilder aus der Kunstgeschichte Zeichen für Zeichen vorliest. Auch existiert bereits eine *History of Moving Image*, die in sieben Clips eine Übersicht über die Stilentwicklung und die Distributionsmedien des bewegten Bildes gibt, sowie *Deep ASCII*, eine ASCII-Version des Films *Deep Throat*, die auf einer Pong-Spielhallenkonsole läuft. Hier sind nicht die pornografischen Bilder, sondern nur deren unentzifferbare ASCII-Versionen zu sehen.

»Die erste Seite ist zum Beispiel unformatierter ASCII-Code. Wir haben durch Zufall herausgefunden, dass das recht gut aussieht. Aber wir bekommen immer noch Beschwerden deswegen.«

Dirk Paesmans von Jodi, in: *[net.art] Materialien zur Netzkunst,* 1999

Eine andere Form der Enttäuschung erfahren Nutzer in einem Netzprojekt, das, ganz simpel, »Antworten« verspricht. *www.antworten.de* (1997) von Holger Friese und Max Kossatz begrüßt einen Nutzer z.B. mit der Nachricht: »We are now serving 94. Sie haben Nummer: 99, bitte warten!!!« Dazu setzt eine Endlosschleife mit Wartemusik ein, ähnlich einer firmeneigenen Telefonmusikwarteschleife. Nach 100 Sekunden erscheint die Frage: »Möchten Sie etwas schreiben oder etwas lesen, während Sie warten?« Klickt

»Western media artists usually take technology absolutely seriously, despairing when it does not work; post-communist artists, on the other hand, recognize that the nature of technology is that it does not work, that it will necessarily break down.«

Lev Manovich, in: *Convergence*, Summer 1998, Vol. 4, No. 2

man auf »lesen«, werden detaillierte Zugriffsstatistiken für www.antworten.de angezeigt. Nach drei Minuten wird die nächsthöhere Wartenummer aufgerufen. Man kann nun die Zeit überschlagen, zu der man drankommt, und z.B. zu anderen Webseiten surfen. Kommt man jedoch nach ca. 20 Minuten zurück, wird man grundsätzlich immer mit der Antwort »Sie sind leider zu spät, Ihre alte Nummer war 99, Ihre neue Nummer ist 106« abgespeist. Das viel versprechende Angebot entpuppt sich als Maschinenskript – das Hoffen auf Antworten ist vergeblich.

Das Spiel mit virtuellen Identitäten – und die Dekonstruktion derselben – trieb Cornelia Sollfrank 1997 auf die Spitze: In diesem Jahr schrieb die Hamburger Kunsthalle einen Wettbewerb für Netzkunst aus. Die Künstlerin konterte das Bestreben nach »Extension« ins Netz trocken mit einer *Female Extension*: Sie kreierte 288 internationale Netzkünstlerinnen, denen sie vollständige Post- und E-Mail-Adressen zuordnete. Für 127 dieser Künstlerinnen generierte Sollfrank individuelle Netzkunst-Projekte mit Hilfe eines Computerprogramms, das im WWW beliebiges HTML-Material sammelte und automatisch rekombinierte. Während sich die Kunsthalle über die hohe Beteiligung von Künstlerinnen freute – zwei Drittel der BewerberInnen waren Frauen –, gingen die drei Geldpreise an männliche Künstler. Sollfrank deckte die unentdeckt gebliebene Intervention in einer Presseerklärung auf.

Strategien der Entwendung

Es geht in vielen der frühen netzkünstlerischen Arbeiten somit nicht darum, neue Medien und Technologien zu *verwenden*, sondern es geht um deren *Entwendung*. Diese Projekte nehmen eine kritisch-distanzierte Haltung gegenüber den medialen Maschinen ein, sie bedienen sich der Strategien der Unterwanderung, der Irritation, der Umfunktionierung. Sie widmen sich der Ästhetik des Fehlers, der medialen Störung und des technischen Versagens, der Dysfunktionalität, der (Zer-)Störung von Erwartungen und

www.antworten.de

der Ästhetik des Maschinischen, d.h. der Sichtbarmachung von Prozessen, die meist hinter glatten Oberflächen tief im Inneren der Maschine ablaufen. Oder, wie es Andreas Broeckmann 1998 formulierte: Es geht nicht um das »unauffällige und reibungslose Zusammengehen der materiellen und der virtuellen Welten, sondern vielmehr um den Unfall, die Reibung und den Bruch, die einer jeden technischen Realität inhärent sind«.

Insbesondere hinsichtlich des Verhältnisses zur Störung als einer der Technologie inhärenten Tatsache sowie der Erwartung des notwendigen Versagens der Technik haben die Erfahrungen, die osteuropäische Künstler als postkommunistische oder postsozialistische Subjekte mitbrachten, die Entwicklung der frühen Netzkunst stark geprägt.

KünstlerInnen haben mit ihren Netzprojekten schon früh Strategien der Irritation gegen den Hype um das Internet und die »dot coms« entwickelt. Gegen die glatten Oberflächen wird der rohe Quellcode und die mediale Störung gesetzt. Gegen die technoutopischen Hoffnungen fährt man eine Strategie der Enttäuschung, die im besten Fall eine Ent-Täuschung über die eigenen Hoffnungen in die utopischen Potentiale der Technologie ist.

Social Interfaces: Festivals und temporäre Medienlabore

Trotz einer allgegenwärtigen und fast grenzenlosen Vernetzung sind »Real-Life«-Treffen wichtig, um den Zusammenhalt in einer Gruppe zu stärken und neue Kontakte zu knüpfen. Aufgrund einer wachsenden Unzufriedenheit mit den herkömmlichen Konferenz- und Festivalformaten entstanden Konzepte für »temporäre Medienlabore«, die die Face-to-face-Zusammenarbeit von sonst nur virtuell miteinander kooperierenden Teilnehmern ermöglichen sollen.

Konferenz-Netzwerke

In Europa existiert ein dichtes Netzwerk von Konferenzen, Festivals und anderen regelmäßig stattfindenden Veranstaltungen zu Medienkunst und -kultur. Zu nennen sind hier vor allem die Ars Electronica (Linz/A), das Dutch Electronic Arts Festival (Rotterdam/NL), das European Media Art Festival (Osnabrück/D), das Root-Festival von Hull Time Based Arts (Hull/GB); die auf verschiedenen Kontinenten stattfindenden ISEA-Symposien, die Next-5-Minutes-Konferenzen zu taktischen Medien (Amsterdam/NL), die Transmediale (Berlin/D) oder das Medienkunstfestival Viper (Bern/CH). Diese Festivals und Konferenzen, die alle innerhalb der letzten 15–20 Jahre entstanden sind, sind – neben den verhandelten Themen und vorgestellten Projekten – wichtig für einen Gedankenaustausch der TeilnehmerInnen von Netzwerken, die sich zu solchen Anlässen wiedertreffen.

Dennoch führten die bestehenden Veranstaltungsformate zur Unzufriedenheit bei den TeilnehmerInnen, sowohl was die Präsentation von Projekten als auch den Austausch untereinander anging.

Synergie-Effekte

Die Idee eines temporären Medienlabors war, so Geert Lovink, eng mit der Entwicklung der Internet-Berichterstattung über Veranstaltungen, Konferenzen, Demonstrationen und Festivals verbunden. Frühe Beispiele für Live-Berichterstattung im Internet sind z.B. die Webjournale anlässlich der Konferenz *Next 5 Minutes* 2 und 3 (1996 und 1999), der *Ars-Electronica*-Festivals seit 1996, der Proteste gegen den EU-Gipfel in Amsterdam im Juni 1997 oder des Hackertreffens *Hacking in Progress* im August 1997. Diese Webjournale erprobten neue Arten der Berichterstattung in Bild, Ton und Text, einschließlich einer Vor-Ort-Beteiligung über das Netz vor, während und nach den jeweiligen Veranstaltungen.

»The best way to speed up the process of production is to meet in real space, to confront the loose, virtual connections, to engage in the complex and messy circumstances of real time-space, and to present the audience with actual outcomes. And then go back again, in scattered places, on-line.«

Geert Lovink, in: *Nettime*, 8. 1. 2000

Das Konzept des temporären Medienlabors geht einen Schritt weiter. Es deckt nicht länger nur eine Veranstaltung ab, sondern ermöglicht die Durchführung von konkreten Projekten in und um eine bereits bestehende Gruppe oder ein Netzwerk von Gruppen und Einzelpersonen. Netzwerke eignen sich zwar vorzüglich zum Diskutieren und auch zur Vorbereitung – die eigentliche Produktion jedoch muss vor Ort, face to face geschehen, sie ist anders fast nicht denkbar. Temporäre Medienlabore bringen Mitglieder ausgedehnter Netzwerke, die sonst nur über E-Mail kommunizieren, zu konkreten Produktionen zusammen. Es entsteht ein ganz anderer, intensiverer Austausch als auf Konferenzen (dort *produziert* man nichts zusammen), ein Austausch, der auch langfristig in Netzwerken spürbar ist.

Hybrid Workspace und andere

Hybrid WorkSpace (HWS), ein Projekt von Eike Becker und Geert Lovink/Pit Schultz, Micz Flor, Thorsten Schilling, Heike Foell, Thomas Kaulmann und vielen anderen, war das erste in einer langen Reihe von temporären Medienlaboren. Es fand während der documenta X in Kassel statt und dauerte dreieinhalb Monate. Von den insgesamt 620000 documenta X-Besuchern kamen viele auch in die Orangerie, in

der sich der Hybrid WorkSpace eingerichtet hatte. Fünfzehn Gruppen arbeiteten dort jeweils für zehn Tage; unter ihnen waren die deutsche Innenstadt-Kampagne, Kein Mensch ist illegal, We Want Bandwidth!, einige Audio-Initiativen, die später das Netzaudio/-radio-Netzwerk Xchange begründen sollten, locker miteinander verbundene taktische Medien-Praktiker, die globale Medien untersuchten, das Deep Europe/Syndicate Netzwerk aus Mittel- und Osteuropa, eine Gruppe, die das *Nettime-README!*-Buch vorbereitete, und schließlich die erste Cyberfeministische Internationale, die ihre eigene Publikation herausbrachte.

Das erste Nachfolgeprojekt des Hybrid WorkSpace war *Revolting*, ein temporäres Medienlabor, das parallel zur ISEA-Konferenz (Liverpool; Thema: Virtual Revolutions) im August/September 1998 in Manchester stattfand und von Micz Flor organisiert wurde. *Revolting* hatte eine ähnliche Mischung von TeilnehmerInnen und Themen und favorisierte Low-tech-Herangehensweisen. Es brachte lokale Gruppen und Communities zusammen, die praktische Projekte, kleine Präsentationen und Diskussionsveranstaltungen organisierten. *Revolting* widmete sich vor allem der Verbreitung spezifischer Inhalte über unterschiedliche Medien, wie z. B. eine kostenlose Zeitung, lokales Radio und das Internet.

Temp, das dritte temporäre Medienlabor, fand von Oktober bis November 1999 im Projektraum von Kiasma statt, dem Museum für Zeitgenössische Kunst in Helsinki, das im Juni 1998 eröffnet worden war. Während der fünf Wochen arbeiteten fünf Gruppen an ebenso vielen unterschiedlichen Themen (u.a. »illegale« Immigranten, Situation auf dem Balkan nach dem Kosovo-Konflikt, Technologiepolitik in Finnland, Gründung eines medienkulturellen Netzwerks mit dem Schwerpunkt Weißrussland). *Temp* endete mit einer kleinen Ausstellung der erarbeiteten Ergebnisse.

Ähnliche Initiativen sind z.B. der *Polar Circuit* in Lappland, ANATs Sommerschulen in Australien, Net.Shop während der Ars Electronica 1997, die *Crossing Over*-Workshops in verschiedenen Städten Osteuropas, *Oreste* auf der Biennale in Venedig 1999 und die Workshop-Reihe *tech_nicks*, die von Lisa Haskel und anderen im Sommer 2000 in London und anderen britischen Städten organisiert wurde.

Temporäre Medienlabore bieten – im Gegensatz zu Konferenzen oder Festivals – ein gutes Interface für Mitglieder der geografisch weit verstreuten Netzwerke untereinander. Die Erfahrungen zeigen jedoch, dass dieses Veranstaltungsformat als Schnittstelle zur Öffentlichkeit weniger geeignet ist. Man kann sich jedoch fragen, ob man die prinzipiell unsichtbar bleibenden Netzwerke überhaupt visualisieren, also einer größeren Öffentlichkeit anschaulich machen muss.

Translokale Netzwerke: Mailinglisten

Informelle Netzwerke, Newsgroups und Internet-Mailinglisten, die oft von Hunderten von Menschen benutzt werden, um in Kontakt zu bleiben, Nachrichten auszutauschen und an Diskussionen teilzunehmen, spielen eine bedeutende Rolle für die Verbreitung kritischer Informationen.

Nettime

Ein gutes Beispiel für ein schnelles, taktisches Medium ist die *Nettime*-Mailingliste, die sich der Netzkritik und vielen verwandten Themen widmet, von Zensur und Kryptographie bis zu Netzkunst und taktischer Software. *Nettime* ist ein filigraner Kanal, ein intellektuelles Medium und eine internationale Gemeinschaft, vor allem europäisch, aber auch mit Mitgliedern auf anderen Kontinenten. 1995 initiierten Pit Schultz (Berlin) und Geert Lovink (Amsterdam) diese Mailingliste für diejenigen, die über das Internet, seine spezifischen Qualitäten und die politischen Möglichkeiten diskutieren wollten. Bei regelmäßigen Treffen und in gemeinsamen Projekten werden diese Ideen auch wieder in die Praxis umgesetzt. Auch wegen des Gemeinschaftscharakters – und der völligen Nichtkommerzialität – hat der australische Kulturtheoretiker McKenzie Wark *Nettime* als »die europäische Antwort auf *Wired*« bezeichnet.

Heute sind über 1500 TeilnehmerInnen auf der Mailingliste subskribiert, obwohl sich seit 1997 mehrere einschneidende Veränderungen vollzogen haben. Aufgrund der heftigen Auseinandersetzungen um das Name.Space-Projekt von Paul Garrin und den darauffolgenden Diskussionen (»Flame Wars«) wird die offene Liste nun moderiert. Außerdem verließ die Netzkunst-Fraktion *Nettime*, um ihre eigene Liste (7–11) zu gründen.

Syndicate

Im Winter 1995/96 startete die V2_Organisation ihre »V2_East«-Initiative, die sich der Förderung von Kontakten und Kooperationen, zwischen Institutionen und Einzelpersonen in Ost- und Westeuropa widmete, die im Bereich Medien und Medienkultur tätig sind. Das wichtigste Ergebnis der V2_East-Initiative war die Gründung des »Syndicate«-Netzwerkes am Ende der Next-5-Minutes-Konferenz im Januar 1996 in Rotterdam.

Die unmoderierte Mailingliste – der wichtigste Kommunikationskanal des Netzwerkes – ermöglicht einen kontinuierlichen Austausch zwischen den TeilnehmerInnen über bevorstehende Veranstaltungen sowie gemeinsame Projekte. Seit dem ersten Treffen im Januar 1996 in Rotterdam, an dem 30 MedienkünstlerInnen und -aktivistInnen, JournalistInnen und KuratorInnen aus zwölf ost- und westeuropäischen Ländern teilnahmen, ist das Syndicate Netzwerk kontinuierlich gewachsen und verband bis August 2001 über 500 TeilnehmerInnen aus über 30 europäischen und einigen außereuropäischen Ländern. Regelmäßige Syndicate-Treffen und -Workshops fanden zumeist im Rahmen von Festivals und Konferenzen in Linz, Dessau, Skopje, Tirana, Helsinki und anderen Orten statt. War die ursprüngliche Idee zunächst die Ost-West-Vernetzung – und auch die zwischen Ost und Ost –, so entwickelte sich das Syndicate-Netzwerk zuletzt immer mehr hin zu einem gesamteuropäischen Forum für Medienkultur und -kunst.

Das Internet ist nicht nur eine technische Struktur, sondern auch ein Netzwerk von Menschen, die z.B. über Mailinglisten neue – translokale – Formen der Kommunikation und Zusammenarbeit entwickeln.

Lokale Netzwerke: Medienkulturelle Initiativen

Im Laufe der vergangenen zehn Jahre hat sich in Europa und darüber hinaus ein weit verzweigtes Netzwerk unabhängiger medienkultureller Institutionen und Gruppen herausgebildet, die auf lokaler Ebene versuchen, z.B. kritische Medienkompetenz zu stärken.

FoeBuD

»Mailboxen sind das einzige Neue Medium, das nicht nur interaktiv ist, sondern auch die bisher unüberwindliche Grenze zwischen Produzenten und Konsumenten aufhebt.«

FoeBuD e.V.

Der 1987 gegründete Bielefelder »Verein zur Förderung des öffentlichen bewegten und unbewegten Datenverkehrs e.V.« (FoeBuD) entwickelte sich zum ersten Forum für Netzkultur in Deutschland. Er hat sich die »Förderung eines ›schöpferisch-kritischen‹ Umgangs mit Wissenschaft und Technik« auf die Fahnen geschrieben und richtet sich in erster Linie an »Menschen vor dem Computer«: Technikinteressierte sind hier ebenso vertreten wie Menschen, die sich in den Bereichen Politik, Umwelt oder Menschenrechte engagieren. Seit der Gründung findet jeden Monat die von den KünstlerInnen Rena Tangens und padeluun konzipierte Veranstaltung *Public Domain* statt, mit Vorträgen, Vorführungen oder Podiumsdiskussionen zu Randbereichen der Informationstechnik, Wissenschaft und Politik, Kunst und Kultur. Der FoeBuD unterhält in den eigenen Räumen die 1989 gegründete Mailbox //BIONIC und setzt sich unter anderem für die allgemeine Zugänglichkeit öffentlicher Informationen über Mailbox-Netze ein.

mikro

Ein anderes Beispiel ist der im März 1998 von fünfzehn KünstlerInnen, TheoretikerInnen, JournalistInnen, OrganisatorInnen und anderen KulturproduzentInnen in Berlin gegründete mikro e.V., ein Verein zur Pflege von Medienkulturen. Die Mitglieder der ersten Stunde arbeiten zum größten Teil im Bereich der unabhängigen Medienkultur. Was diese vielseitige Gruppe zusammenbringt, ist das Bedürfnis nach einer kritischen Auseinandersetzung mit den kulturellen, sozialen und politischen Folgen des Einsatzes von Medientechnologien in der Gegenwartsgesellschaft.

Dieses Ziel wird vorrangig verfolgt durch Vorstellung und Diskussion künstlerischer und kultureller Anwendungen der digitalen, computergestützten Medien in öffentlichen Veranstaltungen mit Podiumsgesprächen, Projektpräsentationen, Konferenzen (*Wizards of OS* 1+2, Haus der Kulturen der Welt, Juli 1999 bzw. Okt. 2001, *net.radio days* '98). Die seit März 1998 monatlich im Berliner WMF-Club stattfindenden mikro.lounges widmen sich jeweils ausgewählten Fragen der Medienkultur (von Urheberrecht über Kryptographie bis hin zu Kunst und Politik im Internet) und kombinieren Videovorführungen, Vorträge, Podiumsdiskussionen und DJ-Sets. Anfang 2000 initiierte mikro *Rohrpost*, eine deutschsprachige Mailingliste für Medienkunst und -kultur, und war an der Gründung des *bootlab* im Juli 2000 beteiligt, einem kooperativen Arbeitsraum und Medienlabor neben dem WMF-Club in Berlin-Mitte.

MIKRO

Lokale Medienzentren und -initiativen, künstlerische Forschungslabors, Produzentengalerien, Medienkunstfestivals, Zeitschriften, Internetradios usw. kooperieren in stets neuen, meist projektgebundenen Konstellationen und erzeugen so einen dynamischen, translokalen Prozess der medienkulturellen Produktion und Reflexion.

Virtuelle Plattformen und andere Allianzen

Ab Mitte der 90er Jahre schließen sich medien- und netzkulturelle Initiativen zu größeren Allianzen zusammen, um auf nationaler oder europäischer Ebene effektiver handeln zu können. Die holländische »Virtuelle Plattform« und der »European Cultural Backbone« sind zwei Beispiele für solche Zusammenschlüsse.

Virtuelle Plattform

»Art and culture have an important part to play, in the theory and practice of the development of humane and socially useful applications of new technology.«
From Dada to Data: Virtual Platform Policy Plan, Februar 1996

Im Herbst 1995 schlossen sich sieben holländische Medienkulturorganisationen aus unterschiedlichen Zusammenhängen zur *Virtuellen Plattform* (VP) zusammen. Ziel dieses »Netzwerkes für Politik und Kooperationen im Bereich Neue Medien & Kulturen in den Niederlanden« war, so formulierte man es in dem im Februar 1996 verfassten Dokument »From Dada to Data«, die »freie Entwicklung und Anwendung von Informations- und Kommunikationstechnologien (IKT) und freier Zugang zu IKT in der Kultur im Allgemeinen und in den Künsten im Besonderen«. Die *Virtuelle Plattform* soll als Bindeglied zwischen den Gründungsmitgliedern und Organisationen aus anderen Bereichen (Bildung, gesellschaftliche Organisationen, Medien, Wirtschaft) fungieren, will Dialoge und gemeinsame Projekte zwischen ihnen anregen sowie eine Lagebeschreibung des theoretischen und praktischen Zusammenhangs medienkultureller Arbeit in Holland geben. Ziel der VP ist es, die holländische Regierung im Hinblick auf die Entwicklung einer Medienkulturpolitik zu beraten. In Zusammenhang mit dieser Beratungstätigkeit wurde gegenüber der *Virtuellen Plattform* jedoch auch der Vorwurf der Monopolisierung der holländischen Medienkulturszene laut.

Unter der Schirmherrschaft des Europarates organisierte

die *Virtuelle Plattform* im Oktober/November 1997 in Amsterdam und Rotterdam die Konferenz »Towards a European Media Culture: From Practice to Policy« (P2P). Als Gegenentwurf und Reaktion auf eine als zu theoretisch empfundene Konferenz des Europarates konzipiert, die im November 1996 in Prag stattgefunden hatte (»New Ideas in Science and Art«), versammelte P2P die praxisnahe Sachkenntnis 15 medienkultureller Institutionen aus West- und Ost-, Süd- und Nordeuropa mit dem Ziel, »eine vergleichende Analyse vorbildlicher Praxis von MedienpraktikerInnen, einen Dialog mit Europa-PolitikerInnen und die Vorstellung medienkultureller Arbeit für ein allgemeines Publikum« zu initiieren und zu fördern. Ein Ergebnis der P2P-Konferenz war die Veröffentlichung der »Amsterdam Agenda«, eines Positionspapiers europäischer Medieninitiativen, das gegenüber einem Diskurs, der stark auf wirtschaftliche Fragen fixiert ist, für eine verstärkte Wahrnehmung und Förderung von Medienkulturen in Europa eintritt.

»Medienkunst und Netzkultur sollen nicht unkritische Hymnen auf die vernetzte Gesellschaft singen, sondern emanzipatorische Anliegen mittragen.«

Das gelbe Papier, Dezember 1998, Österreich

European Cultural Backbone

Auf europäischer Ebene wurde während eines im März 1999 unter der Patronage der UNESCO in Wien stattfindenden und von Public Netbase organisierten Arbeitstreffens europäischer Medienkulturinstitutionen die informelle Vereinigung *European Cultural Backbone* (ECB) gegründet. Der ECB ist ein Zusammenschluss medienkultureller Institutionen und Individuen, die im Hinblick sowohl auf die Erhaltung des öffentlichen Diskursraumes in der Informationsgesellschaft als auch auf eine kreative Nutzung und die Entwicklung partizipatorischer Medien im Kontext zeitgenössischer Kunstpraxis und gesellschaftlichen Wandels zusammenarbeiten. Erstes Ziel des ECB ist es, ein europaweites digitales Kulturnetz aufzubauen.

Um besser auf nationale oder europäische Politik reagieren zu können, haben sich Medienkulturorganisationen zu translokalen Netzwerken zusammengeschlossen.

Netzkulturelle Vorreiter als eingeholte Avantgarde?

Während Netzkulturen und einige Spielarten des Netzaktivismus sich bewusst außerhalb etablierter Politikformen als widerständige Praktiken formiert haben, bekommen VertreterInnen netz- und medienkultureller Organisationen Ende der 90er Jahre zunehmend Einfluss auf wirtschafts- und gesellschaftspolitische Entscheidungen.

Dass die Bundesregierung inzwischen freie und quelloffene Software favorisiert, ist – neben dem kommerziellen Erfolg von Linux seit 1998 – dem Engagement verschiedener unabhängiger Gruppen zu verdanken.

Im Juli 1999 organisierte mikro e.V. in Kooperation mit der Humboldt-Universität zu Berlin und dem ZKM Karlsruhe im Haus der Kulturen der Welt in Berlin die Konferenz *Wizards of OS: Offene Quellen und freie Software*. Diese Konferenz wurde u.a. vom Bundesministerium für Wirtschaft und Technologie gefördert, für deren Vertreter am Tag vor Beginn der Konferenz ein exklusives Expertengespräch mit internationalen, an der Konferenz beteiligten Vertretern Freier Software- und Opensource-Projekte stattfand.

Einfluss auf politische Entscheidungen wird auch durch aktive Mitarbeit in verschiedenen Gremien geltend gemacht. So z.B. durch Rena Tangens, Mitbegründerin des Bielefelder FoeBuD e.V. (Verein zur Förderung des öffentlichen bewegten und unbewegten Datenverkehrs, seit 1987), die 1997 an einem Expertengespräch bei der Enquetekommission »Zukunft der Medien in Wirtschaft und Gesellschaft – Deutschlands Weg in die Informationsgesellschaft« in Bonn teilnahm und im selben Jahr in den Medienbeirat der Grünen-nahen Heinrich-Böll-Stiftung berufen wurde. Thorsten Schilling, Mitbegründer und in den ersten Jahren

Vorsitzender des Berliner mikro e.V., arbeitet als Leiter des Fachbereichs Multimedia & IT seit Oktober 2000 für die Bundeszentrale für politische Bildung. Und Andy Müller-Maguhn, langjähriger Pressesprecher des Chaos Computer Clubs (CCC), wurde im November 2000 als europäischer Vertreter in den ICANN-Verwaltungsrat gewählt.

Sollte man nun angesichts dieser Entwicklungen von einer »eingeholten Avantgarde« sprechen? Läuft auch hier alles auf die Institutionalisierung ehemals unabhängiger Initiativen hinaus? Betrachtet man die verschiedenen medien- und netzkulturellen Initiativen, so fällt auf, dass viele kein Interesse an Institutionalisierung haben. »Unser Vereinsziel ist die Selbstauflösung, sich selber überflüssig zu machen«, sagt ein Sprecher der Berliner Initiative zur Pflege von Medienkulturen mikro. Eine Organisationsform zu haben, wird nicht zum Selbstzweck, sie ist eher Mittel zum Erreichen pragmatischer Ziele. Zu diesen gehört ein eminent politisches, demokratisches Grundverständnis, eine Grundskepsis gegenüber technischen Lösungen oder ökonomischen Prozessen, die zu einer Homogenisierung führen. Diese zeigt sich in einer Grundsympathie für kleine Medien, den Erhalt des öffentlichen Diskursraumes, horizontale Kommunikation, Grassroots-Strukturen und *Bottom-Up*-Strategien anstelle von *Top-Down*-Modellen.

Es gibt parallel zu diesen informellen Projekten allerdings ebenfalls Initiativen, die an einer längerfristigen Institutionalisierung interessiert sind. Es seien hier stellvertretend nur das bootlab, Berlin, die V2_Organisation, Rotterdam, De Waag, Amsterdam, E-Lab, Riga sowie der ECB genannt.

Der Einfluss, den netz- und medienkulturelle Zusammenschlüsse in den 90er Jahren durch »Politikberatung« und Mitarbeit Einzelner in verschiedenen Gremien bekommen haben, macht aus den Initiativen – genauso wenig wie der Faktor Institutionalisierung – per se noch keine »eingeholte Avantgarde«.

Schneller, höher, weiter

Die rasante Entwicklung der Computertechnologie, schnellerer Chips und größerer Speicher in der einen Hälfte der Welt führt zur Abkopplung großer Teile der (Welt-)Bevölkerung in der anderen Hälfte, die aus sozialen und/oder ökonomischen Gründen nicht an diesem »Wettlauf« teilnehmen kann.

Die Entdeckung der Langsamkeit

Vor allem mit der Entwicklung von Personalcomputern seit den 80er Jahren ist für die Soft- und Hardware-Industrie ein lukrativer Massenmarkt entstanden. Größere Speicherkapazitäten und Rechenleistung verlockten dazu, ursprünglich auf sparsame Verwendung von knappen Rechnerressourcen hin programmierte Software (Betriebssysteme, Anwendungsprogramme etc.) aufwändiger zu gestalten.

Das gegenseitige Hochschaukeln von Soft- und Hardware-Kapazitäten hat sich in den 90er Jahren besonders negativ z.B. auf das sich gerade entwickelnde Webdesign ausgewirkt. Während Gestaltung vor dem Massenansturm auf das Internet noch kein Thema war, sondern die bereits bestehenden ASCII-Angebote auf reine Funktionalität, Stabilität, Schnelligkeit und Robustheit bedacht waren, so änderte sich dies mit der Einführung des grafischen World Wide Web radikal: Man überhäufte Webseiten mit speicher- und bandbreitenfressender animierter Grafik, Flash-Animationen und Java-Effekten so sehr, dass das Akronym WWW für die Nutzer von Modemverbindungen bald zur Abkürzung für »World Wide Wait« wurde.

Ausschlussmechanismen

Die vom technologischen Fortschritt geforderte ständige Aktualisierung der eigenen Computerressourcen (»Aufrüsten«) ist für einen Großteil der Weltbevölkerung nicht machbar. Zugang zum Internet bleibt vielen jedoch nicht nur wegen der hohen Kosten für die Computerausrüstung verwehrt, sondern auch, weil die Netzinfrastruktur (Leitungen, Bandbreiten, leistungsfähige Computer) einfach nicht vorhanden ist. So gibt es auf dem ganzen afrikanischen Kontinent weniger Telefonanschlüsse als in Manhattan allein.

Die Konsequenzen der ungleichen Teilnahme am Internetverkehr zeigen sich auch in der ungleichen Verteilung der »Wahlberechtigten« für die weltweit ersten Online-Wahlen zum Direktorium der Internet Corporation for Assigned Names and Numbers (ICANN) im Oktober 2000. Obwohl die Struktur von ICANN nach Meinung vieler Kommentatoren ein Novum darstellt, das eine »globale« Willensbildung und Politikformulierung jenseits nationalstaatlicher Repräsentation ermöglicht, waren die geografischen Regionen der Erde höchst unterschiedlich vertreten: Von 76 500 aktivierten Mitgliedschaften entfielen gerade einmal 321 auf Afrika, 23 500 auf Europa.

»Das ›Moore'sche Gesetz‹ beruht auf der Beobachtung, dass alle 18–24 Monate ein neuer Prozessor mit der doppelten Transistor-Dichte seiner Vorläufer auf den Markt kommt. In einem Zeitraum von 26 Jahren hat sich so die Anzahl der Transistoren auf einem Chip über 3200 mal gesteigert: von 2300 auf dem 4004er Prozessor 1971 bis auf 7,5 Millionen auf dem Pentium II-Prozessor.«

www.intel.com

Die Entwicklung einer »globalen elektronischen Demokratie« wird durch den höchst ungleich verteilten Zugang zum Internet weltweit erschwert.

Halbwertzeiten: Wenn Technik veraltet

Eng verbunden mit der rasanten technologischen Entwicklung ist die schnelle Verfallszeit immaterieller Produkte. Das Internet selbst befindet sich in einem Prozess ständiger Veränderung und Weiterentwicklung, was per se ein großes Hindernis für jegliche Art von Dauerhaftigkeit darstellt.

Tote Medien und obsolete Technologien

»Wir brauchen ein Buch über das Scheitern der Medien, über das Veralten der Medien, über die Unterdrückung durch die Medien ... ein Buch über Medien, die im Stacheldraht des technologischen Fortschritts gestorben sind, Medien, die es nicht geschafft haben, Märtyrermedien, tote Medien.«

Bruce Sterling, in: *Rohrpost*, 6.2.2001

Am 1.12.2000 war es so weit: Die Deutsche Telekom stellte den Bildschirmtext(Btx)-Dienst ein. Das Internet hatte dieses Medium überflüssig gemacht. Wie Btx erging es auch vielen anderen Technologien. Bruce Sterling, US-amerikanischer Sciencefiction-Schriftsteller und Leiter des Dead-Media-Projekts, zählt in einer schier endlosen Liste zum Teil skurrile, heute ausgestorbene Medien(-maschinen) auf, wie z.B. das Phenakistiskop, das Teleharmonium, Edisons Wachszylinder, das Stereoptikon, das Panorama, elektrische Scheinwerferschauspiele zu Beginn des 20. Jahrhunderts, Morton Heiligs frühe virtuelle Realität, Baron Schillings russischer magnetisierter Nadeltelegraph, das Telephon Hirmondo, die Laterna Magica, pneumatische Rohrpostsysteme sowie Computersprachen, Betriebssysteme und diverse Internettechniken (z.B. Gopher, WAIS, Mosaic).

Je schneller neue technische Entwicklungen in Hard- und Software auf den Markt kommen, desto schneller werden die Vorgängermodelle entsorgt – das Einzige, was zählt, ist Aktualität. Dies wäre nicht so schlimm, würde damit jedoch nicht oft auch ein immenser Verlust an Daten einhergehen. In den USA z.B. können die Daten der letzten Volkserhebungen nicht mehr gelesen werden, weil Hard- und Software nicht mehr zu handhaben sind.

Verrottende Bits und Datenschwund

Neben dem durch die technologische Entwicklung bedingten Absterben von Technologien trägt ein weiteres Problem zur Vergänglichkeit des Netzes bei: der so genannte »bitrot«, also der schleichende Verfall von digitalen Daten und ihrer Trägermedien. Programme, die auf älteren Datenträgern gespeichert wurden, können heute oft nicht mehr rekonstruiert werden, weil die entsprechenden Lesegeräte fehlen oder die Magnetbänder, Disketten oder CD-ROMs ihre maximale Lebensdauer überschritten haben. Vor demselben Problem steht heute auch die frühe, seit Mitte der 60er Jahre entstandene und auf speziellen Formaten gespeicherte Videokunst.

»Wer speichert eigentlich das Internet? Und wer hat den Sourcecode von Netscape 0.9? Kann man Schellack-Platten mit dem WinAmp-Player abspielen? Und wie schreibt man die Geschichte der digitalen Kultur, wenn man keinen Commodore 64 mehr findet? ... Und vor allem: Wo kann ich heute noch ›Pong‹ spielen?«

Ankündigung der mikro.lounge #27, Berlin, 4. 10. 2000

Das Internet als »geschichtsloses« Medium

Das Medium, das verspricht, »ein Speicher des gesamten Menschheitswissens zu sein«, ist, so klagt der Netzkunst-Chronist Tilman Baumgärtel, »vom totalen Geschichtsverlust bedroht«. Die ersten Webseiten, die zu Anfang der 90er Jahre entstanden sind (damals noch in tristem *Mosaic*-Einheitsgrau ohne Bilder und Animationen), existieren zum größten Teil nicht mehr, da in diesem Medium nur Aktualität und Innovation zählen. Wer denkt schon daran, frühere Versionen zu archivieren, wenn er/sie Webseiten aktualisiert? »Fast keine historische Homepage von 1994 hat das Jahr 2000 erlebt«, konstatiert Baumgärtel.

Auch im Internet gibt es bereits massenhaft obsolete Technologien: Die ersten Internet-Browser und -Programmiersprachen existieren schon gar nicht mehr (z.B. NSCA Mosaic 1.0, Mosaic Netscape 0.9, Hot Java) bzw. sind in früheren Versionen nicht mehr verfügbar, Prä-Web-Technologien existieren nicht mehr (z.B. Veronica, WAIS, Archie), und es gibt nur noch sehr wenige Gophersites.

Ähnlich wie für die frühe Videokunst wird für die Netzkunst die Schnelllebigkeit des Internet zu einem echten Problem. Netzkunstprojekte sind teilweise für ganz bestimmte Browserversionen geschrieben worden, die spe-

www.computerspiele museum.de

zifische Eigenschaften, teilweise auch Programmierfehler (bugs), aufwiesen. Sind nun diese Browserversionen nicht mehr verfügbar, so kann das Netzkunstprojekt auch nicht mehr gezeigt werden, radikal ausgedrückt: Die Bedingungen für seine Existenz sind nicht mehr gegeben. Mit einem anderen Problem sind solche Projekte konfrontiert, die aus der Vernetztheit des sozialen und des technischen Kontextes entstehen (z.B. *Refresh*, 1996). Der Erhalt eines solchen Projektes wäre nur durch eine Momentaufnahme des gesamten Internet zu einem bestimmten Zeitpunkt möglich.

Erinnerung als Gegenstrategie

Zwar wird von öffentlichen Technikmuseen und teilweise auch von privaten Unternehmen Hardware gesammelt, diese ist jedoch größtenteils nicht mehr funktionsfähig. Öffentliche Staatsarchive sammeln »geschichtlich bedeutsame Dokumente«, fassen darunter jedoch nicht alte Computergames oder Betriebssysteme – auch dann nicht, wenn sie zu ihrer Zeit von Millionen von Menschen benutzt worden sind.

Softwarearchive werden dagegen meist in Privatinitiative aufgebaut. Auf Websites wie dem 8bit-Museum oder 8bit-

Nirvana finden sich Sammlungen von Dokumentationen über historische Homecomputer, die »in puncto Vollständigkeit und Aufbereitung jedes Technikmuseum vor Neid erblassen lassen« (Baumgärtel). Bastler und Computernerds haben jedoch nicht nur im Netz, sondern auch im realen Raum ihre eigenen Computermuseen angelegt. Der Erhalt von Games und anderer Software wird wahrscheinlich am ehesten durch Emulationen möglich sein, die alte Computer auf neuen nachbilden, sodass die Originalprogramme weiter verwendet werden können.

»In Netscape 2.0 you could have this background that would change all the time, background 1, 2, 3 etc. You could make great movies with that. You could let it run ten times in a row. They took it out in Netscape 3.0.«

Dirk Paesmans von Jodi, in: Josephine Bosma, *ZKP 4: Beauty and the East*, Ljubljana 1997

Der Archivar des Netzes

Brewster Kahle, ein Internet-Pionier, der Anfang der 90er Jahre mit dem Wide Area Information System WAIS eine der ersten »Suchmaschinen« geschrieben hatte, hat jedoch 1996 als Erster den heroischen (weil fast unmöglichen) Versuch unternommen, das gesamte Internet zu archivieren. Dies vor dem Hintergrund, dass sich allein das Web alle sechs Monate verdoppelt, wobei vieles aber auch wieder aus ihm verschwindet. Da Kahle aber nicht alles abspeichern kann, muss er eine Auswahl treffen, und es geht vieles verloren, denn auch Sites wie MSNBC oder CNN archivieren ihre aktuellen News nicht auf Dauer. Eine solche »Überwachung« des Internet ist neben dem Selektionsproblem auch problematisch, weil sie Websites verfügbar hält, die »geistiges Eigentum« anderer sind, auch wenn diese Seiten schon lange aus dem Web verschwunden sind.

Digitale Daten sind flüchtig, Artefakte der Medienkultur instabil. Die Feier des Transitorischen weicht langsam der Sorge vor drohendem Datenverlust. Denn niemand weiß genau, wie lange sich die digitalen Speicher unserer Kultur physisch erhalten.

Literatur und Adressen

Print- und Netzmedien, Internetadressen

(Eine ausführliche Literaturliste inkl. Internetadressen kann unter home.snafu.de/inke/Netzkulturen eingesehen werden)

Inke Arns/Andreas Broeckmann. Small Media Normality for the East. In: *ZK Proceedings 4: Beauty and the East*. Ljubljana: Digital Media Lab, 1997, S.17–21

Inke Arns. »Unformatierter ASCII-Text sieht ziemlich gut aus« – Die Geburt der Netzkunst aus dem Geiste des Unfalls. In: *Kunstforum International*. Bd. 155, Juni/Juli 2001, S. 236–241

autonome a.f.r.i.k.a. gruppe, Luther Blissett, Sonja Brünzels. *Handbuch der Kommunikationsguerilla*. Hamburg 1997

Tilman Baumgärtel. *[net.art] Materialien zur Netzkunst*. Nürnberg 1999

Tilman Baumgärtel. *[net.art 2.0] Neue Materialien zur Netzkunst*. Nürnberg 2001

Andreas Broeckmann. Net.Art, Machines, and Parasites. In: *Nettime*, 8. März 1997

Duncan Campbell. *An Appraisal of the Technologies of Political Control*, STOA Interim Study/Executive Summary, 1998

Critical Art Ensemble. *Electronic Civil Disobedience and other Unpopular Ideas*. New York 1996

Erik Davis. *Techgnosis: myth, magic + mysticism in the age of information*. New York 1998

David Garcia, Geert Lovink. The ABC of Tactical Media. In: *Nettime*, 16. Mai 1997

Volker Grassmuck. *Freie Software zwischen Privat- und Gemeineigentum*. Beiträge zur Informationsgesellschaft. Bonn 2002

Michael/Ronda Hauben. *Netizens*. An Anthology. 1995 http://www.columbia.edu/~hauben/netbook

Sabine Helmers, Ute Hoffmann & Jeanette Hofmann. *Internet ... The Final Frontier: Eine Ethnographie. Schlussbericht des Projekts »Interaktionsraum Internet. Netzkultur und Netzwerkorganisation«*. Berlin 1998

Jeannette Hofmann. Und wer regiert das Internet? Regimewechsel im Cyberspace. In: *Jahrbuch Telekommunikation und Gesellschaft*. April 2000 – http://duplox.wz-berlin.de/people/jeanette/intergov.html

Lawrence Lessig. *Code and other Laws of Cyberspace*. New York 1999, dt.: 2001

Nettime/Geert Lovink/Pit Schultz (Hg.). *Netzkritik: Materialien zur Internet-Debatte.* Berlin 1997

ReadMe! ASCII Culture and the Revenge of Knowledge [filtered by Nettime]. New York 1999

Peter Sager. *24 Stunden im 21. Jahrhundert. Onlinesein. Zu Besuch in der Neuesten Welt.* Frankfurt/M. 1995

Christiane Schulzki-Haddouti. *Datenjagd im Internet.* Hamburg 2001

Rena Tangens, padeluun. *PGP – Pretty Good Privacy: Der Briefumschlag für Ihre elektronische Post* – www.foebud.org/pgp/html/pgp.html

Telepolis – http://www.heise.de/tp

Wired – http://www.wired.com

Initiativen, Projekte, Netzwerke, Mailinglisten, Festivals, Konferenzen

7-11 – http://www.7-11.org/

8-Bit-Nirvana – http://www.zock.com/8-Bit/D_Main.HTML

8-Bit-Museum – http://www.8bit-museum.de/

AbandonGames – http://www.abandongames.com

ANAT's Summer Schools AUS – http://www.anat.org.au/

Anti-WTO – http://www.bermuda.ch/reitschule/anti-wto/index.shtml

Ars Electronica Linz/A – http://www.aec.at

Backspace London/GB – (bis 1999) http://bak.spc.org/

Berliner Linux User Group – http://www.belug.org

Brewster Kahles Internet-Archiv – http://www.archive.org/

CCC – http://www.ccc.de

Computer Culture Museum Hildesheim – http://www.uni-hildesheim.de/~cmuseum/index.html

Computernetzwerk Linksysteme (/CL-Netz) – http://www.cl-netz.de

Computerspielemuseum Berlin – http://www.computerspielemuseum.de

Contrast.org – http://www.contrast.org

Critical Art Ensemble – http://www.critical-art.net/

Cross the Border – http://www.contrast.org/borders

Crossing Over 1-5 – http://www.fact.co.uk/proj/proj15.htm

De Balie Amsterdam/NL – http://www.balie.nl

De Digitale Stad (seit 1994) – http://www.dds.nl

De Waag Amsterdam/NL – http://www.waag.org

Dead Media Project – http://www.deadmedia.org/

Deportation Alliance – http://www.deportation-alliance.com/

Deutsches Technikmuseum Berlin – http://www.dtmb.de/

Dutch Electronic Arts Festival (DEAF) Rotterdam/NL – http://www.v2.nl/deaf

Electronic Frontier Foundation – http://www.eff.org

Electronic Disturbance Theater – http://www.thing.net/~rdom/ecd/ecd.html

Emulation World – http://www.emulationworld.com/

etoy – http://www.etoy.com
Digital Hijack, 1996 – http://www.hijack.org/

European Cultural Backbone – http://www.ecb.org

alt.culture: Extropians – http://www.altculture.com/aentries/e/extropians.html

European Media Art Festival Osnabrück – http://www.emaf.de

Extropy Institute US – http://www.extropy.org/

Faces – Women in New Media – http://www.thing.at/face

Filmwinter Stuttgart – http://www.filmwinter.de

Free Software Foundation – http://www.fsf.org

German UNIX User Group (GUUG) – http://www.guug.de

Hacking in Progress NL (August 1997) – http://www.hip97.org

Handshake Berlin – http://sero.org/handshake/

Heinz-Nixdorf-MuseumsForum Paderborn – http://www.hnf.de/museum/

Hull Time Based Arts Hull/GB – http://www.timebase.org/

Hybrid WorkSpace Kassel (Juni–September 1997) – http://www.ljudmila.org/~vuk/dx/workspac/

Hybrid Media Lounge Online-Datenbank zu Medienkulturorganisationen weltweit sowie Dokumentation des Hybrid WorkSpace, Documenta X, Orangerie, Kassel 1997 – http://www.medialounge.net

ICANN – http://www.icann.org

IN-Berlin – http://www.in-berlin.de

Independent Media Center Davos – http://www.davos.indymedia.org/index.php3?lang=de

Initiative D21 – http://www.initiatived21.de/home.php3

INSULAR Technologies Ljubljana/SLO – http://www.insular.net

International Society of Electronic Arts (ISEA) Symposium (seit 1988) – http://www.isea.qc.ca

Internationale Stadt Berlin – http://www.icf.de

Interstanding 1+2 Tallinn/E –
http://www.artun.ee/center/i1/i1.html
http://www.artun.ee/center/i2

The Jefferson Computer Museum – http://www.threedee.com/jcm/index.html

Kein Mensch ist Illegal – http://www.contrast.org/borders/kein/

Knowbotic Research + cF (KRcF) Köln & Zürich – http://io.khm.de/

Kurzfilmtage Oberhausen Oberhausen – http://www.kurzfilmtage.de

Ljubljana Digital Media Lab Ljubljana/SLO – http://www.ljudmila.org

McLibel – http://www.mcspotlight.org/case/trial/story.html
Media Art Lab Moskau/RUS – http://www.danet.ru
Mediafilter – http://www.mediafilter.org
mikro – Verein zur Pflege von Medienkulturen Berlin – http://www.mikro.org
Mute – http://www.metamute.com
Name.Space New York/US – http://name.space.xs2.net/
Net_Congestion 2000 Amsterdam – http://net.congestion.org/
Netochka Nezvanova: Nebula.M81 – http://www.eusocial.com/nebula.m81
Nettime – http://www.nettime.org
Netzwissenschaft.de – http://www.netzwissenschaft.de/index.html
Next 5 Minutes Amsterdam/NL (1993,1996,1999) – http://www.n5m.org
Oreste Venedig/I (Juni–Nov. 1999) – http://undo.net/oreste
ostranenie Dessau (1993,1995,1997) – http://www.ostranenie.org
Polar Circuit Lappland/FI (Sommer) – http://media.urova.fi/polar2/mainset.html
Public Netbase – Institut für neue Kulturtechnologien Wien/A – http://www.t0.or.at
Re-Lab Riga/LAT – http://www.re-lab.net
Red Rock Eater News Service US – http://dlis.gseis.ucla.edu/people/pagre/rre.html
Revolting Temporary Media Lab Manchester/GB (Aug.–Sept. 1998) – http://www.yourserver.co.uk/revolting/
Rewired – Journal of a Strained Net – http://www.rewired.com
Rhizome – http://www.rhizome.org
RTMark US – http://www.rtmark.com
Schulen ans Netz e.V. – http://www.san-ev.de/
Syndicate – http://www.v2.nl/syndicate
tech_nicks London et al/GB (Juni–Juli 2000) – http://http://www.noaltgirls.org/tech_nicks/
Temp Helsinki/FI (Okt.–Nov. 1999) – http://www.kiasma.fi/temp
The Thing (seit 1991) – http://www.thing.net
Toywar-Plattform – http://www.toywar.com
transmediale Festival Berlin – http://www.transmediale.de
Verein zur Förderung des öffentlichen bewegten und unbewegten Datenverkehrs (FoeBuD) e.V. Bielefeld – http://www.foebud.org/
Viper Bern/CH – http://www.viper.ch
Virtual Platform NL – http://www.dds.nl/~virtplat/uk/index.html
Werkleitz Biennale Werkleitz/D – http://www.werkleitz.de
ZaMir Translocal Network – http://www.foebud.org/org/zamir/index.html

Glossar

ARPANET ab 1969 Vorläufer des Internet, gefördert durch die ARPA, realisiert durch die Firma Bolt Beranek and Newman (BNN) in Kooperation mit amerikanischen Universitäten.

ASCII American Standard Code for Information Interchange, ein 7-Bit-Zeichensatz, der heutzutage von praktisch allen Computern verstanden wird. Leider enthält ASCII zwar Steuersequenzen wie z.B. Zeilenende und Wagenrücklauf (deren Interpretation von Betriebssystem zu Betriebssystem unterschiedlich ist) und »Klingelton«, aber keine Umlaute und ähnliche Sonderzeichen.

Anonyme (Re-)Mailer ermöglichen den anonymen Versand von E-Mails. Einer der bekannteren Anonymen (Re-)Mailer wurde 1992 von Johan Helsinguis in Finnland eingerichtet – anon.penet.fi –, musste jedoch 1996 auf Drängen der Scientology-Sekte schließen.

CGI-Programme (= Common Gateway Interface Programme) sind oft in der Programmiersprache Perl geschrieben und bewirken, dass Daten, die von einem User via E-Mail an den Server gesendet werden, ggf. als Text auf der Website erscheinen.

Cookie dt. Keks; eine Zeichenfolge, die von einem Server auf dem Computer des Nutzers abgelegt wird und dessen Identifikation gewährleistet.

Domainname Ein Domainname ist z.B. »mikro« in http://www.mikro.org. Letzter Teil einer URL ist immer eine Top Level Domain. Diese setzt sich aus Generic Top Level Domains (GTLDs) und Country Code Top Level Domains (CCTLDs) zusammen. GTLDs sind heute: .org, .edu, .com, .gov, .mil, .int, .net. Daneben gibt es ca. 300 zweilettrige CCTLDs wie z.B. .de, .ru, .uk.

DNS Domain Name System: Definition eines hierarchischen Namenssystems für Internet-Domänen.

Free Software Foundation (FSF) 1985 von Richard Stallman u.a. gegründete Organisation zur Unterstützung der GNU-Projekte zur Entwicklung freier Software.

File Transfer Protokoll (FTP) ermöglicht das Kopieren von Dateien im Internet.

G2 Real Player ist eine weit verbreitete, im Internet kostenlos herunterladbare Software, mit der man Audio- oder Videodateien abspielen kann.

Gopher Protokoll für den Zugriff auf verteilte hierarchische Datei-Systeme im Internet, 1989/90 an der Universität von Minnesota entwickelt. Gopher wurde in der Bedeutung durch HTTP und das darauf basierende grafische WWW abgelöst.

HTML Hypertext Markup Language; Programmiersprache zum Erstellen von Webseiten.

Kryptologie die Lehre von der Verschlüsselung.

Kryptographie die praktische Anwendung der Kryptologie.

Mailingliste E-Mail-Kommunikation einer Gruppe; E-Mails an die Liste werden automatisch an alle Mitglieder der Gruppe verteilt.

Network News Transfer Protocol (NNTP) Protokoll, speziell entwickelt für die Beschleunigung des Newsgroup-Datentransfers im Usenet.

Open Source Software (quelloffene Software) von der Open Source Initiative (OSI) eingeführter Marketingbegriff für Freie Software.

Personal Computer (PC) der »eigene Computer auf dem Schreibtisch« – im Unterschied zum Timesharing-Computer der Frühzeit, an dem viele Menschen gleichzeitig arbeiteten. Heute kann der PC auch ein Timesharing-Computer sein (z. B. mit Linux).

Pretty Good Privacy (PGP) Programm zur Verschlüsselung von Daten.

Quellcode, auch Sourcecode die in einer höheren Programmiersprache geschriebene und daher menschenlesbare Version eines Programms; bevor er von einem Computer ausgeführt werden kann, muss er in binären Objektcode kompiliert oder interpretiert werden.

Rootserver bestehen aus einer Datenbank, die ein Verzeichnis aller Top Level Domains und deren jeweilige »autoritative« Nameserver enthalten. Diese sorgen für die Übersetzung von Domainnamen in numerische Internetadressen und umgekehrt. In der Architektur des Internet nehmen die derzeit 13 auf drei Kontinente verteilten Rootserver eine Sonderstellung ein.

Transmission Control Protocol (TCP) bildet zusammen mit IP das Basis-Protokoll der Internet-Kommunikation.

Telnet Protokoll, das das Fernsteuern eines Rechners im Internet ermöglicht.

UNIX Multitasking- und Multiuser-Betriebssystem. Der Name stammt indirekt vom Vorläufersystem MULTICS (Multiplexed Information and Computing Service) ab, von dem es sich durch »Einfachheit« unterscheiden sollte, daher UNICS (Uniplexed Information and Computing Service), woraus schließlich UNIX wurde.

Usenet Unix-User-Network; Netzwerk von Diskussionsforen, den Newsgroups. Ursprünglich auf Basis von UUCP betrieben, wurde es 1996 auf NNTP umgestellt.

Unix-to-Unix-Copy Protocol (UUCP) regelt den Dateitransfer zwischen Unix-Computersystemen; wird für Internetdienste wie Mailing, Dateitransfer, Fernsteuerung und Diskussionsforen verwendet, jedoch mit stark abnehmender Bedeutung.

World Wide Web (WWW) auf HTTP basierendes, weltweites, vernetztes Hypertext-System.

Wissen 3000

J. Renner: **1968**
K. Kopp: **Asyl**
V. Redak/B. Weber: **Börse**
B. Rudhof: **Design**
M. Krauß: **Doping**
H. Schmidt-Semisch/F. Nolte: **Drogen**
Th. Seibert: **Existenzialismus**
R. Strobach: **EXPO 2000**
H. Blecher: **Fotojournalismus**
S. Riewenherm: **Gentechnologie**
Th. Schroedter: **Globalisierung**
B. Gröndahl: **Hacker**
H. U. Dillmann: **Jüdisches Leben nach 1945**
St. Lanz/J. Becker: **Metropolen**
M. Terkessidis: **Migranten**
I. Arns: **Netzkulturen**
H. Koch: **New Economy**
O. Diederichs: **Polizei**
M. Büsser: **Pop-Art**
Th. Ernst: **Popliteratur**
M. Büsser: **Popmusik**
K. Leyrer: **Sexualität**
M. Feige: **Science Fiction**
J. Müller: **Sozialismus**
W. Sager: **Wasser**

Leider konnten nicht immer die Fotografen/Rechteinhaber ermittelt werden.
In diesen Fällen sind Autor und Verlag dankbar für Hinweise.
Berechtigte Ansprüche werden im Rahmen des Üblichen abgegolten.

Die Deutsche Bibliothek – CIP-Einheitsaufnahme

Ein Titeldatensatz für diese Publikation ist bei
Der Deutschen Bibliothek erhältlich

Umschlag: projekt® / Philipp Starke, Hamburg
Herstellung: Das Herstellungsbüro, Hamburg
Druck und Bindung: Fuldaer Verlagsagentur

Printed in Germany
ISBN 3-434-46107-8

Informationen zu unseren Verlagsprogrammen finden Sie
im Internet unter www.sabine-groenewold-verlage.de

Nachwort und Anmerkungen von Christine Träger
Illustrationen von Peter Laube

Die Textfassung folgt der Ausgabe: C. F. Meyer,
Sämtliche Werke, Knaur, Berlin o. J., Bd. 3

1. Auflage 1989
Lizenz-Nr. 384-220/11/89
LSV 7311
Schutzumschlag und Einband: Rolf F. Müller / Peter Laube
Printed in the German Democratic Republic
Gesamtherstellung: Karl-Marx-Werk Pößneck V 15/30
Gesetzt aus der Korpus Garamond-Antiqua
Bestell-Nr. 525 434 6

ISBN 3-7352-0118-0

00780

Conrad Ferdinand Meyer

Die Hochzeit des Mönchs

Novellen

Greifenverlag zu Rudolstadt

Plautus im Nonnenkloster

Nach einem heißen Sommertag hatte sich vor einem Kasino der mediceischen Gärten zum Genusse der Abendkühle eine Gesellschaft gebildeter Florentiner um Cosmus Medici, den „Vater des Vaterlandes", versammelt. Der reinste Abendhimmel dämmerte in prächtigen, aber zart abgestuften Farben über den mäßig Zechenden, unter welchen sich ein scharf geschnittener, greiser Kopf auszeichnete, an dessen beredten Lippen die Aufmerksamkeit der lauschenden Runde hing. Der Ausdruck dieses geistreichen Kopfes war ein seltsam gemischter: über die Heiterkeit der Stirn, die lächelnden Mundwinkel war der Schatten eines trüben Erlebnisses geworfen.

„Mein Poggio", sagte nach einer eingetretenen Pause Cosmus Medici mit den klugen Augen in dem häßlichen Gesichte, „neulich habe ich das Büchlein deiner Fazetien wieder durchblättert. Freilich weiß ich es auswendig, und dieses mußte ich bedauern, da ich nur noch an den schlanken Wendungen einer glücklichen Form mich ergötzen, aber weder Neugierde noch Überraschung mehr empfinden konnte. Es ist unmöglich, daß du nicht, wählerisch wie du bist, diese oder jene deiner witzigen und liebenswürdigen Possen, sei es als nicht gesalzen genug oder als zu gesalzen, von der anerkannten Ausgabe des Büchleins ausgeschlossen hast. Besinne dich! Gib diesem Freundeskreise, wo die leiseste Anspielung verstanden und der keckste Scherz verziehen wird, eine Facezia inedita zum besten. Erzählend und schlürfend" –

er deutete auf den Becher – „wirst du dein Leid vergessen!"

Den frischen Kummer, auf welchen Cosmus als auf etwas Stadtbekanntes anspielte, hatte dem greisen Poggio – dem jetzigen Sekretär der florentinischen Republik und dem vormaligen von fünf Päpsten, dem früheren Kleriker und späteren Ehemanne – einer seiner Söhne verursacht, welche alle herrlich begabt waren und alle nichts taugten. Dieser Elende hatte die greisen Haare des Vaters mit einer Tat beschimpft, die nahe an Raub und Diebstahl grenzte und dem für den Sohn einstehenden, sparsamen Poggio überdies eine empfindliche ökonomische Einbuße zuzog.

Nach einem kurzen Besinnen antwortete der Greis: „Jene Possen oder ähnliche, die dir schmecken, mein Cosmus, kleiden wie üppige Kränze, nur braune Locken und mißziemen einem zahnlosen Munde." Er lächelte und zeigte noch eine hübsche Reihe weißer Zähne. „Und" – seufzte er – „nur ungern kehre ich zu jenen Jugendlichkeiten, wie harmlos im Grunde sie sein mögen, zurück, jetzt da ich die Unbefangenheit meiner Standpunkte und die Läßlichkeit meiner Lebensauffassung bei meinem Sohne – ich weiß nicht kraft welches unheimlichen Gesetzes der Steigerung – zu unerträglicher Frechheit, ja zur Ruchlosigkeit entarten sehe."

„Poggio, du predigst!" warf ein Jüngling ein. „Du, welcher der Welt die Komödien des Plautus wiedergegeben hast!"

„Dank für deine Warnung, Romolo!" rief der unglückliche Vater, sich aufraffend, da er selbst als ein guter Gesellschafter es für unschicklich hielt, mit seinem häuslichen Kummer auf den Gästen zu lasten. „Dank für deine Erinnerung! Der ‚Fund des Plautus' ist die Fazetie, mit welcher ich heute euch, Ihr Nachsichtigen, bewirten will."

„Nenne sie lieber den ‚Raub des Plautus'", warf ein Spötter ein.

Poggio aber, ohne ihn eines Blickes zu würdigen: „Möge sie euch ergötzen", fuhr er fort, „und zugleich belehren, Freunde, wie ungerecht der Vorwurf ist, mit welchem mich meine Neider verfolgen, als hätte ich jene Klassiker, deren Entdecker ich nun einmal bin, mir auf eine unedle, ja verwerfliche Weise angeeignet, als hätte ich sie – plump geredet – gestohlen. Nichts ist unwahrer."

Ein Lächeln ging im Kreise, zu welchem erst Poggio sich ernst und ablehnend verhielt, an dem er aber endlich selbst sich mitlächelnd beteiligte; denn ihm war, als einem Menschenkenner, bewußt, daß auch die falschesten Vorurteile sich nur schwer wieder entwurzeln lassen.

„Meine Fazetie", parodierte Poggio die den italienischen Novellen gewöhnlich voranstehende breite Inhaltsangabe, „handelt von zwei Kreuzen, einem schweren und einem leichten, und von zwei barbarischen Nonnen, einer Novize und einer Äbtissin."

„Göttlich, Poggio", unterbrach ihn ein Nachbar, „von der Art jener treuherzigen germanischen Vestalen, mit welchen du in deinem bewundernswerten Reisebriefe die Heilbäder an der Limmat wie mit Najaden bevölkert hast – das Beste, was du geschrieben, bei den neun Musen! Jener Brief verbreitete sich in tausend Abschriften über Italien ..."

„Ich übertrieb, euern Geschmack kennend", scherzte Poggio. „Immerhin, Ippolito, wirst du, als ein Liebhaber der Treuherzigkeit, an meiner barbarischen Nonne deine Freude haben. Ich beginne.

In jenen Tagen, erlauchter Cosmus, da wir unserer zur lernäischen Schlange entstellten heiligen Kirche die überflüssigen Köpfe abschlugen, befand ich mich in Konstanz und widmete meine Tätigkeit den großartigen Geschäften eines ökumenischen Konzils. Meine Muße aber teilte ich zwischen der Betrachtung des ergötzlichen Schauspiels, das auf der beschränkten Bühne einer deutschen Reichsstadt die Frömmigkeit, die Wissenschaft, die Staatskunst des Jahrhunderts mit seinen Päpsten, Ketzern, Gauklern und Buhlerinnen zusammendrängte – und der gelegentlichen Suche nach Manuskripten in den umliegenden Klöstern.

Verschiedene Spuren und Fährten verfolgend, geriet ich auf die der Gewißheit nahe Vermutung, daß sich in einem benachbarten Nonnenkloster ein Plautus in den Händen barbarischer Nonnen befand, wohin er sich aus irgendeiner abgehausten Benediktinerabtei als Erbe oder Pfand mochte verirrt haben. Ein Plautus! Denke dir, mein erlauchter Gönner, was es sagen wollte, damals wo nur wenige, die Neugier unerträglich stachelnde Fragmente des großen römischen Komikers vorhanden waren! Daß ich darüber den Schlaf verlor, das glaubest du mir, Cosmus, der du meine Begeisterung für die Trümmer einer niedergegangenen größeren Welt teilst und begünstigst! Hätte ich nur alles im Stiche gelassen und wäre auf die Stätte geeilt, wo ein Unsterblicher, statt die Welt zu ergötzen, in unwürdigem Dunkel moderte! Doch es waren die Tage, da die Wahl des neuen Papstes alle Gemüter beschäftigte und der heilige Geist die versammelten Väter auf die Verdienste und Tugenden des Otto Colonna aufmerksam zu machen begann, ohne daß darum das tägliche und stündliche Laufen und Rennen seiner Anhänger und Diener, unter welche ich zählte, im geringsten entbehrlich geworden wäre.

So geschah es, daß mir ein untergeordneter und unredlicher Sucher, leider ein Landsmann, in dessen Gegenwart ich in meiner Herzensfreude ein unbesonnenes Wort über die Möglichkeit eines so großen Fundes hatte fallen lassen, zuvorkam und – der Ungeschickte! – ohne den Klassiker per fas oder nefas zu gewinnen, die Äbtissin des Klosters, wo er von Staub bedeckt lag, mißtrauisch und auf den Schatz, den sie unwissend besaß, aufmerksam machte.

Endlich bekam ich freie Hand und setzte mich – trotz der bevorstehenden Papstwahl – auf ein rüstig schreitendes Maultier, den Auftrag hinterlassend, mir nach Eintritt des Weltereignisses einen Boten nachzusenden. Der Treiber meines Tieres war ein von dem Bischofe zu Chur unter seinem Gesinde nach Konstanz gebrachter Rhäter und nannte sich Anselino de Spiuga. Er hatte ohne Zögern in mein niedriges erstes Angebot gewilligt, und wir waren um einen unglaublich billigen Preis übereingekommen.

Tausend Possen gingen mir durch den Kopf. Die Bläue des Äthers, die mit einem frischen, fast kalten Hauch aus Norden zu gleichen Teilen gemischte Sommerluft, der wohlfeile Ritt, die überwundenen Schwierigkeiten der Papstwahl, der mir bevorstehende höchste Genuß eines entdeckten Klassikers, diese himmlischen Wohltaten stimmten mich unendlich heiter, und ich hörte die Musen und die Englein singen. Mein Begleiter dagegen, Anselino de Spiuga, ergab sich – so schien mir – den schwermütigsten Betrachtungen.

Selbst glücklich, suchte ich aus Menschenliebe auch ihn glücklich zu machen oder wenigstens zu erheitern und gab ihm allerhand Rätsel auf. Meist aus der biblischen Geschichte, die dem Volke geläufig ist. ‚Kennst du‘, fragte ich, ‚den Hergang der Befreiung des Apostelfürsten aus den Ketten?‘ und erhielt die Antwort, er habe denselben abgebildet gesehen in der Apostelkirche von Tosana. ‚Gib acht, Hänschen!' fuhr ich fort. ‚Der Engel sprach zu Petrus: Zeuch deine Schuhe an und folge mir! Und sie gingen, ohne daß Petrus den Engel erkannt hätte, durch die erste und andere Hut, durch das Tor und eine Gasse lang. Jetzt schied der Begleiter, und alsbald sprach Petrus: Nun weiß ich wahrhaftig, daß mich ein Engel geführt hat. Woher, Hänschen, kam ihm dieses plötzliche Wissen, diese unumstößliche Überzeugung? Das sage mir, wenn du es erraten kannst.' Anselino sann eine Weile und schüttelte dann den eigensinnigen Krauskopf. ‚Gib acht, Hänschen', sagte ich, ‚ich löse die Frage. Daran erkannte Petrus den Engel, daß er für seinen Dienst kein Trinkgeld verlangte! Solches ist nicht irdisch. So handelt nur ein Himmlischer!'

Man soll mit dem Volke nicht scherzen. Hänschen suchte in dem Spaße, welcher mir aus dem Nichts zugeflogen war, eine Absicht oder Anspielung.

‚Es ist wahr, Herr', sagte er, ‚ich führe Euch fast umsonst und, ohne daß ich ein Engel wäre, werde ich auch kein Trinkgeld fordern. Wisset, mich zieht es auch meinesteils nach Monasterlingen', – er nannte das Nonnenkloster, das Ziel unserer Fahrt – ‚wo morgen die Gertrude ihre Hüften mit dem Strick umgürtet und ihre Blondhaare unter der Schere fallen.'

Dem kräftigen Jüngling, der übrigens in Gebärde und Rede – es mochte ein Tropfen romanischen Blutes in dem seinigen fließen – viel natürlichen Anstand hatte, rollten Tränen über das sonnenverbrannte Gesicht. ‚Bei dem Bogen Cupidos', rief ich aus, ‚ein unglücklich Liebender!' und ließ mir die einfache, aber keineswegs leicht verständliche Geschichte erzählen:

Er habe, mit seinem Bischofe nach Konstanz gekommen und dort ohne Beschäftigung, in der Umgegend als

Zimmerer Arbeit gesucht. Diese habe er bei den Bauten des Nonnenklosters gefunden und dann die in der Nähe hausende Gertrude kennen lernen. Sie beide seien sich gut geworden und haben ein Wohlgefallen aneinander gefunden. So haben sie gern und oft zusammengesessen. ‚In allen Züchten und Ehren', sagte er, ‚denn sie ist ein braves Mädchen.' Da plötzlich sei sie von ihm zurückgetreten, ohne Abbruch der Liebe, sondern etwa wie wenn eine strenge Frist verlaufen wäre, und er habe als gewiß vernommen, sie nehme den Schleier. Morgen werde sie eingekleidet und er werde dieser Handlung beiwohnen, um das Zeugnis seiner eigenen Augen anzurufen, daß ein redliches und durchaus nicht launenhaftes Mädchen einen Mann, den sie eingestandenermaßen liebe, ohne einen irgend denkbaren Grund könne fahren lassen, um eine Nonne zu werden; wozu Gertrude, die Natürliche und Lebenskräftige, so wenig als möglich tauge und – wunderlicherweise – aus ihren eigenen Äußerungen zu schließen, auch keine Lust habe, ja, wovor ihr graue und bange.

‚Es ist unerklärlich!' schloß der schwermütige Rhäter und fügte bei, „durch eine Güte des Himmels sei kürzlich seine böse Stiefmutter Todes verblichen, vor welcher er das väterliche Haus geräumt, und dieses ihm nun wieder offen, wie die Arme seines greisen Vaters. Dergestalt würde seine Taube ein warmes Nest finden, aber sie wollte schlechterdings und unbegreiflicherweise in einer Zelle nisten."

Nach beendigter Rede verfiel Hänschen wieder in ein trübes Brüten und hartnäckiges Schweigen, welches er nur brach, um meine Frage nach dem Wesen der Äbtissin zu beantworten. Sie sei ein garstiges, kleines Weib, aber eine meisterliche Verwalterin, welche den verlotterten Haushalt des Klosters hergestellt und in die Höhe gebracht hätte. Sie stamme aus Abbatis Cella und heiße im Volke nur ‚das Brigittchen von Trogen'.

Endlich tauchte das Kloster aus monotonen Weinbergen auf. Jetzt bat mich Anselino, ihn in einer Schenke am Wege zurückzulassen, da er Gertruden nur noch einmal erblicken wolle – bei ihrer Einkleidung. Ich nickte einwilligend und ließ mich vom Maultiere heben, um gemächlich dem nahen Kloster zuzuschlendern.

Dort ging es lustig her. In der Freiheit der Klosterwiese wurde ein großer, undeutlicher Gegenstand versteigert oder zu anderem Behufe vorgezeigt. Ein Schwartenhals, die Sturmhaube auf dem Kopfe, stieß von Zeit zu Zeit in eine mißtönige Drommete, vielleicht ein kriegerisches Beutestück, vielleicht ein kirchliches Geräte. Um die von ihren Nonnen umgebene Äbtissin und den zweideutigen Herold mit geflicktem Wams und zerlumpten Hosen, dem die nackten Zehen aus den zerrissenen Stiefeln blickten, bildeten Laien und zugelaufene Mönche einen bunten Kreis in den traulichsten Stellungen. Unter den Bauern stand hin und wieder ein Edelmann – es ist in Turgovia, wie diese deutsche Landschaft sich nennt, Überfluß an kleinem und geringem Wappengevögel – aber auch Bänkelsänger, Zigeuner, fahrende Leute, Dirnen und Gesindel jeder Art, wie sie das Konzil herbeigelockt hatte, mischten sich in die seltsame Korona. Aus dieser trat einer nach dem andern hervor und wog den Gegenstand, in welchem, näher getreten, ich ein grausiges, altertümliches, gigantisches Kreuz erkannte. Es schien von außerordentlicher Schwere zu sein, denn nach einer kurzen Weile begann es in den unsicher werdenden Händen selbst des stärksten Trägers hin und her zu schwanken, senkte sich bedrohlich und stürzte, wenn nicht andere Hände und Schultern sich tumultuarisch unter das zentnerschwere

Holz geschoben hätten. Jubel und Gelächter begleiteten das Ärgernis. Um die Unwürdigkeit der Szene zu vollenden, tanzte die bäurische Äbtissin wie eine Besessene auf der frischgemähten Wiese herum, begeistert von dem Wert ihrer Reliquie – das Verständnis dieses Marktes begann mir zu dämmern – und wohl auch von dem Klosterweine, welcher in ungeheuern hölzernen Kannen, ohne Becher und Zeremonie, von Munde zu Munde ging.

‚Bei den Waden der Mutter Gottes', schrie das freche Weibchen, ‚dieses Kreuz unserer seligen Herzogin Amalaswinta hebt und trägt mir keiner, selbst der stämmigste Bursche nicht; aber morgen lüpft's das Gertrudchen wie einen Federball. Wenn mir die sterbliche Kreatur nur nicht eitel wird! Gott allein die Ehre! sagt das Brigittchen. Leute, das Wunder ist tausend Jahr alt und noch wie funkelnagelneu! Es hat immer richtig gespielt, und, auf Schwur und Eid, auch morgen läuft es glatt ab.' – Sicherlich, die brave Äbtissin hatte sich unter dem himmlischen Tage ein Räuschlein getrunken.

Diesen possierlichen Vorgang mit ähnlichen, in meinem gesegneten Vaterland erlebten zusammenhaltend, begann ich ihn zu verstehen und zu würdigen – nicht anders, als ich mir ihn, eine Stunde später, bei größerer Sachkunde endgültig zurechtlegte; aber ich wurde in meinem Gedankengange plötzlich und unangenehm unterbrochen durch einen kreischenden Zuruf der Hanswurstin in der weißen Kutte mit dem hochgeröteten Gesichte, den dumm pfiffigen Äuglein, dem kaum entdeckbaren Stülpnäschen und dem davon durch einen ungeheuren Zwischenraum getrennten bestialischen Munde.

‚He dort, welscher Schreiber!' schrie sie mich an. Ich war an diesem Tage schlicht und reisemäßig gekleidet und trage meinen klassischen Ursprung auf dem Antlitz. ‚Tretet ein bißchen näher und lüpft mir da der seligen Amalaswinte Kreuz!'

Alle Blicke richteten sich lachlustig auf mich, man gab Raum, und ich wurde nach alemannischer Sitte mit derben Stößen vorgeschoben. Ich entschuldigte mich mit der, Freunde, euch bekannten Kürze und Schwäche meiner Arme." Der Erzähler zeigte dieselbe mit einer schlenkernden Gebärde.

„Da rief die Schamlose, mich betrachtend: ‚Um so längere Finger hast du, sauberer Patron!' und in der Tat, meine Finger haben sich durch die tägliche Übung des Schreibens ausgebildet und geschmeidigt. Die Menge des umstehenden Volkes aber schlug eine tobende Lache auf, deren Sinn mir unverständlich blieb, die mich aber beleidigte und welche ich der Äbtissin ankreidete. Mißmutig wandte ich mich ab, bog um die Ecke der nahen Kirche und den Haupteingang derselben offen findend, betrat ich sie. Der edle Rundbogen der Fenster und Gewölbe, statt des modischen Spitzbogens und des närrischen französischen Schnörkels, stimmte mich wieder klar und ruhig. Langsam schritt ich vorwärts durch die Länge des Schiffes, von einem Bildwerke angezogen, das sich, von Oberlicht erhellt, in kräftiger Rundung aus dem heiligen Dämmer hob und etwas in seiner Weise Schönes zu sein schien. Ich trat nahe und wurde nicht enttäuscht. Das Steinwerk enthielt zwei, durch ein Kreuz verbundene Gestalten, und dieses Kreuz glich an Größe und Verhältnissen vollständig dem auf der Klosterwiese zur Schau stehenden, welches von beiden dem andern nachgeahmt sein mochte. Ein gewaltiges, dorngekröntes Weib trug es fast wagrecht mit kraftvollen Armen auf mächtiger Schulter und stürzte doch unter ihm zusammen, wie die derb im Gewande sich abzeichnen-

den Kniee zeigten. Neben und vor dieser hinfälligen Gigantin schob eine kleinere Gestalt, ein Krönlein auf dem lieblichen Haupte, ihre schmalere Schulter erbarmungsvoll unter die untragbare Last. Der alte Meister hatte – absichtlich oder wohl eher aus Mangel an künstlerischen Mitteln – Körper und Gewandung roh behandelt, sein Können und die Inbrunst seiner Seele auf die Köpfe verwendend, welche die Verzweiflung und das Erbarmen ausdrückten.

Davon ergriffen, trat ich, das gute Licht suchend, einen Schritt zurück. Siehe, da kniete mir gegenüber an der andern Seite des Werkes ein Mädchen, wohl eine Eingeborene, eine Bäuerin der Umgebung, fast ebenso kräftig gebildet wie die steinerne Herzogin, die Kapuze der weißen Kutte über eine Last von blonden Flechten und einen starken, luftbedürftigen Nacken zurückgeworfen.

Sie erhob sich, denn sie war, in sich versunken, meiner nicht früher ansichtig geworden, als ich ihrer, wischte sich mit der Hand quellende Tränen aus dem Auge und wollte sich entfernen. Es mochte eine Novize sein.

Ich hielt sie zurück und bat sie, mir das Steinbild zu deuten. Ich sei einer der fremden Väter des Konzils, sagte ich ihr in meinem gebrochenen Germanisch. Diese Mitteilung schien ihr nicht viel Eindruck zu machen. Sie berichtete mir in einer einfachen Weise, das Bild stelle eine alte Königin oder Herzogin dar, die Stifterin dieses Klosters, welche, darin Profeß tuend, zur Einkleidung habe schreiten wollen: das Haupt mit Dornen umwunden und die Schulter mit dem Kreuze beladen. ‚Es heißt‘, fuhr das Mädchen bedenklich fort, ‚sie war eine große Sünderin, mit dem Giftmord ihres Gatten beladen, aber so hoch, daß die weltliche Gerechtigkeit ihr nichts anhaben durfte. Da rührte Gott ihr Gewissen, und sie geriet in große Nöte, an dem Heil ihrer Seele verzweifelnd! Nach einer langen und schweren Buße habe sie, ein Zeichen verlangend, daß ihr vergeben sei, dieses große und schwere Kreuz zimmern lassen, welches der stärkste Mann ihrer Zeit kaum allein zu heben vermochte, und auch sie brach darunter zusammen, hätte es nicht die Mutter Gottes in sichtbarer Gestalt barmherzig mit getragen, die ambrosische Schulter neben die irdische schiebend.'

Nicht diese Worte brauchte die blonde Germanin, sondern einfachere, ja derbe und plumpe, welche sich aber aus einer barbarischen in unsere gebildete toskanische Sprache nicht übersetzen ließen, ohne bäurisch und grotesk zu werden, und das, Herrschaften, würde hinwiederum nicht passen zu dem großen Ausdrucke der trotzigen, blauen Augen und der groben, aber wohlgeformten Züge, wie ich sie damals vor mir gesehen habe.

‚Die Geschichte ist glaublich!' sprach ich vor mich hin, denn diese Handlung einer barbarischen Königin schien mir in die Zeiten und Sitten um die dunkle Wende des ersten Jahrtausends zu passen. ‚Sie könnte wahr sein!'

‚Sie ist wahr!' behauptete Gertrude kurz und heftig mit einem finstern, überzeugten Blick auf das Steinbild und wollte sich wiederum entfernen; aber ich hielt sie zum andern Male zurück mit der Frage, ob sie die Gertrude wäre, von welcher mir mein heutiger Führer Hans von Splügen erzählt habe? Sie bejahte unerschrocken, ja unbefangen, und ein Lächeln verbreitete sich von den derben Mundwinkeln langsam wie ein wanderndes Licht über das braune, aber schon in der Klosterluft bleichende Antlitz.

Dann sann sie und sagte: ‚Ich wußte, daß er meiner

Einkleidung beiwohnen werde, und mir kann es recht sein. Sieht er meine Flechten fallen, so hilft ihm das, mich vergessen. Da Ihr einmal hier seid, ehrwürdiger Herr, will ich eine Bitte an Euch richten. Fährt der Mann mit Euch nach Konstanz zurück, so steckt ihm ein Licht an, warum ich mich ihm verweigert habe, nachdem ich' – und sie errötete kaum merklich – ,in Ehren und nach Landessitte mit ihm freundlich gewesen bin. Mehr als einmal war ich im Begriff, ihm den Handel zu erzählen, aber ich biß mich in die Lippe, denn es ist ein gehcimer Handel zwischen mir und der Gottesmutter und da taugt Schwätzen nicht. Euch aber, einem in den geistlichen Geheimnissen Bewanderten, kann ich ihn ohne Verrat mitteilen. Ihr berichtet dann dem Hans davon, soviel sich schickt und Euch gut dünkt. Es ist nur, damit er mich nicht für eine Leichtfertige halte und für eine Undankbare und ich ihm dergestalt im Gedächtnis bleibe.

Mit meiner Sache aber ist es so bestellt: Als ich noch ein unmündiges Kind war – ich zählte zehn Jahre, und der Vater war mir schon gestorben –, erkrankte mir das Mütterlein schwer und hoffnungslos. Da befiel mich eine Angst, allein in der Welt zu bleiben. Aus dieser Angst und aus Liebe zu dem Mütterlein gelobte ich mich der reinen Magd Maria für mein zwanzigstes Jahr, wenn sie mir es bis dahin erhielte oder nahezu. So tat sie und erhielt es mir bis letzten Fronleichnam, wo es selig verstarb, gerade da der Hans im Kloster mit Zimmerwerk zu tun hatte und dann auch dem Mütterlein den Sarg zimmerte. Da ich nun allein war, was ist da viel zu wundern, daß er mir lieb wurde. Er ist brav, sparsam, was die Welschen meistenteils sind, »modest und diskret«, wie sie ennetbirgisch sagen. Auch konnten wir in zwei Sprachen miteinander verhandeln, denn der Vater, der ein starker und beherzter Mann war, hatte früher, nicht zu seinem Schaden, einen schmächtigen, furchtsamen Handelsherrn zu wiederholten Malen über das Gebirge begleitet und von jenseits ein paar welsche Brokken heimgebracht. Nannte mich nun der Hans »cara bambina«, so hieß ich ihn dagegen »poverello« und beides lautet wohl, ob ich auch unsere landesüblichen Liebeswörter nicht schelten will, wenn sie ehrlich gemeint sind.

Zugleich aber war mein Gelübde verfallen und mahnte mich mit jedem Aveläuten.

Da kamen mir oft flüsternde Gedanken, wie z. B.: »Das Gelübde eines unschuldigen Kindes, das nicht weiß, was Mann und Weib ist, hat dich nicht weggeben können!« oder: »Die Mutter Gottes, nobel wie sie ist, hätte dir das Mütterlein wohl auch umsonst und vergebens geschenkt!« Doch ich sprach dagegen: »Handel ist Handel!« und »Ehrlich währt am längsten!« Sie hat ihn gehalten, so will ich ihn auch halten. Ohne Treu und Glauben kann die Welt nicht bestehen. Wie sagte der Vater selig? Ich hielte dem Teufel Wort, sagte er, geschweige dem Herrgott.

Nun höret, ehrwürdiger Herr, wie ich es meine! Seit die Mutter Gottes der Königin das Kreuz trug, hilft sie es, ihr Kloster bevölkernd, seit urewigen Zeiten allen Novizen ohne Unterschied tragen. Es ist ihr eine Gewohnheit geworden, sie tut es gedankenlos. Mit diesen meinen Augen habe ich – eine Neunjährige – gesehen, wie das Lieschen von Weinfelden, ein sieches Geschöpf, da es hier Profeß tat, das zentnerschwere Kreuz spottend und spielend auf der schiefen Schulter trug.

Nun sage ich zur Mutter Gottes: »Willst du mich, so nimm mich! Obwohl ich – wenn du die Gertrude wärest und ich die Mutter Gottes – ein Kind vielleicht nicht beim Wort nehmen würde. Aber gleichviel – Handel ist

Handel! Nur ist ein Unterschied. Der Herzogin, von Sünden schwer, ward es leicht und wohl im Kloster; mir wird es darinnen wind und weh. Trägst du mir das Kreuz, so erleichtere mir auch das Herz; sonst gibt es ein Unglück, Mutter Gottes! Kannst du mir aber das Herz nicht erleichtern, so laß mich tausend Male lieber zu meiner Schande und vor aller Leute Augen stürzen und schlagen platt auf den Boden hin.«‘

Während ich diese schwerfälligen Gedanken, langsam arbeitend, tiefe Furchen in Gertrudens junge Stirn ziehen sah, lächelte ich listig: ‚Ein behendes und kluges Mädchen zöge sich mit einem Straucheln aus der Sache!‘ Da loderten ihre blauen Augen. ‚Meint Ihr, ich werde fälschen, Herr?‘ zürnte sie. ‚So wahr mir helfe Gott Vater, Sohn und Geist in meinem letzten Stündlein, so redlich will ich das Kreuz tragen mit allen Sehnen und Kräften dieser meiner Arme!‘ und sie hob dieselben leidenschaftlich, als trüge sie es schon, so daß die Ärmel der Kutte und des Hemdes weit zurückfielen. Da betrachtete ich, als ein Florentiner, der ich bin, die schlankkräftigen Mädchenarme mit künstlerischem Vergnügen. Sie wurde es gewahr, runzelte die Stirn und wandte mir unmutig den Rücken.

Nachdem sie gegangen war, setzte ich mich in einen Beichtstuhl, legte die Stirn in die Hand und sann – wahrlich nicht an das barbarische Mädchen, sondern an den römischen Klassiker. Da jubelte mein Herz, und ich rief überlaut: ‚Dank, ihr Unsterblichen! Geschenkt ist der Welt ein Liebling der komischen Muse! Plautus ist gewonnen!‘

Freunde, eine Verschwörung von Gelegenheiten verbürgte mir diesen Erfolg.

Ich weiß nicht, mein Cosmus, wie du vom Wunderbaren denkst? Ich selbst denke läßlich davon, weder abergläubisch, noch verwegen; denn ich mag die absoluten Geister nicht leiden, welche, wo eine unerklärliche Tatsache einen Dunstkreis von Aberglauben um sich sammelt, die ganze Erscheinung – Mond und Hof – ohne Prüfung und Unterscheidung entweder summarisch glauben oder ebenso summarisch verwerfen.

Das Unbegreifliche und den Betrug, beide glaubte ich hier zu entdecken.

Das schwere Kreuz war echt, und eine großartige Sünderin, eine barbarische Frau, mochte es gehoben haben mit den Riesenkräften der Verzweiflung und der Inbrunst. Aber diese Tat hatte sich nicht wiederholt, sondern wurde seit Jahrhunderten gauklerisch nachgeäfft. Wer war schuldig dieses Betruges? Irre Andacht? Rechnende Habsucht? Das bedeckte das Dunkel der Zeiten. Soviel aber stand fest: Das grausige, alterschwarze Kreuz, das vor dem Volke schaustund, und das von einer Reihenfolge einfältiger oder einverstandener Novizen und neulich noch von dem schwächlichen und verschmitzten Lieschen zu Weinfelden bei ihrer Einkleidung getragene waren zwei verschiedene Hölzer, und während das schwere auf der Klosterwiese gezeigt und gewogen wurde, lag ein leichtes Gaukelkreuz in irgendeinem Verstecke des Klosters aufgehoben und eingeriegelt, um dann morgen mit dem wahren die Rolle zu wechseln und die Augen des Volkes zu täuschen.

Das Dasein eines Gaukelkreuzes, von welchem ich wie von meinem eigenen überzeugt war, bot mir eine Waffe. Eine zweite bot mir ein Zeitereignis.

Drei entsetzte Päpste und zwei verbrannte Ketzer genügten nicht, die Kirche zu reformieren; die Kommissionen des Konzils beschäftigten sich, die eine mit diesem, die andere mit jenem abzustellenden Übelstande. Eine derselben, in welcher der Doctor christianissimus Gerson und der gestrenge Pierre d'Ailly saßen und ich zeitweilig die Feder führte, stellte die Zucht in den Nonnenklöstern her. Die in unsichern Frauenhänden gefährlichen Scheinwunder und die schlechte Lektüre der Schwestern kamen da zur Sprache. Im Vorbeigehen – diese Dinge wurden von den zwei Franzosen mit einer uns Italienern geradezu unbegreiflichen Pedanterie behandelt, ohne den leichtesten Scherz, wie nahe er liegen mochte. Genug, die Tatsache dieser Verhandlungen bildete den Zettel, die Verschuldung eines Scheinwunders den Einschlag meines Gewebes, und das Netz war fertig, welches ich der Äbtissin unversehens über den Kopf warf.

Langsam erstieg ich die Stufen des Chores und wandte mich aus demselben rechts in die ebenfalls hoch und kühn gewölbte Sakristei, in welcher ich die mit prahlerischen Inschriften bezeichnete leere Stelle fand, wo das schwere Kreuz gewöhnlich an die hohe Mauer lehnte und wohin es bald wieder von der Klosterwiese zurückkehren sollte. Zwei Pförtchen führten in zwei Seitengelasse. Das eine zeigte sich verschlossen. Das andere öffnend, stand ich in einer durch ein von Spinneweb getrübtes Rundfenster dürftig erhellten Kammer. Siehe, es enthielt die auf ein paar wurmstichige Bretter zusammengedrängte Bibliothek des Klosters.

Mein ganzes Wesen geriet in Aufregung, nicht anders, als wäre ich ein verliebter Jüngling und beträte die Kammer Lydia's oder Glycere's. Mit zitternden Händen und bebenden Knieen nahte ich mich den Pergamenten, und, hätte ich darunter die Komödien des Umbriers gefunden, ich bedeckte sie mit unersättlichen Küssen.

Aber, ach, ich durchblätterte nur Rituale und Liturgien, deren heiliger Inhalt mich Getäuschten kalt ließ. Kein Kodex des Plautus! Man hatte wahr berichtet. Ein plumper Sammler hatte durch ein täppisches Zugreifen den Hort, statt ihn zu heben, in unzugängliche Tiefen versinken lassen. Ich fand – als einzige Beute – unter dem Staube die ‚Bekenntnisse St. Augustins', und da ich das spitzfindige Büchlein stets geliebt habe, steckte ich es mechanisch in die Tasche, mir, nach meiner Gewohnheit, eine Abendlektüre vorbereitend. Siehe – da fuhr, wie der Blitz, meine kleine Äbtissin, welche das Kreuz wieder in die Sakristei hatte schleppen lassen und mir, ohne daß ich es, in der Betäubung des Verlangens und der Enttäuschung, vernommen hätte, durch die offengebliebene Tür in die Bücherkammer nachgeschlichen kam –, wie der Blitz fuhr das Weibchen, sage ich, auf mich los, schimpfend und scheltend, ja sie betastete meine Toga mit unziemlichen Handgriffen und brachte den an meinem Busen liegenden Kirchenvater wieder ans Tageslicht.

‚Männchen, Männchen', kreischte sie, ‚ich habe es gleich Eurer langen Nase angesehen, daß Ihr einer der welschen Büchermarder seid, welche zeither unsere Klöster beschleichen. Aber, lernet, es ist ein Unterschied zwischen einem weinschweren Mönch des heiligen Gallus und einer hurtigen Appenzellerin. Ich weiß', fuhr sie schmunzelnd fort, ‚um welchen Speck die Katzen streichen. Sie belauern das Buch des Pickelhärings, welches wir hier aufbewahren. Keine von uns wußte, was drinnen stand, bis neulich ein welscher Spitzbube unsere hochheiligen Reliquien verehrte und dann unter seinem langen, geistlichen Gewande' – sie wies auf das meinige – ‚den Possenreißer ausführen wollte. Da sagte ich zu mir: Brigittchen von Trogen, laß dich nicht prellen! Die Schweinshaut muß Goldes wert sein, da der Welsche den Strick dafür wagt. Denn bei uns, Mann, heißt es: »Wer eines Strickes Wert stiehlt, der hangt am Strick!«

Das Brigittchen, nicht dumm, zieht einen gelehrten Freund ins Vertrauen, einen Mann ohne Falsch, den Pfaffen von Dießenhofen, der unser Weinchen lobt und zuweilen mit den Schwestern einen schnurrigen Spaß treibt. Wie der die närrischen, vergilbten Schnörkel untersucht, »Potz Hasen, Frau Mutter«, sagt er, »das gilt im Handel! Daraus baut Ihr Euerm Klösterlein eine Scheuer und eine Kelter! Nehmt mir das Buch, liebe Frau, flüchtet es unter Euern Pfühl, legt Euch auf den Podex – so hat es den Namen – und bleibt – bei der Krone der Mutter Gottes – darauf liegen, bis sich ein redlicher Käufer meldet!« Und so tat das Brigittchen, wenn es auch zeither etwas hart liegt.'

Ich verwand ein Lächeln über das Nachtlager des Umbriers, welches ihm die drei Richter der Unterwelt für seine Sünden mochten zugesprochen haben, und zeigte, mir die Würde gebend, die mir unter Umständen eignet, ein ernstes und strafendes Gesicht.

‚Äbtissin', sprach ich in feierlichem Tone, ‚du verkennest mich. Vor dir steht ein Gesandter des Konzils, einer der in Konstanz versammelten Väter, einer der heiligen Männer, welche geordnet sind zur Reform der Nonnenklöster.' Und ich entfaltete eine stattlich geschriebene Wirtshausrechnung; denn mich begeisterte die Nähe des versteckten komischen Dichters.

‚Im Namen', las ich, ‚und mit der Vollmacht des siebzehnten und ökumenischen Konzils! Die Hände keiner christlichen Vestale verunreinige eine jener sittengefährlichen, sei es lateinisch, sei es in einer der Vulgärsprachen verfaßten Schriften, mit deren Erfindung ihre Seele beschädigt haben ... Fromme Mutter, ich darf Eure keuschen Ohren nicht mit den Namen dieser Verworfenen beleidigen ...

Gaukelwunder, herkömmliche oder einmalige, verfolgen wir mit unerbittlicher Strenge. Wo sich ein wissentlicher Betrug feststellen läßt, büßt die Schuldige – und wäre es die Äbtissin – das Sakrilegium unnachsichtlich mit dem Feuertode.'

Diese wurde bleich wie eine Larve. Aber gleich wieder faßte sich das verlogene Weibchen mit einer bewunderungswürdigen Geistesgegenwart.

‚Gott sei gepriesen und gelobt', rief es aus, ‚daß er endlich in seiner heiligen Kirche Ordnung schafft!' und holte zutunlich grinsend aus einem Winkel des Schreines ein zierlich gebundenes Büchlein hervor. ‚Dieses', sagte es, ‚hinterließ uns ein welscher Kardinal, unser Gastfreund, welcher sich damit in sein Mittagsschläfchen las. Der Pfaff von Dießenhofen, welcher es musterte, tat dann den Ausspruch, es sei das Wüsteste und Gottverbotenste, was seit Erfindung der Buchstaben und noch dazu von einem Kleriker ersonnen wurde. Frommer Vater, ich lege Euch den Unrat vertrauensvoll in die Hände. Befreit mich von dieser Pest!' Und sie übergab mir – meine Fazetien!

Obwohl diese Überraschung eine Bosheit eher des Zufalls als des geistlichen Weibchens war, fühlte ich mich doch gekränkt und verstimmt. Ich begann die kleine Äbtissin zu hassen. Denn unsere Schriften sind unser Fleisch und Blut und ich schmeichle mir, in den meinigen mit leichten Sohlen zu schreiten, weder die züchtigen Musen, noch die unfehlbare Kirche beleidigend.

‚Gut', sagte ich. ‚Möchtest du, Äbtissin, auch in dem zweiten und wesentlicheren Punkt unsträflich erfunden werden! Dem versammelten Volke hast du in der Nähe und unter den Augen des Konzils', sprach ich vorwurfsvoll, ‚ein Wunder versprochen, so marktschreierisch, daß du es jetzt nicht mehr rückgängig machen kannst. Ich weiß nicht, ob das klug war. Erstaune nicht, Äbtissin,

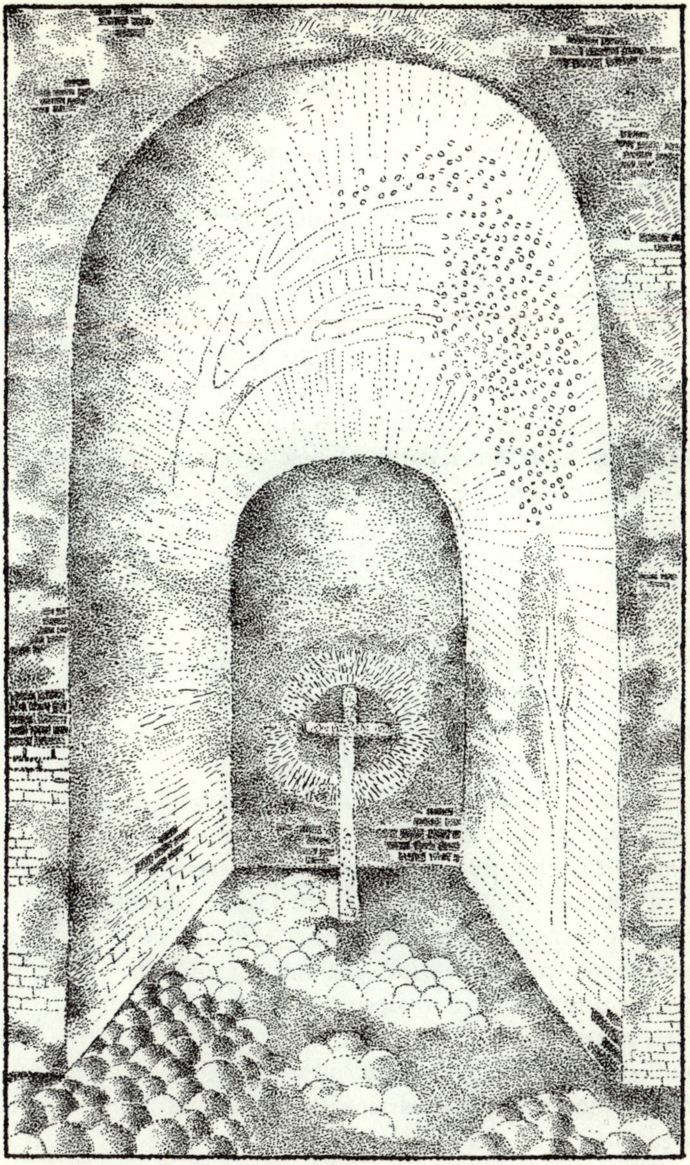

daß dein Wunder geprüft wird! Du hast dein Urteil gefordert!‘

Die Kniee des Weibchens schlotterten, und seine Augen gingen irre. ‚Folge mir‘, sagte ich streng, ‚und besichtigen wir die Organe des Wunders!‘

Sie folgte niedergeschlagen und wir betraten die Sakristei, wohin das echte Kreuz zurückgekehrt war und in dem weiten Halbdunkel des edlen Raumes mit seinen Rissen und Sprüngen und mit seinem gigantischen Schlagschatten so gewaltig an die Mauer lehnte, als hätte heute erst eine verzweifelnde große Sünderin es ergriffen und wäre darunter ins Knie gesunken, die Steinplatte schon mit der Stirne berührend in dem Augenblick da die Himmelskönigin erschien und ihr beistand. Ich wog es, konnte es aber nicht einen Augenblick heben. Um so lächerlicher schien mir der Frevel, diese erdrückende Bürde mit einem Spielzeuge zu vertauschen. Ich wendete mich entschlossen gegen das hohe, schmale Pförtchen, dahinter ich dieses vermutete.

‚Den Schlüssel, Äbtissin!‘ befahl ich. Das Weibchen starrte mich mit entsetzten Augen an, aber antwortete frech: ‚Verlorengegangen, Herr Bischof! Seit mehr als einem Jahrzehnt!‘

‚Frau‘, sprach ich mit furchtbarem Ernste, ‚dein Leben steht auf dem Spiel! Dort gegenüber haust ein Dienstmann des mir befreundeten Grafen von Doccaburgo. Dorthin schicke oder gehe ich nach Hilfe. Findet sich hier ein dem echten nachgebildetes Scheinkreuz von leichterem Gewichte, so flammst und loderst du, Sünderin, wie der Ketzer Hus, und nicht minder schuldig als er!‘

Nun trat eine Stille ein. Dann zog das Weibchen – ich weiß nicht, ob zähneklappernd oder zähneknirschend – einen altertümlichen Schlüssel mit krausem Barte hervor und öffnete – mein Verstand hatte mich nicht betrogen.

Da lehnte an der Mauer des hohen kaminähnlichen Kämmerchens ein schwarzes Kreuz mit Rissen und Sprüngen, welches ich gleich ergriff und mit meinen schwächlichen Armen ohne Schwierigkeit in die Lüfte hob. In jeder seiner Erhöhungen und Vertiefungen, in allen Einzelheiten war das falsche nach dem Vorbilde des echten Kreuzes geformt, diesem auch für ein scharfes Auge zum Verwechseln ähnlich, nur daß es zehnmal leichter wog. Ob es gehöhlt, ob es aus Kork oder einem anderen leichtesten Stoffe verfertigt sein mochte, habe ich, bei dem raschen Gang und der Überstürzung der Ereignisse, niemals in Erfahrung gebracht.

Ich bewunderte die Vollkommenheit der Nachahmung und der Gedanke stieg in mir auf: Nur ein großer Künstler, nur ein Welscher kann dieses zustande gebracht haben: und da ich für den Ruhm meines Vaterlandes begeistert bin, brach ich in die Worte aus: ‚Vollendet! Meisterhaft!‘ – wahrlich nicht den Betrug, sondern die darauf verwendete Kunst lobend.

‚Schäker, Schäker‘, grinste mit gehobenem Finger das schamlose Weibchen, welches mich aufmerksam beobachtet hatte: ‚Ihr habet mich überlistet, und ich weiß, was es mich kostet! Nehmet Euern Possenreißer, den ich Euch stracks holen werde, unter den Arm, haltet reinen Mund und ziehet mit Gott!‘ Wann auf den sieben Hügeln zwei Auguren sich begegneten und, nach einem antiken geflügelten Worte, sich zulächelten, wird es ein feiners Spiel gewesen sein, als das unreinliche Gelächter, welches die Züge meiner Äbtissin verzerrte und sich in die zynischen Worte übersetzen ließ: ‚Wir alle wissen, wo Bartolo den Most holt, wir sind Schelme allesamt und keiner braucht sich zu zieren.‘

Ich aber sann inzwischen auf die Bestrafung des nichtsnutzigen Weibchens.

Da vernahmen wir bei der plötzlich eingetretenen Stille ein Trippeln, ein Wispern, ein Kichern aus dem nahen Chore und errieten, daß wir von den müßigen und neugierigen Nonnen belauscht wurden. ‚Bei meinem teuern Magdtum', beschwor mich das Weibchen, ‚verlassen wir uns, Herr Bischof! Um keine Güter der Erde möchte ich mit Euch von meinen Nonnen betroffen werden; denn Ihr seid ein wohlgebildeter Mann und die Zungen meiner Schwestern schneiden wie Scheren und Messer!' Dieses Bedenken fand ich begründet. Ich hieß sie sich entfernen und ihre Nonnen mit sich nehmen.

Nach einer Weile dann räumte auch ich die Sakristei. Die Tür zu der Kammer des Gaukelkreuzes aber legte ich nur behutsam ins Schloß, ohne den Schlüssel darin umzudrehen. Diesen zog ich, steckte ihn unter mein Gewand und ließ ihn im Chore in eine Spalte zwischen zwei Stühle gleiten, wo er heute noch stecken mag. So aber tat ich ohne bestimmten Plan auf die Einflüsterung irgendeines Gottes oder einer Göttin.

Wie ich in der niederen äbtlischen Stube mit meiner Äbtissin und einem Klostergerüchlein zusammensaß, empfand ich eine solche Sehnsucht nach dem unschuldigen Spiele der Muse und einen solchen Widerwillen gegen die Drehungen und Windungen der ertappten Lüge, daß ich beschloß, es kurz zu machen. Das geistliche Weibchen mußte mir bekennen, wie es in das hundertjährige Schelmstück eingeweiht wurde, und ich machte ein Ende mit ein paar prätorischen Edikten. Sie gestand: ihre Vorgängerin im Amte habe sich sterbend mit ihr und dem Beichtiger eingeschlossen und beide hätten ihr das von Äbtissin auf Äbtissin vererbte Scheinwunder als das wirtschaftliche Heil des Klosters an das Herz gelegt. Der Beichtiger – so erzählte sie geschwätzig – habe des

Ruhmes kein Ende gefunden über das ehrwürdige Alter des Betrugs, seinen tiefen Sinn und seine belehrende Kraft. Besser und überzeugender als jede Predigt versinnliche dem Volke das Trugwunder die anfängliche Schwere und spätere Leichtigkeit eines gottseligen Wandels. Diese Symbolik hatte den Kopf des armen Weibchens dergestalt verdreht, daß es in einem Atemzuge behauptete, etwas Unrechtes hätte es nicht begangen, als Kind aber sei es auch einmal ehrlich gewesen.

‚Ich schone dich um der Mutter Kirche willen, auf welche die Flamme deines Scheiterhaufens ein falsches Licht würfe', schnitt ich diese bäuerliche Logik ab und befahl ihr kurz, das Gaukelkreuz zu verbrennen, nachdem das schon ausposaunte Wunder noch einmal gespielt habe – dieses wagte ich aus Klugheitsgründen nicht zu verhindern – den Plautus aber ohne Frist auszuliefern.

Die Äbtissin gehorchte schimpfend und schmählend. Sie unterzog sich den Verordnungen des Konzils von Konstanz, wie dieselben mein Mund formulierte, ob auch ohne das Vorwissen der versammelten Väter, sicherlich in ihrem Sinne und Geiste.

Wie das Brigittchen mir knurrend den Kodex brachte – ich hatte mich in ein bequemes Gemach des an der Ringmauer gelegenen klösterlichen Gasthauses geflüchtet – drängte ich die Ungezogene aus der Tür und schloß mich mit den komischen Larven des Umbriers ein. Kein Laut störte mich dort, wenn nicht der Kehrreim eines Kinderliedes, welches Bauermädchen auf der Wiese vor meinem Fenster sangen, das mir aber nur meine Einsamkeit noch ergötzlicher machte.

Nach einer Weile freilich polterte draußen das geistliche Weibchen in großer Aufregung und schlug mit verzweifelten Fäusten gegen die verriegelte schwere Eichentür, den Schlüssel der offen stehenden Kammer des Gaukelkreuzes fordernd. Ich gab ihr bedauernd den kurzen und wahrhaften Bescheid, derselbe sei nicht in meinen Händen, achtete ihrer weiter nicht und ließ, im Himmel des höchsten Genusses, die Unselige jammern und stöhnen, wie eine Seele im Fegefeuer. Ich aber schwelgte in hochzeitlichen Wonnen.

Ein an das Licht tretender Klassiker und nicht ein dunkler Denker, ein erhabener Dichter, nein, das Nächstliegende und ewig Fesselnde, die Weltbreite, der Puls des Lebens, das Marktgelächter von Rom und Athen, Witz und Wortwechsel und Wortspiel, die Leidenschaften, die Frechheit der Menschennatur in der mildernden Übertreibung des komischen Zerrspiegels – während ich ein Stück verschlang, hütete ich schon mit heißhungrigen Blicken das folgende.

Ich hatte den witzigen ‚Amphitryo' beendigt, schon lag die ‚Aulularia' mit der unvergleichlichen Maske des Geizhalses vor mir aufgeschlagen – da hielt ich inne und lehnte mich in den Stuhl zurück; denn die Augen schmerzten mich. Es dämmerte und dunkelte. Die Mädchen auf der Wiese draußen hatten wohl eine Viertelstunde lang unermüdlich den albernen Reigen wiederholt:

‚Adam hatte sieben Söhn' …'

Jetzt begannen sie neckisch einen neuen Kehrreim und sangen mit drolliger Entschlossenheit:

‚In das Kloster geh' ich nicht,
Nein! ein Nönnchen werd' ich nicht …'

Ich lehnte mich hinaus, um dieser kleinen Feindinnen des Zölibates ansichtig zu werden und mich an ihrer Unschuld zu ergötzen. Aber ihr Spiel war keineswegs ein unschuldiges. Sie sangen, sich mit dem Ellbogen stoßend und sich Blicke zuwerfend, nicht ohne Bosheit und

Schadenfreude, an ein vergittertes Fenster hinauf, hinter welchem sie wohl Gertruden vermuteten. Oder kniete diese schon in der Sakristei, dort unter dem bleichen Schimmer des ewigen Lichtes, nach der Sitte der Einzukleidenden, welche die Nacht vor der himmlischen Hochzeit im Gebete verbringen. Doch was kümmerte mich das? Ich entzündete die Ampel und begann die Topfkomödie zu lesen.

Erst da meiner Leuchte das Öl gebrach und mir die Lettern vor den müden Augen schwammen, warf ich mich auf das Lager und verfiel in einen unruhigen Schlummer. Bald umkreisten mich wieder die komischen Larven. Hier prahlte ein Soldat mit großen Worten, dort küßte der trunkene Jüngling ein Liebchen, das sich mit einer schlanken Wendung des Halses seinen Küssen entgegenbog. Da – unversehens – mitten unter dem lustigen, antiken Gesindel stand eine barfüßige, breitschultrige Barbarin, mit einem Stricke gegürtet, als Sklavin zu Markte gebracht, wie es schien, unter finsteren Brauen hervor mich anstarrend mit vorwurfsvollen und drohenden Augen.

Ich erschrak und fuhr aus dem Schlummer empor. Der Morgen graute. Eine Hälfte des kleinen Fensters stand offen bei der Sommerschwüle und ich vernahm aus dem nahen Chore der Klosterkirche eine eintönige Anrufung, unheimlich übergehend in ein ersticktes Stöhnen und dann in ein gewaltsames Schreien.

Mein gelehrter und ruhmbedeckter Freund“, unterbrach sich der Erzähler selbst, gegen einen gravitätischen Mann gewendet, welcher ihm gegenübersaß und sich trotz der Sommerwärme mit dem Faltenwurf seines Mantels nach Art der Alten drapierte, „mein großer Philosoph, sage mir, ich beschwöre dich, was ist das Gewissen?

Ist es ein allgemeines? Keineswegs. Wir alle haben Gewissenlose gekannt und, daß ich nur Einen nenne, unser heiliger Vater Johannes XXIII., den wir in Konstanz entthronten, hatte kein Gewissen, aber dafür ein so glückliches Blut und eine so heitere, ich hätte fast gesagt kindliche Gemütsart, daß er, mitten in seinen Untaten, deren Gespenster seinen Schlummer nicht beunruhigten, jeden Morgen aufgeräumter erwachte als er sich gestern niedergelegt hatte. Als ich auf Schloß Gottlieben, wo er gefangen saß, die ihn anklagende Rolle entfaltete und ihm die Summe seiner Sünden – zehnmal größer als seine Papstnummer scelera horrenda, abominanda – mit zager Stimme und fliegenden Schamröten vorlas, ergriff er gelangweilt die Feder und malte einer heiligen Barbara in seinem Breviarium einen Schnurrbart …

Nein, das Gewissen ist kein allgemeines und auch unter uns, die wir ein solches besitzen, tritt es, ein Proteus, in wechselnden Formen auf. In meiner Wenigkeit zum Beispiel wird es wach jedesmal, wo es sich in ein Bild oder in einen Ton verkörpern kann. Als ich neulich bei einem jener kleinen Tyrannen, von welchen unser glückliches Italien wimmelt, zu Besuche war und in dieser angenehmen Abendstunde mit schönen Weibern bei Chier und Lautenklang zusammensaß auf einer luftigen Zinne, welche, aus dem Schloßturm vorspringend, über dem Abgrund eines kühlen Gewässers schwebte, vernahm ich unter mir einen Seufzer. Es war ein Eingekerkerter. Weg war die Lust und meines Bleibens dort nicht länger. Mein Gewissen war beschwert, das Leben zu genießen, küssend, trinkend, lachend neben dem Elende.

Gleicherweise konnte ich jetzt das nahe Geschrei einer Verzweifelnden nicht ertragen. Ich warf Gewand um und schlich durch den dämmernden Kreuzgang nach dem Chore, mir sagend, es müsse sich, während ich den Plautus las, mit Gertruden geändert haben: an der Schwelle des Entscheides sei ihr die unumstößliche Überzeugung geworden, sie werde zugrunde gehen in dieser Gesellschaft, in dem Nichts oder – schlimmer – in der Fäulnis des Klosters, mit der Gemeinheit zusammengesperrt, sie verachtend und von ihr gehaßt.

In der Türe der Sakristei blieb ich lauschend stehen und sah Gertruden vor dem wahren, schweren Kreuze die Hände ringen. Wahrhaftig, sie bluteten und auch ihre Kniee mochten bluten, denn sie hatte die ganze Nacht im Gebete gelegen, ihre Stimme war heiser und ihre Rede mit Gott, nachdem sie ihr Herz und ihre Worte erschöpft hatte, gewaltsam und brutal, wie eine letzte Anstrengung:

‚Maria, Muttergottes, erbarm dich mein! Laß mich stürzen unter deinem Kreuz, es ist mir zu schwer! Mir schaudert vor der Zelle!‘ und sie machte eine Gebärde, als risse oder wickelte sie sich eine Schlange vom Leibe los, und dann, in höchster Seelenqual selbst die Scham niedertretend: ‚Was mir taugt‘, schrie sie, ‚ist Sonne und Wolke, Sichel und Sense, Mann und Kind …‘

Mitten im Elende mußte ich lächeln über dieses der Intemerata gemachte menschliche Geständnis; aber mein Lächeln erstarb mir auf den Lippen … Gertrude war jählings aufgesprungen und richtete die unheimlich großen Augen aus dem bleichen Angesichte starr gegen die Mauer auf eine Stelle, die ich weiß nicht, welcher rote Fleck verunzierte.

‚Maria, Muttergottes, erbarm dich mein!‘ schrie sie wieder. ‚Meine Gliedmaßen haben keinen Raum in der Zelle und ich stoße mit dem Kopfe gegen die Diele. Laß mich unter deinem Kreuze sinken, es ist mir zu schwer. Erleichterst du mir's aber auf der Schulter, ohne mir das

Herz erleichtern zu können, da siehe zu', – und sie starrte auf den bösen Fleck – ,daß sie mich eines Morgens nicht mit zerschmettertem Schädel auflesen!' Ein unendliches Mitleid ergriff mich, aber nicht Mitleid allein, sondern auch eine beklemmende Angst.

Gertrude hatte sich ermüdet auf eine Truhe gesetzt, die irgendein Heiligtum verwahrte, und flocht ihre blonden Haare, welche im Ringkampf mit der Gottheit sich aus den Flechten gelöst hatten. Dazu sang sie vor sich hin, halb traurig, halb neckisch, nicht mit ihrem kräftigen Alte, sondern mit einer fremden, hohen Kinderstimme:

,In das Kloster geh' ich ein,
Muß ein armes Nönnchen sein ...'

jenen Kehrreim parodierend, mit welchem die Bauerkinder ihrer gespottet hatten.

Das war Wahnsinn, der sie belauerte, um mit ihr in die Zelle zu schlüpfen. Der Optimus Maximus aber bediente sich meiner als seines Werkzeuges und hieß mich, Gertruden retten, koste es, was es wolle.

Auch ich wandte mich in freier Frömmigkeit an jene jungfräuliche Göttin, welche die Alten als Pallas Athene anriefen und wir Maria nennen. ,Wer du seist', betete ich mit gehobenen Händen, ,die Weisheit, wie die einen sagen, die Barmherzigkeit, wie die andern behaupten – gleichviel, die Weisheit überhört das Gelöbnis eines weltunerfahrenen Kindes und die Barmherzigkeit fesselt keine Erwachsene an das törichte Versprechen einer Unmündigen. Lächelnd lösest du das nichtige Gelübde. Deine Sache führe ich, Göttin. Sei mir gnädig!'

Da ich der Äbtissin, welche Verrat befürchtete, mein Wort gegeben, mit Gertruden nicht weiter zu verkehren, beschloß ich, in antiker Art mit drei symbolischen Handlungen der Novize die Wahrheit nahezulegen, so nahe, daß dieselbe auch der harte Kopf einer Bäuerin begreifen mußte.

Ich trat hin vor das Kreuz, Gertruden übersehend. ‚Will ich einen Gegenstand wiedererkennen, so markiere ich ihn', sagte ich pedantisch, zog meinen scharfen Reisedolch, welchen mir unser berühmter Mitbürger, der Messerschmied Pantaleone Ubbriaco geschmiedet hatte, und schnitt zwischen Haupt- und Querbalken einen nicht kleinen Span gleichsam aus der Achselhöhle des Kreuzes.

Zum zweiten tat ich fünf gemessene Schritte. Dann lachte ich aus vollem Hals und begann mit ausdrucksvollem Gebärdenspiele: ‚Komisches Gesicht, das des Lastträgers in der Halle zu Konstanz, da mein Gepäck anlangte! Er faßte das gewaltigste Stück darunter, eine ungeheure Truhe, ins Auge, schürzte die Ärmel bis über den Ellbogen, spie sich – der Rohe – in die Hände und hob, jede Muskel zu der größten Kraftanstrengung gespannt, die nichtige Bürde einer – leeren Kiste spielend auf die getäuschte Schulter. Hahaha!'

Zum dritten und letzten stellte ich mich närrisch feierlich zwischen das wahre Kreuz und das Gaukelkreuz in seiner schlecht verschlossenen Kammer und rätselte mit wiederholten Fingerzeigen nach beiden Seiten. ‚Die Wahrheit im Frei'n, die Lüge im Schrein!' – husch und ich klatschte in die Hände: ‚Die Lüge im Frei'n, die Wahrheit im Schrein!'

Ich schickte einen schrägen Blick auf die im Halbdunkel sitzende Novize, die Wirkung der drei Orakelsprüche aus den Mienen der Barbarin zu lesen. In diesen gewahrte ich die Spannung eines unruhigen Nachdenkens und das erste Wetterleuchten eines flammenden Zorns.

Dann suchte ich meine Stube wieder, behutsam schleichend, wie ich sie verlassen hatte, warf mich angezogen auf das Lager und genoß den süßen Schlummer eines guten Gewissens, bis mich das Getöse der dem Kloster zuziehenden Menge und die mir zu Häupten dröhnenden Festglocken aufweckten.

Als ich die Sakristei wieder betrat, kehrte eben Gertrude, zum Sterben blaß, als würde sie auf das Schafott geführt, von einem wohl zum Behufe der unredlichen Kreuzesverwechslung von alters her eingerichteten Bittgange nach einer benachbarten Kapelle zurück. Der Putz der Gottesbraut begann. Im Kreise der psalmodierenden Nonnen umgürtete sich die Novize mit dem groben, dreifach geknoteten Stricke und entschuhte dann langsam ihre kräftig, aber edel gebildeten Füße. Jetzt bot man ihr die Dornenkrone. Diese war, anders als das symbolische Gaukelkreuz, aus harten, wirklichen Dornen geflochten und starrte von scharfen Spitzen. Gertrude ergriff sie begierig und drückte sie sich mit grausamer Lust so derb auf das Haupt, daß daraus der warme Regen ihres jungen Blutes hervorspritzte und dann in schweren Tropfen an der einfältigen Stirne niederrann. Ein erhabener Zorn, ein göttliches Gericht flammte vernichtend aus den blauen Augen der Bäuerin, so daß die Nonnen sich vor ihr zu fürchten begannen. Sechse derselben, welche die Äbtissin in das fromme Schelmstück mochte eingeweiht haben, legten ihr jetzt das Gaukelkreuz auf die ehrliche Schulter mit so plumpen Grimassen, als vermöchten sie das Spielzeug kaum zu tragen, und mit so dumm heuchelnden Gesichtern, daß ich in der Tat die göttliche Wahrheit im Dornenkranze zu sehen glaubte, öffentlich geehrt und gefeiert von der menschlichen Unwahrheit, aber hinterrücks von ihr verspottet.

Jetzt entwickelte sich alles rasch wie ein Gewitter. Gertrude warf einen schnellen Blick nach der Stelle, wo mein Dolch an dem echten Kreuz eine tiefe Marke geschnitten, und fand sie an dem falschen unversehrt. Verächtlich ließ sie das leichte Kreuz, ohne es mit den Armen zu umfangen, von der Schulter gleiten. Dann ergriff sie es wieder mit einem gellenden Hohngelächter und zerschlug es frohlockend an dem Steinboden in schwächliche Trümmer. Und schon stand sie mit einem Sprunge vor der Tür der Kammer, wo jetzt das wahre, das schwere Kreuz versteckt war, öffnete, fand und wog es, brach in wilden Jubel aus, als hätte sie einen Schatz gefunden, hob es sich ohne Hilfe auf die rechte Schulter, umschlang es triumphierend mit ihren tapferen Armen und wendete sich langsam schreitend mit ihrer Bürde dem Chore zu, auf dessen offener Bühne sie der Menge sichtbar werden sollte, die atemlos lauschend, Kopf an Kopf, Adel, Pfaffheit, Bauersame, ein ganzes Volk, das geräumige Schiff der Kirche füllte. Wehklagend, scheltend, drohend, beschwörend warf sich ihr die Äbtissin mit ihren Nonnen in den Weg.

Sie aber, die leuchtenden Augen nach oben gerichtet: ‚Jetzt, Muttergottes, schlichte du den Handel ehrlich!' rief sie aus und dann mit kräftiger Stimme: ‚Platz da!' wie ein Handwerker, der einen Balken durch eine Volksmenge trägt.

Alles wich und sie betrat den Chor, wo, ein Vikar des Bischofs an der Spitze, die ländliche Geistlichkeit sie erwartete. Aller Blicke trafen zusammen auf der belasteten Schulter und dem blutbeträufelten Antlitz. Aber das wahre Kreuz wurde Gertruden zu schwer und keine Göttin erleichterte es ihr. Sie schritt mit keuchendem Busen, immer niedriger und langsamer, als hafteten und wurzelten ihre nackten Füße im Erdboden. Sie strauchelte ein wenig, raffte sich zusammen, strauchelte wieder, sank ins linke, dann auf das rechte Knie und wollte sich mit äußerster Anstrengung wieder erheben. Umsonst. Jetzt löste sich die linke Hand vom Kreuze und trug, vorgestreckt, auf den Boden gestemmt, einen Augenblick die ganze Körperlast. Dann knickte der Arm im Gelenk und brach zusammen. Das dorngekrönte Haupt neigte sich schwer vornüber und schlug schallend auf die Steinplatte. Über die Sinkende rollte mit Gepolter das Kreuz, welches ihre Rechte erst im betäubenden Sturze freigab.

Das war die blutige Wahrheit, nicht der gaukelnde Trug. *Ein* Seufzer stieg aus der Brust von Tausenden.

Von den entsetzten Nonnen wurde Gertrude unter dem Kreuze hervorgezogen und aufgerichtet. Sie hatte im Falle das Bewußtsein verloren, aber bald kehrte dem kräftigen Mädchen die Besinnung wieder. Sie strich sich mit der Hand über die Stirn. Ihr Blick fiel auf das Kreuz, welches sie erdrückt hatte. Über ihr Antlitz verbreitete sich ein Lächeln des Dankes für die ausgebliebene Hilfe der Göttin. Dann sprach sie mit einer himmlischen Heiterkeit die schalkhaften Worte: ‚Du willst mich nicht, reine Magd: so will mich ein anderer!‘

Noch die Dornenkrone tragend, deren blutige Spitzen sie nicht zu fühlen schien, setzte sie jetzt den Fuß auf die erste der aus dem Chor in das Schiff niederführenden Stufen. Zugleich wanderten ihre Augen suchend im Volke und fanden, wen sie suchten. Es ward eine große Stille. ‚Hans von Splügen‘, begann Gertrude laut und vernehmlich, ‚nimmst du mich zu deinem Eheweibe?‘ ‚Ja, freilich! Mit tausend Freuden! Steig nur herunter!‘ antwortete fröhlich aus der Tiefe des Schiffes eine überzeugende Männerstimme.

So tat sie und schritt gelassen, aber vor Freude leuchtend, von Stufe zu Stufe hinab, wieder die einfache Bäuerin, welche wohl das ergreifende Schauspiel, das sie in ihrer Verzweiflung der Menge gegeben, bald und gerne vergaß, jetzt, da sie ihres bescheidenen menschlichen Wunsches gewährt war und in die Alltäglichkeit zurückkehren durfte. Verlache mich, Cosmus! Ich war enttäuscht. Eine kurze Weile hatte die Bäuerin vor meinen erregten Sinnen gestanden als die Verkörperung eines höheren Wesens, als ein dämonisches Geschöpf, als die Wahrheit, wie sie jubelnd den Schein zerstört. Aber was ist Wahrheit? fragte Pilatus.

Dieses träumend und ebenfalls aus dem Chor in das Schiff niedersteigend, wurde ich von meinem Boten am Ärmel gezupft, welcher mir die durch plötzlichen begeisterten Zuruf vollzogene Papstwahl des Otto Colonna mit ein paar merkwürdigen Nebenumständen berichtete.

Als ich wieder aufblickte, war Gertrude verschwunden. Die erregte Menge aber tobte und lärmte mit geteilten Meinungen: ‚Vettel! Gauklerin!' Es galt der Äbtissin. Hier zeterten weibliche Stimmen: ‚Sünderin! Schamlose!' Damit war Gertrude gemeint. Ob aber jene den frommen Betrug errieten, diese durch die weltliche Gesinnung Gertrudens das Wunder zerstört glaubten, gleichviel – in beiden Fällen war die Reliquie entkräftet und die Laufbahn des Mirakels geschlossen.

Vom Volke grob gescholten, begann das tapfere Brigittchen derb wieder zu schelten, und die verblüfften Gesichter der anwesenden Pfaffen zeigten eine vollständige Stufenleiter von einverstandener Schlauheit bis zu der redlichsten Dummheit hinunter.

Ich fühlte mich als Kleriker und machte dem Ärgernis ein Ende. Die Kanzel besteigend, verkündigte ich der versammelten Christenheit feierlich: ‚Habemus pontificem Dominum Othonem de Colonna!' Und stimmte ein schallendes Te Deum an, in welches erst der Nonnenchor und dann das gesamte Volk dröhnend einfiel. Nach gesungener Hymne beeilten sich Adel und Bauernschaft, ihre Tiere zu besteigen oder zu Fuß sich auf den Weg nach Konstanz zu machen, wo der nach Beendigung des Triregnum urbi und orbi gespendete Segen dreifach kräftig wirken mußte.

Meine Wenigkeit schlüpfte in den Kreuzgang zurück, um den Plautus in aller Stille auf meiner Kammer zu holen. Wieder mich wegschleichend, den Kodex unterm Arm, geriet ich der Äbtissin in den Weg, welche, haushälterisch wie sie war, die Stücke des Gaukelkreuzes in einem großen Korb sorgfältig in die Küche trug. Ich wünschte ihr Glück zu der Lösung des Knotens. Aber das Brigittchen glaubte sich geprellt und schrie mich wütend an: ‚Schert euch zum Teufel, ihr zwei italienischen Spitzbuben', worunter es den Umbrier Marcus Accius Plautus und den Tusker Poggio Bracciolini, euern Mitbürger, verstehen mochte. Ein hübscher blonder Knabe, auch ein Krauskopf, welchen mir der mit Gertruden entweichende Hans von Splügen noch vorsorglich bestellt hatte, führte mir dann das Maultier vor, welches mich nach Konstanz zurückbrachte.

Plaudite amici! Ich bin zu Ende. Als das Konzil von Konstanz, welches länger dauerte als dieses Geschichtchen, ebenfalls zu Ende war, kehrte ich mit meinem gnädigen Herrn, der Heiligkeit Martins V., über die Berge zurück und traf als unsere Wirte im Gasthause von Spiuga, noch nordwärts des gefährlichen Passes, Anselino und Gertrude in blühender Gesundheit, diese nicht in einer dumpfen Zelle, sondern in winddurchrauschtem Felstal, ein Kind an der Brust und das eheliche Kreuz auf der Schulter tragend.

Sei dir, erlauchter Cosmus, diese Facezia inedita eine nicht unwillkommene Beigabe zu dem Kodex des Plautus, welchen ich dir schenke zu dieser Stunde oder rich-

tiger dem Vaterlande, dessen ‚Vater' du bist, und der Wissenschaft, der deine Säle mit den darin gehäuften Schätzen offen stehen.

Ich wollte dir das einzige Manuskript testamentarisch vermachen, um mir nicht, ein Lebender, das zehnfache Gegengeschenk zuzuziehen, womit du jede huldigend dir überreichte Gabe zu lohnen pflegst in deiner freigebigen Weise, von welcher du einmal nicht lassen kannst. „Doch" – seufzte Poggio melancholisch – „wer weiß, ob meine Söhne meinen letzten Willen ehren würden?"

Cosmus erwiderte liebenswürdig: „Ich danke dir für beides, deinen Plautus und deine Facetie. Skrupellos hast du sie gelebt und ausgeführt, jung wie du damals warest. Als ein Gereifter hast du sie uns erzählt mit der Weisheit deiner Jahre. Dieses" – er hob eine edle, von einem lachenden Satyr umklammerte Schale – „bringe ich meinem redlichen Poggio und seiner blonden Barbarin!"

Man trank und lachte. Dann sprang das Gespräch von Plautus über auf die tausend gehobenen Horte und aufgerollten Pergamente des Altertums und auf die Größe des Jahrhunderts.

Gustav Adolfs Page

I

In dem Kontor eines unweit St. Sebald gelegenen nürembergischen Patrizierhauses saßen sich Vater und Sohn an einem geräumigen Schreibtische gegenüber, der Abwicklung eines bedeutenden Geschäftes mit gespanntester Aufmerksamkeit obliegend. Beide, jeder für sich auf seinem Stücke Papier, summierten sie dieselbe lange Reihe von Posten, um dann zu wünschbarer Sicherheit die beiden Ergebnisse zu vergleichen. Der schmächtige Jüngling, der dem Vater aus den Augen geschnitten war, erhob die spitze Nase zuerst von seinen zierlich geschriebenen Zahlen. Seine Addition war beendigt und er wartete auf den bedächtigeren Vater nicht ohne einen Anflug von Selbstgefälligkeit in dem schmalen, sorgenhaften Gesichte – als ein Diener eintrat und ein Schreiben in großem Format mit einem schweren Siegel überreichte. Ein Kornett von den schwedischen Karabinieren habe es gebracht. Er beschaue sich jetzt nebenan den Ratssaal mit den weltberühmten Schildereien und werde pünktlich in einer Stunde sich wieder einfinden. Der Handelsherr erkannte auf den ersten Blick die kühnen Schriftzüge der Majestät des schwedischen Königs Gustav Adolf und erschrak ein wenig über die große Ehre des eigenhändigen Schreibens. Die Befürchtung lag nahe, der König, den er in seinem neuerbauten Hause, dem schönsten von Nüremberg, bewirtet und gefeiert hatte, möchte bei seinem patriotischen Gastfreunde ein Anleihen machen. Da er aber unermeßlich begütert war und die Gewissenhaftigkeit der schwedischen Rentkammer zu schätzen wußte, erbrach er das königliche Siegel ohne sonderliche Besorgnis und sogar mit dem Anfange eines prahlerischen Lächelns. Kaum aber hatte er die wenigen Zeilen des in königlicher Kürze verfaßten Schreibens überflogen, wurde er bleich wie über ihm die Stuckatur der Decke, welche in hervorquellenden Massen und aufdringlicher Gruppe die Opferung Isaaks durch den eigenen Vater Abraham darstellte. Und sein guter Sohn, der ihn beobachtete, erbleichte ebenfalls, aus der plötzlichen Entfärbung des vertrockneten Gesichtes auf ein großes Unheil ratend. Seine Bestürzung wuchs, als ihn der Alte über das Blatt weg mit einem wehmütigen Ausdruck väterlicher Zärtlichkeit betrachtete. „Um Gottes willen", stotterte der Jüngling, „was ist es, Vater?" Der alte Leubelfing, denn diesem vornehmen Handelsgeschlechte gehörten die beiden an, bot ihm das Blatt mit zitternder Hand. Der Jüngling las:

Lieber Herr!

Wissend und Uns wohl erinnernd, daß der Sohn des Herrn den Wunsch nährt, als Page bei Uns einzutreten, melden hiermit, daß dieses heute geschehen und völlig werden mag, dieweil Unser voriger Page, der Max Beheim seliger † (mit nachträglicher Ehrenmeldung des vorvorigen, Utzen Volkamers seligen †, und des fürdervorigen, Götzen Tuchers seligen †) heute bei währendem Sturme nach beiden ihme von einer Stückkugel abgerissenen Beinen in Unsern Armen sänftiglich entschlafen ist. Es wird Uns zu besonderer Genugtuung gereichen, wieder Einen aus der evangelischen Reichsstadt Nüremberg, welcher Stadt Wir fürnehmlich gewogen sind, in Unsern nahen Dienst zu nehmen. Eines guten Unterhaltes und täglicher christlicher Vermahnung seines Sohnes kann der Herr gewiß sein.

Des Herrn wohl affektionierter
Gustavus Adolphus Rex.

„O du meine Güte", jammerte der Sohn, ohne sein zages Herz vor dem Vater zu verbergen, „jetzt trage ich meinen Totenschein in der Tasche und Ihr, Vater – mit dem schuldigen Respekt gesprochen –, seid der Ursacher meines frühen Hinschieds, denn wer als Ihr könnte dem Könige eine so irrtümliche Meinung von meinem Wünschen und Begehren beigebracht haben? Daß Gott erbarm'!" und er richtete seinen Blick aufwärts zu dem gerade über ihm schwebenden Messer des gipsenen Erzvaters.

„Kind, du brichst mir das Herz!" versetzte der Alte mit einer kargen Träne. „Vermaledeit sei das Glas Tokayer, das ich zuviel getrunken –"

„Vater", unterbrach ihn der Sohn, der mitten im Elend den Kopf wo nicht oben, doch klar behielt, „Vater, berichtet mir, wie sich das Unglück ereignet hat."

„August", beichtete der Alte mit Zerknirschung, „du weißt die große Gasterei, die ich dem Könige bei seinem ersten Einzuge gab. Sie kam mich teuer zu stehen –"

„Dreihundertneunundneunzig Gulden elf Kreuzer, Vater, und ich habe nichts davon gekostet", bemerkte der Junge weinerlich, „denn ich hütete die Kammer mit einer nassen Bausche über dem Auge." Er wies auf sein rechtes. „Die Gustel, der Wildfang, halb unsinnig und närrisch vor Freude, den König zu sehen, hatte mir den Federball ins Auge geschmissen, da gerade ein Trompetenstoß schmetterte und sie glauben ließ, der Schwede halte Einzug. Aber redet, Vater –"

„Nach abgetragenem Essen bei den Früchten und Kelchen erging ein Sturm von Jubel oben durch den Saal und unten über den Platz durch das Kopf an Kopf versammelte Volk. Alle wollten sie den König sehen. Humpen dröhnten, Gesundheiten wurden bei offenen

Fenstern ausgebracht und oben und unten bejauchzt. Dazwischen schreit eine klare, durchdringende Stimme: „Hoch, Gustav, König von Deutschland!“ Jetzt wurde es mäuschenstill, denn das war ein starkes Ding. Der König spitzte die Ohren und strich sich den Zwickel. „Solches darf ich nicht hören“, sagte er. „Ich bringe ein Hoch der evangelischen Reichsstadt Nüremberg!“ Nun bricht erst der ganze Jubel aus. Stücke werden auf dem Platze gelöst, alles geht drüber und drunter! Nach einer Weile drückt mich die Majestät von ungefähr in eine Ecke. „Wer hat den König von Deutschland hoch leben lassen, Leubelfing?“ fragt er mich unter der Stimme. Nun sticht mich alten betrunkenen Esel die Prahlsucht“ – Leubelfing schlug sich vor die Stirn, als klage er sie an, ihn nicht besser beraten zu haben – „und ich antwortete: „Majestät, das tat mein Sohn, der August. Dieser spannt Tag und Nacht darauf, als Page in Euren Dienst zu treten.“ Trotz meines Rausches wußte ich, daß der königliche Leibdienst von Götz Tucher versehen wurde und der Bürgermeister Volkamer nebst dem Schöppen Beheim ihre Buben als Pagen empfohlen hatten. Ich sagte es auch nur, um hinter meinen Nachbarn, dem alten Tucher und dem Großmaul, dem Beheim, nicht zurückzubleiben. Wer konnte denken, daß der König die ganze Nüremberger Ware in Bayern verbrauchen würde –“

„Aber hätte der König mich mit meinem blauen Auge holen lassen?“

„Auch das war vorbedacht, August! Der verschmitzte Spitzbube, der Charnacé, lärmte im Vorzimmer. Schon dreimal hatte er sich melden lassen und war nicht mehr abzutreiben. Der König ließ ihn dann eintreten und hudelte den Ambassadeur vor uns Patriziern, daß einem deutschen Mann das Herz im Leibe lachen mußte.

Nichts von alledem hatte ich in der Geschwindigkeit unerwogen gelassen –"

„Soviel und sowenig Weisheit, Vater!" seufzte der Sohn.

Dann steckten die beiden die Köpfe zusammen, um eine Remedur zu suchen, wie sie es nannten, jetzt unter der Stimme flüsternd, welche sie vorher in ihrer Aufregung, uneingedenk der im Nebenzimmer hantierenden Angestellten und Lehrlinge, zu dämpfen vergessen hatten. Aber sie fanden keinen Rat und ihre Gebärden wurden immer ängstlicher und peinlicher, als im Gange draußen ein markiger Alt das Leiblied Gustav Adolfs anstimmte:

„Verzage nicht, du Häuflein klein,
Ob auch die Feinde Willens sein,
Dich gänzlich zu zerstören!"

und ein tannenschlankes Mädchen mit lustigen Augen, kurzgeschnittenen Haaren, knabenhaften Formen und ziemlich reitermäßigen Manieren eintrat.

„Willst du uns die Ohren zersprengen, Base?" zankten die beiden Leubelfinge. Sie, das trübselige Paar musternd, erwiderte: „Ich komme, euch zum Essen zu rufen. Was hat's gegeben, Herr Ohm und Herr Vetter? Ihr habt ja beide ganz bleiche Nasenspitzen!" Der zwischen den Hilflosen liegende Brief, den das Mädchen ohne weiteres ergriff, und als sie die kräftig hingeworfene Unterschrift des Königs gelesen, mit leidenschaftlichen Augen verschlang, erklärte ihr den Schrecken. „Zu Tische, Herren!" sagte sie und schritt den beiden voran in das Speisezimmer. Hier aber ging es dem gutherzigen Mädchen selber nahe, wie den Leubelfingen jeder Bissen im Munde quoll. Sie ließ abtragen, setzte ihren Stuhl zurück, kreuzte die Arme, schlug unter ihrem blauen Rocke, an dessen Gurt die Tasche und der Schlüsselbund hing, ein schlankes Bein über das andere und ließ, horchend und nachdenkend, den ganzen verfänglichen Handel sich vortragen; denn sie schien vollständig zum Hause zu gehören und sich darin mit ihrem kecken Wesen eine entschiedene Stellung erobert zu haben.

Die Leubelfinge erzählten. „Wenn ich denke", sagte dann das Mädchen mutig, „wer es war, der das Hoch auf den König ausbrachte!"

„Wer denn?" fragten die Leubelfinge, und sie antwortete: „Niemand anders als ich."

„Hol' dich der Henker, Mädchen!" grollte der Alte. „Gewiß hast du den blauen schwedischen Soldatenrock, den du dir im Schrank hinter deinen Schürzen aufhebst, angezogen und dich in den Speisesaal an deinen Götzen hinangeschlichen, statt dich züchtig unter den Weibern zu halten."

„Sie hätten mir den hintersten Platz gegeben", versetzte das Mädchen zornig, „die kleine Hallerin, die große Holzschuherin, die hochmütige Ebnerin, die schiefe Geuderin, die alberne Creßerin, tutte quante, die dem König das Geschenk unserer Stadt, die beiden silbernen Trinkschalen, die Himmelskugel und die Erdkugel, überreichen durften."

„Wie kann ein schamhaftes Mädchen, und das bist du, Gustel, es nur über sich bringen, Männertracht zu tragen!" maulte der zimperliche Jüngling.

„Das heißt", erwiderte das Mädchen ernst, „die Tracht meines Vaters, wo noch neben der Brusttasche das gestopfte Loch sichtbar ist, das der Degen des Franzosen gerissen hat. Ich brauche nur einen schrägen Blick zu tun", – sie tat ihn, als trüge sie die väterliche Tracht – „so sehe ich den Riß, und es wirkt wie eine Predigt. Dann", schloß sie, aus dem Ernst nach ihrer Art in ein Lachen überspringend, „wollen mir die Weiberröcke auch gar nicht sitzen. Kein Wunder, daß sie mich schlecht kleiden, bin ich doch bis in mein vierzehntes Jahr mit dem Vater und der Mutter in kurzem Habit zu Rosse gesessen."

„Liebe Base", jammerte der junge Leubelfing nicht ohne eine Mischung von Zärtlichkeit, „seit dem Tode deines Vaters bist du hier wie das Kind des Hauses gehalten, und nun hast du mir das eingebrockt! Du lieferst deinen leibhaftigen Vetter wie ein Lamm auf die Schlachtbank! Der Utz wurde durch die Stirn geschossen, der Götz durch den Hals!" Ihn überlief eine Gänsehaut. „Wenn du mir wenigstens einen guten Rat wüßtest, Base!"

„Einen guten Rat", sagte sie nachdenklich, „den will ich dir geben: halte dich wie ein Nüremberger, wie ein Leubelfing!"

„Ein Leubelfing!" giftelte der alte Herr. „Muß denn jeder Nüremberger und jeder Leubelfing ein Raufbold sein, wie der Rupert, dein Vater, Gott hab' ihn selig, der mich, den Älteren, er ein Zehnjähriger, auf einem Leiterwagen entführte, umwarf, heil blieb und mir zwei Rippen brach? Welche Laufbahn! Mit Fünfzehn zu den Schweden durchgegangen, mit Siebzehn eine Fünfzehnjährige vor der Trommel geheiratet, mit Dreißig in einem Raufhandel das Zeitliche gesegnet!"

„Das heißt", sagte das Mädchen, „er fiel für die Ehre meiner Mutter –"

„Weißt du mir keinen Rat, Guste?" drängte der junge Leubelfing. „Du kennst den schwedischen Dienst und die natürlichen Fehler, die davon frei machen. Auf was kann ich mich bei dem Könige gültig ausreden?"

Sie brach in ein tolles Gelächter aus. „Wir wollen dich", sagte sie, „wie den jungen Achill im Bildwerk am Ofen dort unter die Mädchen stecken, und wenn der listige Ulysses vor ihnen das Kriegszeug ausbreitet, wirst du nicht auf ein Schwert losspringen.“

„Ich gehe nicht!“ erklärte der durch diese mythologische Gelehrsamkeit Geärgerte. „Ich bin nicht die Person, welche der Vater dem Könige geschildert hat.“ Da fühlte er sich an seinen beiden dünnen Armen gepackt. Ihm den linken klaubend, zeterte der alte Leubelfing: „Willst du mich ehrwürdigen Mann dem Könige als einen windigen Lügner hinstellen?“ Das Mädchen aber, den rechten Arm des Vetters drückend, rief entrüstet: „Willst du mit deiner Feigheit den braven Namen meines Vaters entehren?“

„Weißt du was“, schrie der Gereizte, „gehe du als Page zu dem König! Er wird, bubenhaft wie du aussiehst und dich beträgst, das Mädchen in dir ebensowenig vermuten, als der Ulysses am Ofen, von dem du fabelst, in mir den Buben erraten hätte! Mach' dich auf zu deinem Abgott und bet' ihn an! Am Ende“, fuhr er fort, „wer weiß, ob du das nicht schon lange in dir trägst? Träumest du doch von dem Schwedenkönig, mit welchem du als Kind in der Welt herumgefahren bist, wachend und schlafend. Als ich vorgestern auf meine Kammer ging, an der deinigen vorüber, hörte ich deine Traumstimme schon von weitem. Ich brauchte wahrlich mein Ohr nicht ans Schlüsselloch zu halten. „Der König! Wache heraus! Präsentiert Gewehr!“ Er ahmte das Kommando mit schriller Stimme nach.

Die Jungfrau wandte sich ab. Eine Purpurröte war ihr in Wangen und Stirne geschossen. Dann zeigte sie wieder die warmen lichtbraunen Augen und sprach: „Nimm dich in acht! Es könnte dahin kommen, wäre es nur, damit der Name Leubelfing nicht von lauter Memmen getragen wird!“

Das Wort war ausgesprochen und ein kindischer

Traum hatte Gestalt gewonnen als ein dreistes aber nicht unmögliches Abenteuer. Das väterliche Blut lockte. Des Mutes und der Verwegenheit war ein Überfluß. Aber die maidliche Scham und Zucht – der Vetter hatte wahrhaftes Zeugnis abgelegt – und die Ehrfurcht vor dem Könige taten Einspruch. Da ergriff sie der Strudel des Geschehens und riß sie mit sich fort.

Der schwedische Kornett, welcher das Schreiben des Königs gebracht hatte und den neuen Pagen ins Lager führen sollte, meldete sich. Statt in die grauen Mauerbilder Meister Albrechts hatte er sich in eine lustige Weinstube und in einen goldgefüllten grünen Römer vertieft, ohne jedoch den Glockenschlag zu überhören. Der alte Leubelfing, in Todesangst um seinen Sohn und um seine Firma, machte eine Bewegung, die Kniee seiner Nichte zu umfangen, nicht anders als um den Körper seines Sohnes bittend der greise Priamus die Kniee Achills umarmte, während der junge Leubelfing in allen Gliedern zu schlottern begann. Das Mädchen machte sich mit einem krampfhaften Gelächter los und entsprang durch eine Seitentür gerade einen Augenblick, ehe sporenklirrend der Kornett eindrang, ein Jüngling, dem der Mutwille und das Lebensfeuer aus den Augen spritzte, obwohl er in der strengen Zucht seines Königs stand.

Auguste Leubelfing wirtschaftete hastvoll, wie berauscht in ihrer Kammer, packte einen Mantelsack, warf sich eilfertig in die Kleider ihres Vaters, die ihrem schlanken und knappen Wuchs wie angegossen saßen, und dann auf die Kniee zu einem kurzen Stoßseufzer, um Vergebung und Begünstigung des Abenteuers betend.

Als sie wieder den untern Saal betrat, rief ihr der Kornett entgegen: „Rasch, Herr Kamerad! Es eilt! Die Rosse scharren! Der König erwartet uns! Nehmt Abschied von Vater und Vetter!" und er schüttete mit einem Zug den Inhalt des ihm vorgesetzten Römers hinter seinen feinen Spitzenkragen.

Der in schwedische Uniform gekleidete Scheinjüngling neigte sich über die vertrocknete Hand des Alten, küßte sie zweimal mit Rührung und wurde von ihm dankbar gesegnet; dann aber plötzlich in eine unbändige Lustigkeit übergehend, ergriff der Page die Rechte des jungen Leubelfing, schwang sie hin und her und rief: „Lebt wohl, Jungfer Base!" Der Kornett schüttelte sich vor Lachen: „Hol' mich, straf' mich – was der Herr Kamerad für Späße vorbringt! Mit Gunst und Verlaub, mir fiel es gleich ein: das reine alte Weib, der Herr Vetter! in jedem Zug, in jeder Gebärde, wie sie bei uns in Finnland singen:

Ein altes Weib auf einer Ofengabel ritt –

Hol' mich, straf' mich!" Er entführte mit einem raschen Handgriff dem aufwartenden Stubenmädchen das Häubchen und stülpte es dem jungen Leubelfing auf den von sparsamen Flachshaaren umhangenen Schädel. Die spitzige Nase und das rückwärts fliehende Kinn vollendeten das Profil eines alten Weibes.

Jetzt legte der leichtbezechte Kornett seinen Arm vertraulich in den des Pagen. Dieser aber trat einen Schritt zurück und sprach, die Hand auf dem Knopfe des Degens: „Herr Kamerad! Ich bin ein Freund der Reserve und ein Feind naher Berührung!"

„Potz!" sagte dieser, stellte sich aber seitwärts und gab dem Pagen mit einer höflichen Handbewegung den Vortritt. Die zwei Wildfänge rasselten die Treppe hinunter.

Lange noch ratschlagten die Leubelfinge. Daß für den jungen, welcher seine Identität eingebüßt hatte, des Bleibens in Nüremberg nicht länger sei, war einleuchtend. Schließlich wurden Vater und Sohn einig. Dieser sollte einen Zweig des Geschäftes nach Kursachsen, und zwar nach der aufblühenden Stadt Leipzig verpflanzen, nicht unter dem verscherzten patrizischen Namen, sondern unter dem plebejischen „Laubfinger“, nur auf kurze Zeit, bis der jetzige August von Leubelfing neben dem Könige vom Roß auf ein Schlachtfeld und in den Tod gestürzt sei, welches Ende nicht werde auf sich warten lassen.

Als nach einer langen Sitzung der Vertauschte sich erhob und seinem Bild im Spiegel begegnete, trug er über seinen verstörten Zügen noch das Häubchen, welches ihm der schwedische Taugenichts aufgesetzt hatte.

II

„Höre, Page Leubelfing! Ich habe ein Hühnchen mit dir zu pflücken. Wenn du mit deinen flinken Fingern in den dringendsten Fällen dem Könige meinem Herrn eine aufgehende Naht seines Rockes zunähen oder einen fehlenden Knopf ersetzen würdest, vergäbest du deiner Pagenwürde nicht das geringste. Hast du denn in Nüremberg Mütterchen oder Schwesterchen nie über die Schulter auf das Nähkissen geschaut? Ist es doch eine leichte Kunst, welche dich jeder schwedische Soldat lehren kann. Du rümpfst die Stirne, Unfreundlicher? Sei artig und folgsam! Sieh' da mein eigenes Besteck! Ich schenk' es dir.“

Und die Brandenburgerin, die Königin von Schweden reichte dem Pagen Leubelfing ein Besteck von englischer Arbeit mit Zwirn, Fingerhut, Nadel und Schere. Dem Könige aus eifersüchtiger Zärtlichkeit überallhin nachreisend, hatte sie ihn mitten in seinem unseligen Lager bei Nüremberg, wo er einen in dasselbe eingeschlossenen, vom Kriege halb verwüsteten Edelsitz bewohnte, mit ihrem kurzen Besuche überrascht. In den widerstrebenden Händen des Pagen öffnete sie das Etui, enthob ihm den silbernen Fingerhut und steckte denselben dem Pagen an mit den holdseligen Worten: „Ich binde dir's aufs Gewissen, Leubelfing, daß mein Herr und König stets propre und vollständig einhergehe."

„Den Teufel scher' ich mich um Nähte und Knöpfe, Majestät", erwiderte Leubelfing unmutig errötend, aber mit einer so drolligen Miene und einer so angenehm markigen Stimme, daß die Königin sich keineswegs beleidigt fühlte, sondern mit einem herablassenden Gelächter den Pagen in die Wange kniff. Diesem tönte das Lachen hohl und albern, und der Reizbare empfand einen Widerwillen gegen die erlauchte Fürstin, von welchem diese gutmütige Frau keine Ahnung hatte.

Doch auch der König, welcher auf der Schwelle des Gemaches den Auftritt belauscht hatte, brach jetzt in ein herzliches Gelächter aus, da er seinen Pagen mit dem Raufdegen an der linken Hüfte und einem Fingerhut an der rechten Hand erblickte. „Aber Gust", sagte er dann, „du schwörst ja wie ein Papist oder Heide! Ich werde an dir zu erziehen haben."

In der Tat achtete Gustav Adolf es nicht für einen Raub, die Krone zu tragen. Wie hätte er, welcher – ohne Abbruch der militärischen Strenge – jeden seiner Leute, auch den Geringsten, mit menschlichem Wohlwollen behandelte, dieses einem gutgearteten Jüngling von angenehmer Erscheinung versagt, der unter seinen Augen lebte und nicht von seiner Seite weichen durfte. Und einem unverdorbenen Jüngling, der bei dem geringsten Anlaß nicht anders als ein Mädchen bis unter das Stirnhaar errötete! Auch vergaß er es dem jungen Nüremberger nicht, daß dieser an jenem folgenschweren Bankett ihn als den „König von Deutschland" hatte hoch leben lassen, den möglichen ruhmreichen Ausgang seines heroischen Abenteuers in eine kühne prophetische Formel fassend.

Eine zärtliche und wilde, selige und ängstliche Fabel hatte der Page schon neben seinem Helden gelebt, ohne daß der arglose König eine Ahnung dieses verstohlenen Glückes gehabt hätte. Berauschende Stunden, gerade nach vollendeten achtzehn unmündigen Jahren beginnend und diese auslöschend wie die Sonne einen Schatten! Eine Jagd, eine Flucht süßer und stolzer Gefühle, quälender Befürchtungen, verhehlter Wonnen, klopfender Pulse, beschleunigter Atemzüge, soviel nur eine junge Brust fassen und ein leichtsinniges Herz genießen kann in der Vorstunde einer tötenden Kugel oder am Vorabend einer beschämenden Entlarvung!

Als der nürembergische Junker August Leubelfing von dem Kornett dem Könige vorgestellt wurde, hatte der Beschäftigte kaum einen Augenblick gefunden, seinen neuen Pagen flüchtig ins Auge zu fassen. So wurde dieser einer frechen Lüge überhoben. Gustav Adolf war im Begriff, sich auf sein Leibroß zu schwingen, um den zweiten fruchtlosen Sturm auf die uneinnehmbare Stellung des Friedländers vorzubereiten. Er hieß den Pagen folgen und dieser warf sich ohne Zaudern auf den ihm vorgeführten Fuchs, denn er war von jung an im Sattel heimisch und hatte von seinem Vater, dem weiland wildesten Reiter im schwedischen Heere, einen schlanken und ritterlichen Körper geerbt. Wenn der König, nach einer Weile sich umwendend, den Pagen tödlich erblassen sah, so taten es nicht die feurigen Sprünge des Fuchses und die Ungewohnheit des Sattels, sondern es war, weil Leubelfing in einiger Entfernung eine ertappte Dirne erblickte, die mit entblößtem Rücken aus dem schwedischen Lager gepeitscht wurde, und ihn das nackte Schauspiel ekelte.

Tag um Tag – denn der König ermüdete nicht, den abgeschlagenen Sturm mit einer ihm sonst fremden Hartnäckigkeit zu wiederholen – ritt der Page ohne ein Gefühl der Furcht an seiner Seite. Jeder Augenblick konnte es bringen, daß er den tödlich Getroffenen in seinen Armen vom Rosse hob oder selbst tödlich verwundet in den Armen Gustav Adolfs ausatmete. Wann sie dann ohne Erfolg zurückritten, der König mit verdüsterter Stirn, so täuschte oder verbarg dieser seine Sorge, indem er den Neuling aufzog, daß er den Bügel verloren und die Mähne seines Tieres gepackt hätte. Oder er tadelte auch im Gegenteil seine Waghalsigkeit und schalt ihn einen Casse-Cou, wie der Lagerausdruck lautete.

Überhaupt ließ er es sich nicht verdrießen, seinem Pagen gute väterliche Lehre zu geben und ihm gelegentlich ein wenig Christentum beizubringen.

Der König hatte die löbliche und gesunde Gewohnheit, nach beendigtem Tagewerke die letzte halbe Stunde vor Schlafengehen zu vertändeln und allerhand Allotria zu treiben, jede Sorge mit geübter Willenskraft hinter sich werfend, um sie dann im ersten Frühlicht an derselben Stelle wieder aufzuheben. Und diese Gewohnheit hielt er auch jetzt und um so mehr fest, als die vereitelten Stürme und geopferten Menschenleben seine Pläne zerstörten, seinen Stolz beleidigten und seinem christlichen Gewissen zu schaffen machten. In dieser späten Freistunde saß er dann behaglich in seinen Sessel zurückgelehnt und Page Leubelfing auf einem Schemel daneben. Da wurde Dame gezogen oder Schach gespielt und im Brettspiele schlug der Page zuweilen den König. Oder dieser, wenn er sehr guter Laune war, erzählte harmlose Dinge, wie sie eben in seinem Gedächtnisse obenauf lagen. Zum Beispiel von der pompösen Predigt, welche er weiland auf seiner Brautfahrt nach Berlin in der Hofkirche gehört. Sie habe das Leben einer Bühne verglichen: mit den Menschen als Schauspielern, den Engeln als Zuschauern, dem den Vorhang senkenden Tode als Regisseur. Oder auch die unglaubliche Geschichte, wie man ihm, dem Könige, nach der Geburt seines Kindes anfänglich einen Sohn verkündigt und er selbst eine Weile sich habe betrügen lassen, oder von Festen und Kostümen, seltsamerweise meistens Geschichten, die ein Mädchen ebensosehr oder mehr als einen Jüngling belustigen konnten, als empfände der getäuschte König, ohne sich Rechenschaft davon zu geben, die Wirkung des Betruges, welchen der Page an ihm verübte, und kostete unwissend den unter dem Scheinbilde eines gutgearteten Jünglings spielenden Reiz eines lauschenden Weibes. Darüber befiel auch wohl den Pagen eine plötzliche Angst. Er vertiefte seine Altstimme und wagte irgendeine männliche Gebärde. Aber ein nicht zu mißdeutendes Wort oder eine kurzsichtige Bewegung des Königs gab dem Erschreckten die Gewißheit zurück, Gustav unterliege demselben Blendwerk wie bei der Geburt seiner Christel. Dann geriet der wieder sicher Gewordene wohl in eine übermütige Stimmung und gab etwas so Verwegenes und Persönliches zum besten, daß er sich eine Züchtigung zuzog. Wie jenes Mal, da er nach einem warmen ehelichen Lobe der Königin im Munde Gustavs die kecke Frage hinwarf: wie denn die Gräfin Eva Brahe eigentlich ausgesehen habe? Diese Jugendgeliebte Gustavs und spätere Gemahlin De la Gardie's, welchen sie, da ihr der tapferste Mann des Jahrhunderts entschlüpft war, als den zweittapfersten heiratete, besaß dunkles Haar, schwarze Augen und scharfe Züge. Das erfuhr aber der neugierige Page nicht, sondern erhielt einen ziemlich derben Schlag mit der flachen Hand auf den vorlauten Mund, in dessen Winkeln Gustav die

Lust zu einem mutwilligen Gelächter wahrzunehmen glaubte.

Es begab sich eines Tages, daß der König seiner Christel das Geschenk eines ersten Siegelringes machte. Auf den edeln Stein desselben sollte der Mode gemäß ein Denkspruch eingegraben werden, eine Devise, wie man es hieß, welche – im Unterschiede mit dem ererbten Wappenspruche – etwas dem Besitzer des Siegels persönlich Eigenes, eine Maxime seines Kopfes, einen Wunsch seines Herzens, in nachdrücklicher Kürze aussprechen mußte, wie z. B. das ehrgeizige „Nondum“ des jungen Karls V. Gustav hätte wohl seinem Kinde selbst einen Leibspruch erfunden, aber, wieder der Mode gemäß, mußte dieser lateinisch, italienisch oder französisch lauten.

So suchte er denn, tief auf einen Quartband gebückt, unter den tausend darin verzeichneten Sinnsprüchen berühmter oder witziger Leute mit seinen lichtgefüllten, doch kurzsichtigen Augen nach demjenigen, welchen er seiner erst siebenjährigen, aber frühreifen Christel bescheren wollte. Er belustigte sich an den lakonischen Sätzen, welche das Wesen ihrer Erfinder – meistenteils geschichtlicher Persönlichkeiten – oft richtig, ja schlagend ausdrückten, oft aber auch, gemäß der menschlichen Selbsttäuschung und Prahlerei, das gerade Gegenteil.

Jetzt wies ein feiner Finger mit einem scharfen schwarzen Schatten auf das hellbeleuchtete Blatt und eine Devise von unbekanntem Ursprung. Es war der über die Schulter des Königs guckende Page, die Devise aber lautete: „Courte et bonne!“ Das heißt: Soll ich mir ein Leben wählen, so sei es ein kurzes und genußvolles! Der König las, sann einen Augenblick, schüttelte bedenklich den Kopf und zupfte über sich greifend seines

Pagen wohlgebildeten Ohrlappen. Dann drückte er Leubelfing auf seinen Schemel nieder, in der Absicht, ihm eine kleine Predigt zu halten. „Gust Leubelfing", begann er lehrhaft behaglich, den Kopf rückwärts in das Polster gedrückt, so daß das volle Kinn mit dem goldhaarigen Zwickel vorsprang und das schalkhafte Licht der halbgeschlossenen Augen auf das lauschend gehobene Antlitz des Pagen niederblitzte, „Gust Leubelfing, mein Sohn! Ich vermute, diesen fragwürdigen Spruch hat ein Weltkind erfunden, ein ‚Epikurer', wie Doktor Luther solche Leute nennt. Unser Leben ist Gottes. So dürfen wir es weder lang noch kurz wünschen, sondern wir nehmen es wie Er es gibt. Und gut? Freilich gut, das ist schlicht und recht. Aber nicht voll Rausches und Taumels, wie der französische Spruch hier unzweifelhaft bedeutet. Oder wie hast du ihn verstanden, mein lieber Sohn?"

Leubelfing antwortete erst schüchtern und befangen, dann aber mit jeder Silbe freudiger und entschlossener: „Solchergestalt, mein gnädiger Herr: Ich wünsche mir alle Strahlen meines Lebens in *ein* Flammenbündel und in den Raum *einer* Stunde vereinigt, daß statt einer blöden Dämmerung ein kurzes, aber blendend helles Licht von Glück entstünde, um dann zu löschen wie ein zuckender Blitz." Sie hielt inne. Dem Könige schien dieser Stil und dieser „zuckende Blitz" nicht zu gefallen, obgleich es die Lieblingsmetapher des Jahrhunderts war. Er kräuselte spottend die feinen Lippen. Aber das noch ungesprochene rügende Wort unterbrechend, leidenschaftlich hingerissen, rief der Page aus: „Ja, so möcht' ich! Courte et bonne!" Dann besann er sich plötzlich und fügte demütig bei: „Lieber Herr! Möglicherweise mißversteh' ich den Spruch. Er ist vieldeutig, wie die meisten hier im Buche. Eines aber weiß ich und das ist die lautere Wahrheit: wenn dich, mein liebster Herr, die Kugel, welche dich heute streifte" – er verschluckte das Wort – „Courte et bonne! hätte es geheißen, denn du bist ein Jüngling zugleich und ein Mann – und dein Leben ist ein gutes!"

Der König schloß die Augen und verfiel dann, tagesmüde wie er war, in den Schlummer, den er erst heuchelte, um die Schmeichelei des Pagen nicht gehört zu haben oder wenigstens nicht zu beantworten.

So spielte der Löwe mit dem Hündchen und auch das Hündchen mit dem Löwen. Und als ob ein neckisches oder verderbliches Schicksal es darauf absehe, dem verliebten Kinde seinen vergötterten Helden aufs innigste zu verbinden, ihm denselben in immer neuer Gestalt und in seinen tiefsten Empfindungen zeigend, ließ es den Pagen mit seinem Herrn auch den herbsten Schmerz teilen, welchen es gibt, den väterlichen.

Der König bediente sich Leubelfings, dem er das unbedingteste Vertrauen bewies, um die regelmäßig aus Stockholm anlangenden Briefe der Hofmeisterin seines Prinzeßchens sich vorlesen und dann auch beantworten zu lassen. Diese Dame schrieb einen kritzlichen schmalen Buchstaben und einen breiten gründlichen Stil, so daß Gustav ihre umständlichen Schreiben meist gleich dem Pagen zuschob, dessen rasche Augen und bewegliche Lippen die Zeilen einer Briefseite nicht weniger behende hinuntersprangen als seine jungen Füße die ungezählten Stufen einer Wendeltreppe. Eines Tages bemerkte Leubelfing in der Ecke des Briefumschlages das große S, womit man damals wichtige oder sekrete Schreiben zu bezeichnen pflegte, damit sie der Empfänger persönlich öffne und lese. Die Pageneigenschaften: Neugierde und Keckheit überwogen. Leubelfing brach das Siegel und eine wunderliche Geschichte kam zum Vorschein. Die Hofmeisterin des Prinzeßchens hatte – gemäß dem vom Könige selbst verfaßten und frühe Erlernung der Sprachen vorschreibenden Studienplane – an der Zeit gefunden, der Christel einen Lehrer des Italienischen zu bestellen. Die mit Umsicht vorgenommene Wahl schien geglückt. Der noch junge Mann, ein Schwede von guter Abkunft, welcher sich auf langen Reisen weit in der Welt umgesehen hatte, vereinigte alle Vorzüge der Erscheinung und des Geistes, einen edelschlanken Körperbau, einnehmende Gesichtszüge, eine feingewölbte Stirn, ein gefälliges Betragen, eine befestigte Sittlichkeit, gleich weit entfernt von finsterer Strenge und lächerlicher Pedanterie, adeliges Ehrgefühl, christliche Demut. Und die Hauptsache: ein echtes Luthertum, welches, wie er selbst bekannte, erst in der modernen Babylon angesichts der römischen Greuel aus einer erlernten Sache ihm zu einer selbständigen und unerschütterlichen Überzeugung geworden sei. Die kühle und verständige Hofmeisterin wiederholte in jedem ihrer Briefe, dieser Jüngling habe es ihr angetan. Auch die junge Prinzeß lernte frisch drauf los mit ihrem aufgeweckten Kopf und unter einem solchen Lehrer. Da ertappte die Hofmeisterin eines Tages die gelehrige und phantasiereiche Christel, wie sie, in einem Winkel geduckt, sich im stillen damit vergnügte, die Kugeln eines Rosenkranzes von wohlduftendem Zedernholz herunterzubeten, an denen sie von Zeit zu Zeit mit schnupperndem Näschen roch. „Ein reißender Wolf im Schafskleide!“ schrieb die brave Hofmeisterin mit fünf Ausrufungszeichen. „Ich schlug die Hände über dem Kopf zusammen und wurde zur weißen Bildsäule.“

Auch Gustav Adolf erbleichte, im Tiefsten erschüttert, und seine großen blauen Augen starrten in die Zukunft. Er kannte die Gesellschaft Jesu.

Der Jesuit war ins Gefängnis gewandert, und ihm

stand, nach dem drakonischen schwedischen Gesetze, eine Halsstrafe bevor, wenn der König nicht Gnade vor Recht ergehen ließ. Dieser aber befahl dem Pagen, umgehend an die Hofmeisterin zu schreiben: Mit dem Mädchen seien nicht viel Worte zu machen, die Sache als eine Kinderei zu behandeln; den Jesuiten schaffe man ohne Geschrei und Aufsehen über die Grenze, „denn" – so diktierte er Leubelfing – „ich will keinen Märtyrer machen. Der verblendete Jüngling mit seinem gefälschten Gewissen ließe sich schlankweg köpfen, um in die Purpurwolke der Blutzeugen aufgenommen zu werden und gen Himmel zu fahren mitsamt seiner geheimen bösen Lust, das bildsame Gehirn meines Kindes mißhandelt zu haben."

Aber mehrere Tage lang ließ ihn „das Unglück und das Verbrechen" – so nannte er das Attentat auf die Seele seines Kindes – nicht mehr los, und er erging sich in Gegenwart seines Lieblings, weit über Mitternacht, bis zum Erlöschen seiner Ampel, rastlos auf und nieder schreitend, freilich eher im Selbst- als im Zwiegespräche, über die Lüge, die Sophistik und die Verlarvungen der frommen Väter, während sich der im Halbdunkel sitzende Page entsetzt und zerknirscht an die klopfende junge Brust schlug und die leisen beschämenden Worte sich zurief: „Auch du bist eine Lügnerin, eine Sophistin, eine Verlarvte!"

Seit jenen nächtigen Stunden ängstigte sich der Page furchtbar, bis zur Zerrüttung, über seine Larve und sein Geschlecht. Der nichtigste Umstand konnte die Entdekkung herbeiführen. Dieser Schande zu entgehen, beschloß der Ärmste zehnmal im Abenddunkel oder in der Morgenfrühe, sein Roß zu satteln, bis an das Ende der Welt zu reiten, und zehnmal wurde er zurückgehalten durch eine unschuldige Liebkosung des Königs, der keine Ahnung hatte, daß ein Weib um ihn war. Leicht zumute wurde ihm nur im Pulverdampfe. Da blitzten seine Augen, und fröhlich ritt er der tödlichen Kugel entgegen, welche er herausforderte, seinen bangen Traum zu endigen. Und wann der König hernach in seiner Abendstunde beim trauten Lichtschein seinen Pagen über einer Dummheit oder Unwissenheit ertappte, beim Kopfe kriegte und ihm mit einem ehrlichen Gelächter durch das krause Haar fuhr, sagte sich dieser in herzlicher Lust und Angst erbebend: „Es ist das letztemal!“

So fristete er sich und genoß das höchste Leben mit der Hilfe des Todes.

Es war seltsam. Leubelfing fühlte es: auch der König lebte mit dem Tode auf einem vertrauten Fuße. Der Friedländer hatte den Angriff an sich gerissen und den Eroberer in die unerträgliche Lage eines Weichenden, beinahe Flüchtigen gebracht. So legte der christliche Held sein Schicksal täglich, ja stündlich und fast herausfordernd in die Hände seines Gottes. Den Brustharnisch, welchen ihm der Page zu bieten pflegte, wies er beharrlich zurück unter dem Vorwand einer Schulterwunde, welche der anliegende Stahl drücke. Ein schmiegsames feines Panzerhemde, wie die Klugen und Vorsichtigen es auf bloßem Leibe trugen, ein Meisterstück niederländischer Schmiedekunst, langte an, und die Königin schrieb dazu, sie hätte erfahren, der Friedländer trage ein solches, ihr Herr und Gemahl dürfe nicht schlechter beschirmt in den Kampf gehen. Dies feine Geschmiede warf Gustav als eine Feigheit verächtlich in einen Winkel.

Einmal in der Stille der Nacht hörte Leubelfing, dessen Haupt von demjenigen des Königs nur durch die Wand getrennt war, sich dicht an dieselbe drückend, wie Gustav inbrünstig betete und seinen Gott bestürmte,

ihn im Vollwerte hinwegzunehmen, wenn seine Stunde da sei, bevor er ein Unnötiger oder Unmöglicher werde. Zuerst quollen der Lauscherin die Tränen, dann erfüllte sie vom Wirbel zur Zehe eine selbstsüchtige Freude, ein verstohlener Jubel, ein Sieg, ein Triumph über die Ähnlichkeit ihres kleinen mit diesem großen Lose, der dann mit dem albernen Kindergedanken, eine gemeinsame Silbe beendige ihren Namen und beginne den des Königs, sich in Schlummer verlor.

Aber der Page träumte schlecht, denn er träumte mit seinem Gewissen. In den richtenden Bildern, welche vor seinen Traumaugen aufstiegen, geschah es bald, daß der König den Entdeckten mit flammendem Blick und verurteilender Gebärde von sich wies, bald verjagte ihn die Königin mit einem Besenstiel und den derbsten Scheltworten, wie die gebildete Frau solche am Tage nie über die Lippen ließ, ja welche sie wohl gar nicht kannte.

Einmal träumte dem Pagen, seine Fuchsstute gehe mit ihm durch und rase durch eine nackte von einer zornigen Spätglut gerötete Gegend einer Schlucht zu, der König setze ihm nach, er aber stürze vor den Augen seines Retters oder Verfolgers in die zerschmetternde Tiefe, von einem höllischen Gelächter umklungen.

III

Leubelfing erwachte mit einem jähen Schrei. Der Morgen dämmerte und der Page fand seinen König, der sich in einem Zuge kühl und hell geschlafen hatte, in der gelassensten und leutseligsten Laune von der Welt. Ein Brief der Königin langte an, der eben nichts Dringliches enthielt, wenn nicht die Nachschrift, worin sie ihren Gemahl bat, zum Rechten zu sehen in einem Fall und in einer Nöte, welche der hilfreichen Frau naheging. Der Herzog von Lauenburg, ein unsittlicher Mensch, der vor kaum ein paar Monaten eine der vielen Basen der Königin aus politischen Gründen geheiratet hatte, gab öffentliches Ärgernis, indem er, von den blonden Flechten und wasserblauen Augen seines Weibes gelangweilt, seine Flitterwochen abgekürzt hatte und, in das schwedische Lager zurückgeeilt, eine blutjunge Slawonierin neben sich hielt. Diese hatte er, als ein Wegelagerer der er war, aus der Mitte einer niedergerittenen friedländischen Eskorte weggefangen. Nun ersuchte die Königin ihren Gemahl, diesem prahlerischen Ehebruch ein rasches Ende zu machen; denn der Lauenburger, die Blicke nur des Königs ausweichend, prunkte vor seinen Standesgenossen mit der hübschen Beute und gönnte sich, als einem Reichsfürsten, die Sünde und den Skandal dazu. Gustav Adolf faßte die Sache als eine einfache Pflichterfüllung auf und gab kurzweg den Befehl, die Slawonierin – man nannte sie die Korinna – zu ergreifen und ihm vorzuführen in der achten Stunde, wo er von einem kurzen Rekognoszierungsritte zurück zu sein glaubte. Streng und menschlich zugleich, dachte er das Mädchen, dem er, den Lauenburger kennend, den kleinern Teil der Schuld beimaß, zu ermahnen und dann ihrem Vater in das wallensteinische Lager zuzusenden. Er verritt, den Pagen Leubelfing zurücklassend mit der Weisung, die Königin brieflich zu beruhigen; er werde eine eigenhändige Zeile beifügen. Acht Uhr verstrich und der König war noch nicht wieder angelangt, wohl aber die Korinna, von ein paar grimmigen schwedischen Pikenieren begleitet, welche sie dem Pagen, der im Vorzimmer über seinem Briefe saß, Degen und Pistolen neben sich auf den Tisch gelegt, überlieferten. Vor dem Tore des Schlößchens stand ja eine Wache.

Neugierig schickte der Page einen Blick über seine Buchstaben hinweg nach der Gefangenen, die er sich setzen hieß, und erstaunte über ihre Schönheit. Nur von mittlerer Größe, trug sie über vollen Schultern auf einem feinen Halse ein wohlgebildetes kleines Haupt. Wenig fehlte, stillere Augen, freiere Stirn, ruhigere Naslöcher und Mundwinkel, so war es das süße Haupt einer Muse, wie unmusenhaft die Korinna sein mochte. Pechschwarze Flechten und dunkeldrohende Augen bleichten das fesselnde Gesicht. Die in Unordnung geratene buntfarbige Kleidung, von keinem südlich leuchtenden Himmel gedämpft, erschien unter einem nordischen grell und aufdringlich. Der Busen klopfte sichtbar.

Das Schweigen wurde dem Mädchen unerträglich. „Wo ist der König, Junker?“ fragte sie mit einer hohen, vor Erregung schreienden Stimme. „Ist verritten. Wird gleich zurück sein!“ antwortete Leubelfing in seiner tiefsten Note.

„Der König bilde sich nur nicht ein, daß ich von dem Herzog lasse“, fuhr das leidenschaftliche Mädchen mit unbändiger Heftigkeit fort. „Ich liebe ihn zum Sterben. Und wo sollte ich hin? Zu meinem Vater? Der würde mich grausam mißhandeln. Ich bleibe. Der König hat dem Herzog nichts zu befehlen. Mein Herzog ist ein Reichsfürst.“ Offenbar plapperte die Angstvolle dem Lauenburger nach, welcher, ob auch an und für sich ein frevelhafter Mensch, seinen Fürstenmantel, halb im Hohn, halb im Ernst, allen seinen Missetaten umhing.

„Nutzt ihm nichts, Jungfer“, versetzte der Page Gustav Adolfs. „Reichsfürst hin, Reichsfürst her, der König ist sein Kriegsherr, und der Lauenburger hat zu parieren.“

„Der Herzog“, zankte die Slawonierin, „ist vom alleredelsten Blut, der König aber stammt von einem gemeinen schwedischen Bauern.“ Ihr Freund, der Lauenburger, mochte ihr das aus dem Bauerkleide Gustav Wasas entstandene Märchen vorgestellt haben. Leubelfing erhob sich beleidigt und schritt bolzgerade auf die Korinna zu, machte dicht vor ihr halt und fragte gestreng: „Was sagst?“ Auch das Mädchen hatte sich ängstlich erhoben und fiel jetzt mit plötzlich verändertem Ausdruck dem Pagen um den Hals: „Teurer Herr! Schöner Herr! Helft mir! Ihr müßt mir helfen! Ich liebe den Lauenburger und lasse nicht von ihm! Niemals!“ So rief und flehte sie und küßte und herzte und drückte den Pagen, dann aber wich sie in unsäglicher Verblüffung einen Schritt zurück und das seltsamste Lächeln der Welt irrte um ihren spöttisch verzogenen Mund.

Der Page wurde bleich und fahl. „Schwesterchen“, lispelte die Korinna mit einem schlauen Blick, „wenn du deinen Einfluß“ – in demselben Moment hatte Leubelfing sie mit kräftiger Linken am Arme gepackt, auf die Kniee niedergedrückt und den Lauf seines rasch ergriffenen Pistols der Schläfe des kleinen Kopfes genähert. „Drück’ los“, rief die Korinna halb wahnsinnig, „und der Lust und des Elends sei ein Ende!“ wich aber doch dem Lauf mit den behendesten und gelenkigsten Drehungen und Wendungen ihres Hälschens aus.

Jetzt setzte ihr Leubelfing den kalten Ring des Eisens mitten auf die Stirn und sprach totenbleich, aber ruhig: „Der König weiß nichts davon, bei meiner Seligkeit.“ Ein ungläubiges Lächeln war die Antwort. „Der König weiß nichts davon“, wiederholte der Page, „und du schwörst mir bei diesem Kreuz“ – er hatte es ihr an einem goldenen Kettchen aus dem Busen gezerrt – „von wem hast du das? von deiner Mutter, sagst du? – Du schwörst mir bei diesem Kreuz, daß auch du nichts davon weißt! Mach’ schnell, oder ich schieße!“

Aber der Page senkte seine Waffe, denn er vernahm Roßgestampf, das Gerassel des militärischen Saluts und die treppansteigenden schweren Tritte des Königs. Er warf noch einen Blick auf die sich von den Knien erhebende Korinna, einen flehenden Blick, in welchem zu lesen war, was er nie ausgesprochen hätte: „Sei barmherzig! Ich bin in deiner Gewalt! Verrate mich nicht! Ich liebe den König!“

Dieser trat ein, ein anderer Mann, als er vor zwei Stunden verritten war, streng wie ein Richter in Israel, in heiliger Entrüstung, in loderndem Zorn, wie ein biblischer Held, der ein himmelschreiendes Unrecht aus dem Mittel heben muß, damit nicht das ganze Volk verderbe. Er hatte einem empörenden Auftritt, einer ekelerregenden Szene beigewohnt: der Beraubung eines vor dem Friedländer in das schwedische Lager flüchtenden Haufens deutscher Bauern durch deutschen Adel unter Führung eines deutschen Fürsten.

Die Herren hatten im Gezelt eines der Ihrigen bis zur Morgendämmerung gezecht, gewürfelt, gekartet. Ein Abenteurer zweifelhafter Art, der Bank hielt, hatte sie alle ausgebeutelt. Den mutmaßlich falschen Spieler ließen sie nach einem kurzen Wortwechsel – er war von Adel – als einen Mann ihrer Gattung unangefochten ziehen, brachen dagegen, gereizt und übernächtig zu ihren Zelten kehrend, in ein Gewirr schwer beladener Wagen ein, das sich in einer Lagergasse staute. Der Lauenburger, der im Vorbeireiten sein Zelt öffnend das Nest leer gefunden und seinen Verdacht ohne weiteres auf den König geworfen hatte, kam ihnen nachgesprengt und feuerte ihre Raubgier zu einer Tat an, von welcher er wußte, daß sie, von dem Könige vernommen, Gustav Adolf in das Herz schneiden würde.

Aber dieser sollte den Frevel mit Augen sehen. Mitten in den Tumult – Kisten und Kasten wurden erbrochen, Rosse niedergestochen oder geraubt, Wehrlose mißhandelt, sich zur Wehre Setzende verwundet – ritt der König hinein, zu welchem sich flehende Arme, Gebete, Flüche, Verwünschungen erhoben, nicht anders als zum Throne Gottes. Der König beherrschte und verschob seinen Zorn. Zuerst gab er Befehl, für die mißhandelten Flüchtlinge zu sorgen, dann befahl er die ganze adelige Sippe zu sich auf die neunte Stunde. Heimreitend, hielt er vor dem Zelt des Generalgewaltigen, hieß ihn seinen roten Mantel umwerfen und – in einiger Entfernung – folgen.

In dieser Stimmung befand sich König Gustav, als er die Beihälterin des Lauenburgers erblickte. Er maß das Mädchen, deren wilde Schönheit ihm mißfiel und deren grelle Tracht seine klaren Augen beleidigte.

„Wer sind deine Eltern?“ begann er, es verschmähend, sich nach ihrem Namen oder Schicksal zu erkundigen.

„Ein Hauptmann von den Kroaten; die Mutter starb früh weg“, erwiderte das Mädchen, mit ihren dunkeln seinen hellen Augen ausweichend.

„Ich werde dich deinem Vater zurücksenden“, sagte er.

„Nein“, antwortete sie, „er würde mich erstechen.“

Eine mitleidige Regung milderte die Strenge des Königs. Er suchte für das Mädchen einen geringen Straffall. „Du hast dich im Lager in Männerkleidern umgetrieben, dieses ist verboten“, beschuldigte er sie.

„Niemals“, widersprach die Korinna aufrichtig entrüstet, „nie beging ich diese Zuchtlosigkeit.“

„Aber“, fuhr der König fort, „du brichst die Ehe und machst eine edle junge Fürstin unglücklich.“

Eine rasende Eifersucht loderte in den Augen der Slawonierin. „Wenn er nun mich mehr, mich allein liebt, was kann ich dafür? was kümmert mich die andere?“ trotzte sie wegwerfend. Der König betrachtete sie mit einem erstaunten Blicke, als frage er sich, ob sie je in eine christliche Kinderlehre gegangen sei.

„Ich werde für dich sorgen“, sagte er dann. „Jetzt befehle ich dir: Du lässest von dem Lauenburger auf immer und ewig. Deine Liebe ist eine Todsünde. Wirst du gehorchen?“ Sie hielt erst mit zwei lodernden Fackeln, dann mit einem festen, starren Blick den des Königs aus und schüttelte das Haupt. Dieser wendete sich gegen den Generalgewaltigen, der unter der Türe stand.

„Was soll der mit mir?“ frug das Mädchen schaudernd. „Ist's der Henker? Wird er mich richten?“

„Er wird dir die Haare scheren, dann bringt dich der nächste Transport nach Schweden, wo du in einem Besserungshause bleibst, bis du ein evangelisches Weib geworden bist.“

Ein heftiger Stoß von wunderlichen Befürchtungen und unbekannten Schrecken warf das kleine Gehirn über den Haufen. Ein geschorenes Schädelchen, welche entehrendere, beschämendere Entblößung konnte es geben! Schweden, das eisige Land mit seiner Winternacht, von welchem sie hatte fabeln hören, dort sei der Eingang zum Reiche der Larven und Gespenster! Besserung? Welche ausgesuchte, grausame Folter bedeutete dieses ihr unbekannte Wort? Ein evangelisches Weib? Was war das, wenn nicht eine Ketzerin? Und so sollte sie zu alledem noch ihres bescheidenen himmlischen Teiles verlustig gehen? Sie, die keine Fasten brach und keine fromme Übung versäumte! Sie ergriff das Kreuz, das an dem zerrissenen Kettchen niederhing, und küßte es inbrünstig.

Dann ließ sie die irren Augen im Kreise laufen. Diese blieben auf dem Pagen haften und Rachelust flammte darin auf. Sie öffnete den Mund, um den König, welcher sie des Ehebruchs geziehen, gleicherweise einen Ehebrecher zu schelten. Dieser stand ruhig beiseite. Er hatte den Brief des Pagen in die Hand genommen und durchflog denselben mit nahen Blicken. Seine aufmerksamen Züge, deren aus Gerechtigkeit und Milde gemischter Ausdruck etwas Majestätisches und Göttliches hatte, erschreckten die Korinna; sie fürchtete sich davor als vor etwas Fremdem und Unheimlichem. Das wildwüchsige Mädchen, welches jedes von einer faßlichen Leidenschaft verzogene Männerantlitz richtig beurteilte, ohne davor zu erschrecken, wurde aus dieser veredelten menschlichen Miene nicht klug. Sie mochte den König nicht länger ansehen. „Am Ende“, dachte sie, „ist der Schneekönig ein gefrorener Mensch, der die Nähe des Weibes und die ihn heimlich umschleichende Liebe nicht spürt. Ich könnte das junge Blut verderben! Wozu aber auch? Und dann – sie liebt ihn.“

Jetzt trat der Profoß einen Schritt vorwärts und streckte die Hand nach der Slawonierin aus. Diese gab sich verloren. Blitzschnell richtete sie sich an dem Pagen auf und wisperte ihm ins Ohr: „Laß mir zehn Messen lesen, Schwesterchen! von den teuren! Du bist mir eine dicke Kerze schuldig! Nun, Eine hat das Glück, die Andere“ – sie fuhr in die Tasche, zog einen Dolch heraus, schleuderte die Scheide ab und zerschnitt sich in einem kunstfertigen Zug die Halsader wie einem Täubchen. So mochte sie es in einer Feldküche gelernt und geübt haben.

Der Generalgewaltige spreitete seinen roten Mantel, legte sie der Länge nach darauf, hüllte sie ein und trug sie wie ein schlafendes Kind auf beiden Armen durch eine Seitentür hinweg.

Jetzt wurde es im Nebenzimmer lebendig von allerhand ungebührlich laut geführten Unterhaltungen und mit dem Schlage neun trat der König, welchem Leubelfing die Flügeltür öffnete, unter die versammelten deutschen Fürsten und Herren.

Sie bildeten in dem engen Raume einen dichtgedrängten Kreis und mochten ihrer fünfzig oder sechzig sein. Die Herrschaften hielten sich nicht allzu ehrerbietig, manche sogar nachlässig, als ob sie ebensowenig die Farbe der Scham als die Farbe der Furcht kännten: schlaue neben verwegenen, ehrgeizige neben beschränkten, fromme neben frechen Köpfen; die Mehrzahl Leute, die ihren Mann stellten und mit denen gerechnet werden mußte. Links vom Könige hielt sich in bescheidener Haltung der Hauptmann Erlach, der eigentlich hier nichts zu suchen hatte. Dieser Kriegsmann war unter die Fahnen Gustav Adolfs getreten, als des gottesfürchtigsten Helden seiner Zeit, und hatte dem Könige oft bekannt, ihn jammere der Sünden, die er hier außen im Reiche sehen müsse: Undank, Maske, Fallstrick, Intrige, Kabale, verdecktes Spiel, verteilte Rollen, verwischte Spuren, Bestechung, Länderverkauf, Verrat, lauter in seinen helvetischen Bergen vollständig unbekannte und unmögliche Dinge. Er hatte sich hier eingefunden; vielleicht um seinem intimen Freunde, dem französischen Gesandten, welcher sich von seiner Sitteneinfalt angezogen fühlte, etwas Neues erzählen zu können, worauf die Franzosen brennen, wie sie einmal sind; vielleicht auch nur, um zur Erbauung seiner Seele einem Sieg der Tugend über das Laster beizuwohnen. Er kniff seelenruhig die Augen und wirbelte die Daumen der gefalteten Hände. Diesem Tugendbilde gegenüber, rechts vom Könige, stand die freche Sünde: der Lauenburger, mit unruhigen Füßen in seiner reichsten Tracht und seinem kostbarsten Spitzenkragen, dämonisch lächelnd und die Augen rollend. Er war einem Knecht des Gewaltigen begegnet, welchem dieser seinen Mantel übergeben. Unter dessen Falten hatte er eine Menschengestalt erkannt, war hinzugetreten und hatte das Tuch aufgeschlagen.

Gustav maß die Versammlung mit einem verdammenden Blick. Dann brauste der Sturm. Seltsam – der König, gereizt durch den Widerspruch dieser stolzen Gesichter, dieser übermütigen Haltungen, dieser prunkenden Rüstungen mit dem Unadel der darunter schlagenden Herzen, bediente sich, um den Hochmut zu erniedrigen und das Verbrechen zu brandmarken, absichtlich einer groben, ja bäurischen Rede, wie sie ihm sonst nicht eigen war.

„Räuber und Diebe seid ihr vom ersten zum letzten! Schande über euch! Ihr bestehlet eure Landsleute und Glaubensgenossen! Pfui! Mir ekelt vor euch! Das Herz gällt mir im Leibe! Für eure Freiheit habe ich meinen Schatz erschöpft – vierzig Tonnen Goldes – und nicht soviel von euch genommen, um mir eine Reithose machen zu lassen! Ja, eher bar wär' ich geritten, als mich aus deutschem Gute zu bekleiden! Euch schenkte ich, was mir in die Hände fiel, nicht einen Schweinestall hab' ich für mich behalten!"

Mit so derben und harten Worten beschimpfte der König diesen Adel.

Dann einlenkend, lobte er die Bravour der Herren, ihre untadelige Haltung auf dem Schlachtfelde und wiederholte mehrmals: „Tapfer seid ihr, ja, das seid ihr! Über euer Reiten und Fechten ist nicht zu klagen!" ließ dann aber einen zweiten noch heftigeren Zorn aufflammen: „Rebelliert ihr gegen mich", forderte er sie heraus, „so will ich mich an der Spitze meiner Finnen und Schweden mit euch herumhauen, daß die Fetzen fliegen!"

Er schloß dann mit einer christlichen Vermahnung und der Bitte, die empfangene Lehre zu beherzigen. Herr Erlach trocknete sich mit der Hand eine Träne. Die

Herren gaben sich die Miene, es fechte sie nicht sonderlich an, aber ihre Haltung war sichtlich eine bescheidenere geworden. Einige schienen ergriffen, ja gerührt. Das deutsche Gemüt erträgt eine grobe, redliche Schelte besser als eine lahme Predigt oder einen feinen schneidenden Hohn.

Insoweit wäre es nun gut und in der Ordnung gewesen. Da ließ der Lauenburger, halb gegen den König, halb gegen seine Standesgenossen gewendet, in nackter Frechheit ein ruchloses Wort fallen:

„Wie mag Majestät über einen Dreck zürnen? Was haben wir Herren verbrochen? Unsere Untertanen erleichtert!"

Gustav erbleichte. Er winkte dem Generalgewaltigen, der hinter der Türe lehnte.

„Lege diesem Herrn deine Hand auf die Schulter!" befahl er ihm. Der Profoß trat heran, wagte aber nicht zu gehorchen; denn der Fürst hatte den Degen aus der Scheide gerissen und ein gefährliches Gemurmel lief durch den Kreis.

Gustav entwaffnete den Lauenburger, stemmte die Klinge gegen den Fuß und ließ sie in Stücke springen. Dann ergriff er die breite behaarte Hand des Gewaltigen, legte und drückte selbst sie auf die Schulter des Lauenburgers, der wie gelähmt war, und hielt sie dort eine gute Weile fest, sprechend: „Du bist ein Reichsfürst, Bube, dir darf ich nicht an den Kragen, aber die Hand des Henkers bleibe über dir!"

Dann wandte er sich und ging. Der Profoß folgte ihm mit gemessenen Schritten.

Den Pagen Leubelfing, welchen die enge stehenden Herrschaften in eine Fensternische gedrängt hatten, vor der eine schwere Damastdecke mit riesigen Quasten niederhing, hatte der Vorgang bis zu einem krampfhaften

Lachen ergötzt. Nach dem blutigen Untergange der Korinna, der ihn zugleich erschüttert und erleichtert hatte, waren ihm die von seinem Helden heruntergemachten Fürsten wie die Personen einer Komödie erschienen, ungefähr wie ein Knabe mit Vergnügen und unterdrücktem Gelächter seinen Vater, in dessen Hut er sich weiß und dessen Ansehn und Macht er bewundert, einen pflichtvergessenen Knecht schelten hört. Bei der ersten Silbe aber, welche der Lauenburger aussprach, war er zusammengeschrocken über die unheimliche Ähnlichkeit, welche die Stimme dieses Menschen mit der seinigen hatte. Derselbe Klang, dasselbe Mark und Metall. Und dieser Schreck wurde zum Grauen, als jetzt, nachdem König Gustav sich entfernt hatte, der Lauenburger eine erkünstelte Lache aufschlug und in die gellenden Worte ausbrach: „Er hat wie ein Stallknecht geschimpft, der schwedische Bauer! Donnerwetter, haben wir den heute geärgert! Pereat Gustavus Es lebe die deutsche Libertät! Machen wir ein Spielchen, Herr Bruder, in meinem Zelt? Ich lasse ein Fäßchen Würzburger anzapfen!“ und er legte seinen rechten Arm in den linken der Fürstlichkeit, die ihm zunächst stand. Dieser Herr aber zog seinen linken Arm höflich zurück und antwortete mit einer gemessenen Verbeugung: „Bedaure, Euer Liebden. Bin schon versagt.“

Sich an einen anderen wendend, den Raugrafen, lud der Lauenburger ihn mit noch lustigeren und dringlicheren Worten: „Du darfst es mir nicht abschlagen, Kamerad! Du bist mir noch Revanche schuldig!“ Der Raugraf aber, ein kurz angebundener Herr, wandte ihm ohne weiteres den Rücken. So oft er seine Versuche wiederholte, so oft wurde er, und immer kürzer und derber, abgewiesen. Vor seinen Schritten und Gebärden bildete sich eine Leere und entfüllte sich der Raum.

Jetzt stand er allein in der Mitte des von allen verlassenen Gemaches. Ihm wurde deutlich, daß er fortan von seinesgleichen streng werde gemieden werden. Sein Gesicht verzerrte sich. Wütend ballte der Gebrandmarkte die Faust und drohte, sie erhebend, dem Schicksal oder dem Könige. Was er murmelte, verstand der Page nicht, aber der Ausdruck des vornehmen Kopfes war ein so teuflischer, daß der Lauscher einer Ohnmacht nahe war.

IV

In der Dämmerstunde desselben ereignisvollen Tages wurde dem König ein mit einem richtig befundenen Salvokondukt versehener friedländischer Hauptmann gemeldet. Es mochte sich um die Bestattung der in dem letzten Zusammenstoße Gefallenen oder sonst um ein Abkommen handeln, wie sie zwischen sich gegenüberliegenden Heeren getroffen werden.

Page Leubelfing führte den Hauptmann in das eben leere Empfangszimmer, ihn hier zu verziehen bittend; er werde ihn ansagen. Der Wallensteiner aber, ein hagerer Mann mit einem gelben verschlossenen Gesichte, hielt ihn zurück: er ruhe gern einen Augenblick nach seinem raschen Ritte. Nachlässig warf er sich auf einen Stuhl und verwickelte den Pagen, der vor ihm stehen geblieben war, in ein gleichgültiges Gespräch.

„Mir ist“, sagte er leichthin, „die Stimme wäre mir bekannt. Ich bitte um den Namen des Herrn.“ Leubelfing, der gewiß war, diese kalte und diktatorische Gebärde nie in seinem Leben mit Augen gesehen zu haben, erwiderte unbefangen: „Ich bin des Königs Page, Leubelfing von Nüremberg, Gnaden zu dienen.“

„Eine kunstfertige Stadt“, bemerkte der andere gleichgültig. „Tue mir der junge Herr den Gefallen, diesen Handschuh – es ist ein linker – zu probieren. Man hat mir in meiner Jugend bei den Jesuiten, wo ich erzogen wurde, die demütige und dienstfertige Gewohnheit eingeprägt, die sich jetzt für meine Hauptmannschaft nicht mehr recht schicken will, verlorene und am Wege liegende Gegenstände aufzuheben. Das ist mir nun so geblieben." Er zog einen ledernen Reithandschuh aus der Tasche, wie sie damals allgemein getragen wurden. Nur war dieser von einer ausnahmsweisen Eleganz und von einer auffallenden Schlankheit, so daß ihn wohl neun Zehntel der wallensteinischen oder schwedischen Soldatenhände hineinfahrend mit dem ersten Ruck aus allen seinen Nähten gesprengt hätten. „Ich hob ihn draußen von der untersten Stufe der Freitreppe."

Leubelfing, durch den kurzen Ton und die befehlende Rede des Hauptmanns etwas gestoßen, aber ohne jedes Mißtrauen, ergriff in gefälliger Höflichkeit den Handschuh und zog sich denselben über die schlanken Finger. Er saß wie angegossen. Der Hauptmann lächelte zweideutig. „Er ist der Eurige", sagte er.

„Nein, Hauptmann", erwiderte der Page befremdet, „ich trage kein so feines Leder." „So gebt mir ihn zurück!" und der Hauptmann nahm den Handschuh wieder an sich.

Dann erhob er sich langsam von seinem Stuhl und verneigte sich, denn der König war eingetreten.

Dieser tat einige Schritte mit wachsendem Erstaunen, und seine starkgewölbten strahlenden Augen vergrößerten sich. Dann richtete er an den Gast die zögernden Worte: „Ihr hier, Herr Herzog?" Er hatte den Friedländer nie von Angesicht gesehen, aber oft dessen überallhin verbreitete Bildnisse betrachtet, und der Kopf war so eigentümlich, daß man ihn mit keinem andern verwechseln konnte. Wallenstein bejahte mit einer zweiten Verneigung.

Der König erwiderte sie mit ernster Höflichkeit: „Ich grüße die Hoheit und stehe zu Diensten. Was wollet Ihr von mir, Herzog?" Er winkte den Pagen mit einer Gebärde weg.

Leubelfing flüchtete sich in seine anliegende Kammer, welche, ärmlich ausgerüstet, ein schmaler Riemen, zwischen dem Empfangszimmer und dem Schlafgemach des Königs, dem ruhigsten des Hauses, lag. Er war erschreckt, nicht durch die Gegenwart des gefürchteten Feldherrn, sondern durch das Unheimliche dieses späten Besuches. Ein dunkles Gefühl zwang ihn, denselben mit seinem Schicksale in Zusammenhang zu bringen.

Mehr von Angst als von Neugierde getrieben, öffnete er leise einen tiefen Schrank, aus welchem er – wenn es gesagt werden muß – durch eine Wandspalte den König schon einmal – nur einmal – belauscht hatte, um ihn ungestört und nach Herzenslust zu betrachten. Daß sein Auge und abwechselnd sein Ohr jetzt die Spalte nicht mehr verließ, dafür sorgte der seltsame Inhalt des belauschten Gespräches.

Die sich Gegenübersitzenden schwiegen eine Weile, sich betrachtend, ohne sich zu fixieren. Sie wußten, daß, nachdem die das Schicksal Deutschlands bestimmende Schachpartie mit vieldeutigen Zügen und verdeckten Plänen begonnen und sich auf allen Feldern verwickelt hatte, vor der entscheidenden, eine neue Lage der Dinge schaffenden Schlacht das unterhandelnde Wort nicht am Platze und ein Übereinkommen unmöglich sei. Diesem Gefühle gab der Friedländer Ausdruck. „Majestät", sagte er, „ich komme in einer persönlichen Angelegenheit." Gustav lächelte kühl und verbindlich. Der Friedländer aber begann:

„Ich pflege im Bette zu lesen, wann mich der Schlaf meidet. Gestern oder heute früh fand ich in einem französischen Memoirenwerke eine unterhaltende Geschichte. Eine wahrhaftige Geschichte mit wörtlicher Angabe der gerichtlichen Deposition des Admirals – ich meine den Admiral Coligny, den ich als Feldherrn zu schätzen weiß. Ich erzähle sie mit der Erlaubnis der Majestät. Bei dem Admiral trat eines Tages ein Partisan ein, Poltrot oder wie der Mensch hieß. Wie ein halb Wahnsinniger warf er sich auf einen Stuhl und begann ein Selbstgespräch, worin er sich über den politischen und militärischen Gegner des Admirals, Franz Guise, leidenschaftlich äußerte und davon redete, den Lothringer aus der Welt zu schaffen. Es war, wie gesagt, das Selbstgespräch eines Geistesabwesenden, und es stand bei dem Admiral, welchen Wert er darauf legen wollte – ich möchte die Szene einem Dramatiker empfehlen, sie wäre wirksam. Der Admiral schwieg, da er das Gerede des Menschen für eine leere Prahlerei hielt, und Franz Guise fiel, von einer Kugel –"

„Hat Coligny so gehandelt", unterbrach der König, „so tadle ich ihn. Er tat unmenschlich und unchristlich."

„Und unritterlich", höhnte der Friedländer kalt.

„Zur Sache, Hoheit", bat der König.

„Majestät, etwas Ähnliches ist mir heute begegnet, nur hat der zum Mord sich Erbietende eine noch künstlichere Szene ins Werk gesetzt. Einer der Eurigen wurde gemeldet, und da ich eben beschäftigt war, ließ ich ihn in das Nebenzimmer führen. Als ich eintrat, war er in der schwülen Mittagsstunde entschlummert und sprach heftig im Traume. Nur wenige gestammelte Worte, aber ein Zusammenhang ließ sich erraten. Wenn ich daraus klug geworden bin, hätte ihn Eure Majestät, ich weiß nicht womit, tödlich beleidigt, und er wäre entschlossen, ja genötigt, den König von Schweden umzubringen um jeden Preis, oder wenigstens um einen anständigen

Preis, was ihm leicht sein werde, da er in der Nähe der Majestät und in deren täglichem Umgang lebe. Ich weckte dann den Träumenden, ohne ein Wort mit ihm zu verlieren, wenn nicht, daß ich nach seinem Begehr fragte. Es handelte sich um Auskunft über einen schon vor Jahren in kaiserlichem Dienste verschollenen Rheinländer, ob er noch lebe oder nicht. Eine Erbsache. Ich gab Bescheid und entließ den Listigen. Nach seinem Namen fragte ich ihn nicht; er hätte mir einen falschen angegeben. Ihn aber auf das Zeugnis abgerissener Worte einer gestammelten Traumrede zu verhaften, wäre untunlich und eine schreiende Ungerechtigkeit gewesen."

„Freilich", stimmte der König bei.

„Majestät", sprach der Friedländer, jede Silbe schwer betonend, „du bist gewarnt!"

Gustav sann. „Ich will meine Zeit nicht damit verlieren und mein Gemüt nicht damit vergiften", sagte er, „so zweifelhaften und verwischten Spuren nachzugehen. Ich stehe in Gottes Hand. Hat die Hoheit keine weiteren Zeugen oder Indizien?"

Der Friedländer zog den Handschuh hervor. „Mein Ohr und dieser Lappen da! Ich vergaß, der Majestät zu sagen, daß der Träumer schlank war und ein ganz charakterloses, nichtssagendes Gesicht, offenbar eine jener eng anschließenden Larven trug, wie sie in Venedig mit der größten Kunst verfertigt werden. Aber seine Stimme war angenehm markig, ein Bariton oder tiefer Alt, nicht unähnlich der Stimme Eures Pagen, und der Handschuh, der ihm entfiel und bei mir liegen blieb, sitzt selbigem Herrn wie angegossen."

Der König lachte herzlich. „Ich will mein schlummerndes Haupt in den Schoß meines Leubelfings legen", beteuerte er.

„Auch ich", erwiderte der Friedländer, „kann den jungen Menschen nicht beargwöhnen. Er hat ein gutes ehrliches Gesicht, dasselbe kecke Bubengesicht, womit meine barfüßigen böhmischen Bauernmädchen herumlaufen. Doch, Majestät, ich bürge für keinen Menschen. Ein Gesicht kann täuschen und – täuschte es nicht – ich möchte keinen Pagen um mich sehen, wäre es mein Liebling, dessen Stimme klingt wie die Stimme meines Hassers, und dessen Hand dasselbe Maß hat wie die Hand meines Meuchlers. Das ist dunkel. Das ist ein Verhängnis. Das kann verderben."

Gustav lächelte. Er mochte sich denken, daß der großartige Emporkömmling jetzt, da er durch seinen ungeheuerlichen Pakt mit dem Habsburger das Reich des Unausführbaren und Chimärischen betreten hatte, mehr als je allen Arten von Aberglauben huldigte. Den innern Widerspruch durchschauend zwischen dem Glauben an ein Fatum und den Versuchen, dieses Fatum zu entkräften, wollte der seines lebendigen Gottes Gewisse mit keinem Worte, nicht mit einer Andeutung ein Gebiet berühren, wo das Blendwerk der Hölle, wie er glaubte, sein Spiel trieb. Er ließ das Gespräch fallen und erhob sich, dem Herzoge für sein loyales Benehmen dankend. Doch griff er dabei nach dem Handschuh, welchen der Friedländer nachlässig auf ein zwischen ihnen stehendes Tischchen geworfen hatte, aber mit einer so kurzsichtigen Gebärde, daß sie dem scharf blickenden Wallenstein, der sich gleichfalls erhoben hatte, seinerseits ein unwillkürliches Lächeln abnötigte.

„Ich sehe mit Vergnügen", scherzte der König, den Friedländer gegen die Türe begleitend, „daß die Hoheit um mein Leben besorgt ist."

„Wie sollt' ich nicht?" erwiderte dieser. „Ob sich die Majestät und ich mit unsern Armaden bekriegen, gehören die Majestät und ich" – der Herzog wich höflich einem ‚wir' aus – „dennoch zusammen. Einer ist undenkbar ohne den andern und" – scherzte er seinerseits – „stürzte die Majestät oder ich von dem einen Ende der Weltschaukel, schlüge das andere unsanft zu Boden."

Wieder sann der König und kam unwillkürlich auf die Vermutung, irgendeine himmlische Konjunktur, eine Sternstellung habe dem Friedländer ihre beiden Todesstunden im Zusammenhange gezeigt, eine der anderen folgend mit verstohlenen Schritten und verhülltem Haupte. Seltsamerweise gewann diese Vorstellung trotz seines Gottvertrauens plötzlich Gewalt über ihn. Jetzt fühlte der christliche König, daß die Atmosphäre des Aberglaubens, welche den Friedländer umgab, ihn anzustecken beginne. Er tat wieder einen Schritt gegen den Ausgang.

„Die Majestät", endete der Friedländer fast gemütlich seinen Besuch, „sollte sich wenigstens ihrem Kinde erhalten. Die Prinzeß lernt brav, wie ich höre, und ist der Majestät an das Herz gewachsen. Wenn man keine Söhne hat! Ich bin auch solch ein Mädchenpapa!" Damit empfahl sich der Herzog.

Noch sah der Page, welchem das belauschte Gespräch wie ein Gespenst die Haare zu Berge getrieben hatte, daß Gustav sich in seinen Sessel warf und mit dem Handschuh spielte. Er entfernte das Auge von der Spalte, und in die Kammer zurückwankend, warf er sich neben dem Lager nieder, den Himmel um die Bewahrung seines Helden anflehend, dem seine bloße Gegenwart – wie der Friedländer meinte und er selbst nun zu glauben begann – ein geheimnisvolles Unheil bereiten konnte. „Was es mich koste", gelobte sich der Verzweifelnde, „ich will mich von ihm losreißen, ihn von mir befreien, damit ihn meine unheimliche Nähe nicht verderbe."

Da er ungerufen blieb, schlich er sich erst wieder zum Könige in jener Freistunde, welche dann zu ihrer größern Hälfte in gleichgültigem Gespräche verfloß. Wenn nicht, daß der König einmal hinwarf: „Wo hast du dich heute gegen Mittag umgetrieben, Leubelfing? Ich rief dich und du fehltest.“ Der Page antwortete dann der Wahrheit gemäß: er habe mit dem Bedürfnis, nach den erschütternden Szenen des Morgens freie Luft zu schöpfen, sich auf das Roß geworfen und es in der Richtung des wallensteinischen Lagers, fast bis in die Tragweite seiner Kanonen getummelt. Er wollte sich einen freundlichen Verweis des Königs zuziehen, doch dieser blieb aus. Wieder nahm das Gespräch eine unbefangene Wendung, und jetzt schlug die zehnte Stunde. Da hob Gustav mit einer zerstreuten Gebärde den Handschuh aus der Tasche, und ihn betrachtend sagte er: „Dieser ist nicht der meinige. Hast du ihn verloren, Unordentlicher, und ich ihn aus Versehen eingesteckt? Laß schauen!“ Er ergriff spielend die linke Hand des Pagen und zog ihm das weiche Leder über die Finger. „Er sitzt“, sagte er.

Der Page aber warf sich vor ihm nieder, ergriff seine Hände und überströmte sie mit Tränen. „Lebe wohl“, schluchzte er, „mein Herr, mein Alles! Dich behüte Gott und seine Scharen!“ Dann jählings aufspringend, stürzte er hinaus wie ein Unsinniger. Gustav erhob sich, rief ihn zurück. Schon aber erklang der Hufschlag eines galoppierenden Pferdes und – seltsam – der König ließ weder in der Nacht noch am folgenden Tage Nachforschungen über die Flucht und das Verbleiben seines Pagen anstellen. Freilich hatte er alle Hände voll zu tun; denn er hatte beschlossen, das Lager bei Nüremberg aufzuheben.

Leubelfing hatte den gestreckten Lauf seines Tieres nicht angehalten, dieses ermüdete von selbst am äußersten Lagerende. Da beruhigten sich auch die erregten Sinne des Reiters. Der Mond schien taghell und das Roß ging im Schritt. Bei klarerer Überlegung erkannte jetzt der Flüchtling im Dunkel jenes Ereignisses, das ihn von der Seite des Königs vertrieben hatte, mit den scharfen Augen der Liebe und des Hasses seinen Doppelgänger. Es war der Lauenburger. Hatte er nicht gesehen, wie der Gebrandmarkte die Faust gegen die Gerechtigkeit des Königs geballt hatte? Besaß der Gestrafte nicht den Scheinklang seiner Stimme? War er selbst nicht Weibes genug, um in jenem fürchterlichen Augenblicke die Kleinheit der geballten fürstlichen Faust bemerkt zu haben? Gewiß, der Lauenburger sann Rache, sann Mord gegen das geliebte Haupt. Und in dieser Stunde unheimlicher Verfolgung und Beschleichung seines Königs hatte sich Leubelfing aus der Nähe des Bedrohten verbannt. Eine unendliche Sorge für das Liebste, was er besessen, preßte ihm das Herz zusammen und löste sich bei dem Gedanken, daß er es nicht mehr besitze, in ein beklommenes Schluchzen und dann in unbändig stürzende Tränen. Eine schwedische Wacht, ein Musketier mit schon ergreistem Knebelbarte, der den schlanken Reiter weinen sah, verzog den Mund zu einer lustigen Grimasse, fragte dann aber gutmütig: „Sinnt der junge Herr nach Hause?“ Leubelfing nahm sich zusammen, und langsam weiterreitend, entschloß er sich mit jener Keckheit, die ihm die Natur gegeben und das Schlachtfeld verdoppelt hatte, nicht aus dem Lager zu weichen. „Der König wird es abbrechen“, sagte er sich, „ich komme in einem Regiment unter und bleibe während der Märsche und Ermüdungen unbekannt! Dann die Schlacht!“

Jetzt gewahrte er einen Oberst, welcher die Lagerstraßen wachsam abritt. Das Licht des Mondes war so kräftig, daß man einen Brief dabei hätte entziffern können. So erkannte er auf den ersten Blick einen Freund seines Vaters, denselben, welcher dem Hauptmann Leubelfing in dem für ihn tödlichen Duell sekundiert hatte. Er trieb seinen Fuchs zu der Linken des Schweden. Der Oberst, der in der letzten Zeit meist auf Vorposten gelegen, betrachtete den jungen Reiter aufmerksam. „Entweder ich irre mich", begann er dann, „oder ich habe Euer Gnaden, wenn auch auf einige Entfernung, als Pagen neben dem König reiten sehen? Wahrlich, jetzt erkenne ich Euch wieder, ob Ihr auch etwas mondenblaß und schwermütig ausschaut." Dann, plötzlich von einer Erinnerung überrascht: „Seid Ihr ein Nüremberger", fuhr er fort, „und mit dem seligen Hauptmann Leubelfing verwandt? Ihr gleichet ihm zum Erschrecken, oder eigentlich seinem Kinde, dem Wildfang, der Gustel, die bis in ihr sechzehntes Jahr mit uns geritten ist. Doch Mondenlicht trügt und hext. Steigen wir ab. Hier ist mein Zelt." Und er übergab sein Roß und das des Pagen einem ihn erwartenden Diener mit plattgedrückter Nase und breitem Gesichte, welcher seinen Gebieter mit einem gutmütigen stupiden Lächeln empfing.

„Mache sich's der Herr bequem", lud der Alte den Pagen ein, ihm einen Feldstuhl bietend und sich auf seinen harten Schragen niederlassend. Zwei Windlichter gaben eine schwankende Helle.

Jetzt fuhr der Oberst ohne Zeremonie mit seiner breiten ehrlichen Hand dem Pagen durch das Haar. Auf der bloßgelegten Stirnhöhe wurde eine alte, aber tiefeingeschnittene Narbe sichtbar. „Gustel, du Narre", brach er los, „meinst, ich hätt's vergessen, wie dich das ungarische Fohlen, die Hinterhufen aufwerfend, über seinen Starrkopf schleuderte, daß du durch die Luft flogest und wir dreie dich für tot auflasen, die heulende Mutter, der

Vater blaß wie ein Geist und ich selber herzlich erschrocken? Ein perfekter Soldat, der selige Leubelfing, mein bester Hauptmann und mein Herzensfreund! Nur ein bißchen toll, wie du es auch sein wirst, Gustel! Alle Wetter, Kind, wie lange schon treibst du dein Wesen um den König? Schaust übrigens akkurat wie ein Bube! Hast dir das blonde Kraushaar im Nacken wegrasiert, Kobold?" und er zupfte sie. „Mach' dir nur nicht vor, du seiest das einzige Weibsbild im Lager! Sieh dir mal den Jakob Erichson an, meinen Kerl!" Der Bursche trat eben mit Flaschen und Gläsern ein. „Ein Mann wie du! Keine Angst, Gustel! Er hat nicht *ein* deutsches Wort erlernen können. Dazu ist er viel zu dumm. Aber ein kreuzbraves, gottesfürchtiges Weib! Und garstig! Übrigens die einfachste Geschichte von der Welt, Gustel: Sieben Schreihälse, der Ernährer ausgehoben, sein Weib für ihn eintretend. Der denkbar beste Kerl! Ich könnte ihn nun gar nicht mehr entbehren!"

Der Page betrachtete das brave Geschöpf mit entschiedenem Widerwillen, während der Oberst weiter polterte. „Alle Wege ein starkes Stück, Gustel, neben dem Könige dich einzunisten, der die Weibsen in Mannstracht verabscheut! Hast eine Fabel gespielt, was sie auf den Bänken von Upsala ein Monodrama nennen, wenn eine Person für sich mutterseelenallein jubelt, fürchtet, verzagt, empfindet, tragiert, imaginiert! Und hast dir Gott weiß wieviel darauf eingebildet, ohne daß eine sterbliche Seele etwas davon wußte oder sich einen Deut darum bekümmerte. Du blickst unmutig? Halsgefährlich, Kind, war es gerade nicht! Wurdest du entlarvt: „Pack dich, dummes Ding!" hätte er dich gescholten und den nächsten Augenblick an etwas anderes gedacht. Ja, wenn dich die Königin demaskiert hätte! Puh! Nun sag' ich: man soll die Kinder nicht küssen! So'n Kuß schläft und lodert wieder auf, wann die Lippen wachsen und schwellen. Und wahr ist's und bleibt's, der König hat dich mir einmal von den Armen genommen, Patchen, und hat dich geherzt und abgeküßt, daß es nur so klatschte! Denn du warest ein keckes und hübsches Kind." Der Page wußte nichts mehr von dem Kuß, aber er empfand ihn wild errötend.

„Und nun, Wildfang, was soll werden?" Er sann einen Augenblick. „Kurz und gut, ich trete dir mein zweites Zelt ab! Du wirst mein Galopin, gibst mir dein Ehrenwort, nicht auszureißen, und reitest mit mir bis zum Frieden. Dann führ' ich dich heim nach Schweden in mein Gehöft bei Gefle. Ich bin einzeln. Meine zwei Jüngern, der Axel und der Erich –", er zerdrückte eine Träne. „Für König und Vaterland!" sagte er. „Der überbliebene Älteste lebt mir in Falun, ein Diener am Wort mit einer fetten Pfründe. Da hast du dann die Wahl zwischen uns beiden." Page Leubelfing gelobte seinem Paten, was er sich selbst schon gelobt hatte, und erzählte ihm darauf sein vollständiges Abenteuer mit jenem Wahrheitsbedürfnis, das sich nach lange getragener Larve so gebieterisch meldet wie Hunger und Durst nach langem Fasten.

Der Alte dachte sich seine Sache und erlustigte sich dann besonders an dem Vetter Leubelfing, dessen Konterfei er sich von dem Pagen entwerfen ließ. „Der Flachskopf", philosophierte er, „kann nichts dafür, eine Memme zu sein. Es liegt in den Säften. Auch mein Sohn, der Pfarrer in Falun, ist ein Hase. Er hat es von der Mutter."

Von Sommerende bis nach beendigter Lese und bis an einem frostigen Morgen die ersten dünnen Flocken über der Heerstraße wirbelten, ritt Page Leubelfing in Züchten neben seinem Paten, dem Obersten Ake Tott, in die Kreuz und Quer, wie es die Wechselfälle eines Feldzuges mit sich bringen. Dem Hauptquartier und dem Könige begegnete er nicht, da der Oberst meist die Vor- oder Nachhut führte. Aber Gustav Adolf füllte die Augen seines Geistes, wenn auch in verklärter und unnahbarer Gestalt, jetzt da er aufgehört hatte, ihm durch die Locken zu fahren, und der Page den Gebieter nachts nicht mehr an seiner Seite, nur durch eine dünne Wand getrennt, sich umwenden und sich räuspern hörte. Da geschah es zufällig, daß Leubelfing seinen König wieder mit Augen sah. Es war auf dem Marktplatz von Naumburg, wo sich der Page eines Einkaufs halber verspätet hatte und eben seinem Obersten nachsprengen wollte, welcher, dieses Mal die Vorhut befehligend, die Stadt schon verlassen hatte. Von einer immer dichter werdenden Menge mit seinem Roß gegen die Häuser zurückgedrängt, sah er auf dem engen Platze ein Schauspiel, wie ein ähnliches nur erst einmal menschlichen Augen sich gezeigt hatte, da vor vielen hundert Jahren der Friedestifter auf einer Eselin Einzug hielt in Jerusalem. Freilich saß Gustav auf seinem stattlichen Streithengst, von geharnischten Hauptleuten auf mutigen Tieren umringt; aber Hunderte von leidenschaftlichen Gestalten, Weiber, die mit beiden gehobenen Armen ihre Kinder über die jubelnden Häupter emporhielten, Männer, welche die Hände streckten, um die Rechte Gustavs zu ergreifen und zu drücken, Mägde, die nur seine Steigbügel küßten, geringe Leute, die sich vor ihm auf die Kniee warfen, ohne Furcht vor dem Hufschlag seines Tieres, das übrigens sanft und ruhig schritt, ein Volk in kühnen und von einem Sturm der Liebe und der Begeisterung ergriffenen Gruppen umwogte den nordischen König, der ihm seine geistigen Güter gerettet hatte. Dieser, sichtlich gerührt, neigte sich von seinem Rosse herab zu dem greisen Ortsgeistlichen, der ihm dicht vor den Augen Leubelfings die Hand küßte, ohne daß er es verwehren konnte, und sprach überlaut: „Die Leute ehren mich wie einen Gott! Das ist zuviel und gemahnt mich an mein Ende. Prediger, ich reite mit der heidnischen Göttin Viktoria und mit dem christlichen Todesengel!"

Dem Pagen quollen die Tränen. Als er aber gegenüber an einem Fenster die Königin erblickte und ihr der König einen zärtlichen Abschied zuwinkte, schwoll ihm der Busen von einer brennenden Eifersucht.

Kaum eine Woche später, als die schwedischen Scharen auf dem blachen Felde von Lützen sich zusammenzogen, marschierte Ake Tott seitwärts unweit des Wagens, darin der König fuhr. Da erblickte Leubelfing einen Raubvogel, der unter zerrissenen Wolken schwebend auf das hartnäckigste sich über der königlichen Gruppe hielt und durch die Schüsse des Gefolges sich nicht erschrecken und nicht vertreiben ließ. Er gedachte des Lauenburgers, ob seine Rache über Gustav Adolf schwebe. Das arme Herz des Pagen ängstigte sich über alles Maß. Wie es frühe dunkelte, wuchs seine Angst, und da es finster geworden war, gab er, sein Ehrenwort brechend, dem Rosse die Sporen und verschwand aus den Augen des ihm „Treubrüchiger Bube!" nachrufenden Obersten.

In unaufhaltsamem Ritte erreichte er den Wagen des Königs und mischte sich unter das Gefolge, das am Vorabende der erwarteten großen Schlacht ihn nicht zu bemerken oder sich nicht um ihn zu kümmern schien. Der König gedachte dann die Nacht in seinem Wagen zuzubringen, wurde aber durch die Kälte genötigt, auszusteigen und in einem bescheidenen Bauernhause ein Unterkommen zu suchen. Mit Tagesanbruch drängten sich in der niedrigen Stube, wo der König schon über seinen Karten saß, die Ordonnanzen. Die Aufstellung der Schweden war beendigt. Es begann die der deutschen Regimenter. Page Leubelfing hatte sich, von dem Kammerdiener des Königs, der ihm wohlwollte, erkannt und nicht zur Rede gestellt, den in seinem Gestick das schwedische Wappen tragenden Schemel wieder erobert, auf welchem er sonst neben dem Könige gesessen, und sich in einer Ecke niedergelassen, wo er hinter den wechselnden kriegerischen Gestalten verborgen blieb.

Der König hatte jetzt seine letzten Befehle gegeben und war in der wunderbarsten Stimmung. Er erhob sich langsam und wendete sich gegen die Anwesenden, lauter Deutsche, unter ihnen mehr als einer von denjenigen, welche er im Lager bei Nüremberg mit so harten Worten gezüchtigt hatte. Ob ihn schon die Wahrheit und die Barmherzigkeit jenes Reiches berührte, dem er sich nahe glaubte? Er winkte mit der Hand und sprach leise, fast wie träumend, mehr mit den geisterhaften Augen als mit dem kaum bewegten Munde:

„Herren und Freunde, heute kommt wohl mein Stündlein. So möcht' ich Euch mein Testament hinterlassen. Nicht für den Krieg sorgend – da mögen die Lebenden zusehen. Sondern – neben meiner Seligkeit – für mein Gedächtnis unter Euch! – Ich bin über Meer gekommen mit allerhand Gedanken, aber alle überwog, ungeheuchelt, die Sorge um das reine Wort. Nach der Viktorie von Breitenfeld konnte ich dem Kaiser einen läßlichen Frieden vorschreiben und nach gesichertem Evangelium mit meiner Beute mich wie ein Raubtier zwischen meine schwedischen Klippen zurückziehen. Aber ich bedachte die deutschen Dinge. Nicht ohne ein Gelüst nach Eurer Krone, Herren! Doch, ungeheuchelt, meinen Ehrgeiz überwog die Sorge um das Reich! Dem Habsburger darf es unmöglich länger gehören, denn es ist ein evangelisches Reich. Doch Ihr denket und sprechet: ein fremder König herrsche nicht über uns! Und Ihr habet recht. Denn es steht geschrieben: der Fremdling soll das Reich nicht ererben. Ich aber dachte letztlich an die Hand meines Kindes und an einen Dreizehnjährigen ..." Sein leises Reden wurde überwältigt von dem stürmischen Gesange eines thüringischen Reiterregimentes, das, vor dem Quartier des Königs vorbeiziehend, mit Begeisterung die Worte betonte:

„Er wird durch einen Gideon,
Den er wohl weiß, dir helfen schon ..."

Der König lauschte, und ohne seine Rede zu beendigen, sagte er: „Es ist genug, alles ist in Ordnung", und entließ die Herren. Dann sank er auf das Knie und betete.

Da sah der Page Leubelfing mit einem rasenden Herzklopfen, wie der Lauenburger eintrat. Als ein gemeiner Reiter gekleidet, näherte er sich in kriechender und zerknirschter Haltung und reckte die Hände flehend gegen den König aus, der sich langsam erhob. Jetzt warf er sich vor ihm nieder, umfing seine Kniee, schluchzte und schrie ihn an mit den beweglichen Worten des verlorenen Sohnes: „Vater, ich habe gesündigt in den Himmel und vor dir!" und wiederum: „Ich habe gesündigt in den Himmel und vor dir, ich bin hinfort nicht mehr wert, daß ich dein Sohn heiße!" und er neigte das reuige Haupt. Der König aber hob ihn vom Boden und schloß ihn in seine Arme.

Vor den entsetzten Augen des Pagen schwammen die sich umschlungen Haltenden wie in einem Nebel. „War das, konnte das die Wahrheit sein? Hatte die Heiligkeit des Königs an einem Verworfenen ein Wunder gewirkt? Oder war es eine satanische Larve? Mißbrauchte der

ruchloseste der Heuchler die Worte des reinsten Mundes?“ So zweifelte sie mit irren Sinnen und hämmernden Schläfen. Der Augenblick verrann. Die Pferde wurden gemeldet und der König rief nach seinem Lederwams. Der Kammerdiener erschien, in der Linken den verlangten Gegenstand, in der Rechten aber einen an der Halsöffnung gefaßten blanken Harnisch haltend. Da entriß ihm der Page den kugelfesten Panzer und machte Miene, dem König behilflich zu sein, denselben anzulegen. Dieser aber, ohne über die Gegenwart des Pagen erstaunt zu sein, weigerte sich mit einem unbeschreiblich freundlichen Blick und fuhr Leubelfing durch das krause Stirnhaar, wie er zu tun pflegte. „Gust“, sagte er, „das geht nicht. Er drückt. Gib das Wams.“

Kurz nachher sprengte der König davon, links und rechts hinter sich den Lauenburger und seinen Pagen Leubelfing.

V

In der Pfarre des hinter der schwedischen Schlachtlinie liegenden Dorfes Meuchen saß gegen Mitternacht der verwitwete Magister Todänus hinter seiner Foliobibel und las seiner Haushälterin, Frau Ida, einer zarten und ebenfalls verwitweten Person, die Bußpsalmen Davids vor. Der Magister – übrigens ein wehrhafter Mann mit einem derben, grauen Knebelbarte, der ein paar Jugendjahre unter den Waffen verlebt – betete dann inbrünstig mit Frau Ida für die Erhaltung des protestantischen Helden, der eben jetzt in kleiner Entfernung das Schlachtfeld, er wußte nicht, ob behauptet oder verloren hatte. Da pochte es heftig an das Hoftor, und die geistergläubige Frau Ida erriet, daß sich ein Sterbender melde.

Es war so. Dem öffnenden Pfarrer wankte ein junger Mensch entgegen, bleich wie der Tod, mit weit geöffneten Fieberaugen, barhaupt, an der Stirn eine klaffende Wunde. Hinter ihm hob ein anderer einen Toten vom Pferde, einen schweren Mann. In diesem erkannte der Pfarrer trotz der entstellenden Wunden den König von Schweden, welchen er in Leipzig einziehen gesehen und dessen wohlgetroffener Holzschnitt hier in seinem Zimmer hing. Tief ergriffen bedeckte er das Gesicht mit den Händen und schluchzte.

In fieberischer Geschäftigkeit und mit hastiger Zunge begehrte der verwundete Jüngling, daß sein König im Chor der anstoßenden Kirche aufgebahrt werde. Zuerst aber forderte er laues Wasser und einen Schwamm, um das Haupt voll Blut und Wunden zu reinigen. Dann legte er mit der Hilfe des Gefährten den Toten, welcher seinen Armen zu schwer war, auf ein ärmliches Ruhebett, sank daran nieder und betrachtete das wachsfarbene Antlitz liebevoll. Als er es aber mit dem Schwamm berühren wollte, wurde er ohnmächtig und glitt vorwärts auf den Leichnam. Sein Gefährte hob ihn auf, sah näher zu und bemerkte außer der Stirnwunde eine zweite, eine Brustwunde. Durch einen frischen Riß im Rocke neben einem über dem Herzen liegenden geflickten Risse sickerte Blut. Das Gewand seines Kameraden vorsichtig öffnend, traute der schwedische Kornett seinen Augen nicht. „Hol' mich! straf' mich!" stotterte er, und Frau Ida, welche die Schüssel mit dem Wasser hielt, errötete über und über.

In diesem Augenblick wurde die Tür aufgerissen und der Oberst Ake Tott trat herein. In Proviantsachen rückwärts gesendet, war er nach verrichtetem Geschäfte dem Schlachtfeld wieder zugeeilt und hatte in der Dorfgasse, vor dem Kruge ein Glas Branntwein stürzend, die Mär vernommen von einem im Sattel wankenden Reiter, der einen Toten vor sich auf dem Pferde gehalten.

„Ist es wahr, ist es möglich?“ schrie er und stürzte auf seinen König zu, dessen Hand er ergriff und mit Tränen benetzte. Nach einer Weile sich umwendend, erblickte er den Jüngling, welcher in einem Lehnsessel ausgestreckt lag, seiner Sinne unmächtig. „Alle Teufel“, rief er zornig, „so hat sich die Gustel doch wieder an den König gehängt!“

„Ich fand den jungen Herrn, meinen Kameraden“, bemerkte der Kornett vorsichtig, „wie er, den toten König vor sich auf dem Pferde haltend, über das Schlachtfeld sprengte. Er hat sich für die Majestät geopfert!“

„Nein, für mich!“ unterbrach ihn ein langer Mensch mit einem Altweibergesicht. Es war der Kaufherr Laubfinger. Um eine beträchtliche, durch den Krieg gefährdete Schuld einzutreiben, hatte er sich aus dem sichern Leipzig herausgewagt und unwissend dem Schlachtfeld genähert. In die von Gepäckwagen gestaute Dorfgasse geraten, war er dann dem Obersten nachgegangen, ihn um eine salva guardia zu ersuchen. In einem überströmenden Gefühle von Dankbarkeit und von Erleichterung erzählte er jetzt den Anwesenden umständlich die Geschichte seiner Familie. „Gustel, Gustel“, weinte er, „kennst du noch dein leibliches Vetterchen? Wie kann ich dir's bezahlen, was du für mich getan hast?“

„Damit, Herr, daß Ihr das Maul haltet!“ fuhr ihn der Oberst an.

Der Pfarrer aber trat in das Mittel und sprach mit ruhigem Ernst: „Herrschaften, Ihr kennt diese Welt. Sie ist voller Lästerung.“ Frau Ida seufzte. „Und da am meisten, wo ein großer und reiner Mensch eine große und reine Sache vertritt. Würde der leiseste Argwohn dieses Andenken trüben“ – er zeigte den stillen König – „ welches Fabelgeschöpf würde nicht die papistische Verleumdung aus dieser armen Mücke machen“, und er deutete auf den ohnmächtigen Pagen, „die sich die Flügel an der Sonne des Ruhmes verbrannt hat! Ich bin wie von meinem Dasein überzeugt, daß der selige König von diesem Mädchen nichts wußte."

„Einverstanden, geistlicher Herr", schwur der Oberst, „auch ich bin davon, wie von meiner Seligkeit, nicht durch die Werke, sondern durch den Glauben überzeugt."

„Sicherlich", bestätigte Laubfinger. „Sonst hätte der König sie heimgeschickt und auf mich gefahndet."

„Hol' mich, straf' mich!" beteuerte der Kornett, und Frau Ida seufzte.

„Ich bin ein Diener am Wort, Ihr traget graues Haar, Herr Oberst, Ihr Kornett, seid ein Edelmann, es liegt in Eurem Nutzen und Vorteil, Herr Laubfinger, für Frau Ida bürge ich: wir schweigen."

Jetzt öffnete der Page die sterbenden Augen. Sie irrten angstvoll umher und blieben auf Ake Tott haften: „Pate, ich habe dir nicht gehorsamt, ich konnte nicht – ich bin eine große Sünderin."

„Ein großer Sünder", unterbrach sie der Pfarrer streng. „Ihr redet irre! Ihr seid der Page August Leubelfing, ehelicher Sohn des nürembergischen Patriziers und Handelsherrn Arbogast Leubelfing, geboren den und den, Todes verblichen den siebenten November eintausendsechshundertzweiunddreißig an seinen Tages vorher in der Schlacht bei Lützen empfangenen Wunden, pugnans cum rege Gustavo Adolpho."

„Fortiter pugnans!" ergänzte der Kornett begeistert.

„So will ich auf Euren Grabstein setzen! Jetzt aber machet Euern Frieden mit Gott! Euer Stündlein ist gekommen." Der Magister sagte das nicht ohne Härte, denn er konnte seinen Unmut gegen das abenteuerliche Kind, das den Ruf seines Helden gefährdet hatte, nicht verwinden, ob es schon in den letzten Zügen lag.

„Ich kann jetzt noch nicht sterben, ich habe noch viel zu reden!" röchelte der Page. „Der König ... im Nebel ... die Kugel des Lauenburgers –" Der Tod schloß ihr den Mund, aber er konnte sie nicht hindern, mit einer letzten Anstrengung der brechenden Augen das Antlitz des Königs zu suchen.

Jeder der Anwesenden zog seinen Schluß und ergänzte den Satz nach seiner Weise. Der geistesgegenwärtige Pfarrer aber, dessen Patriotismus es beleidigte, den Retter Deutschlands und der protestantischen Sache – für ihn ein und dasselbe – von einem deutschen Fürsten sich gemeuchelt zu denken, ermahnte sie alle eindringlich, dieses Bruchstück einer durch den Tod zertrümmerten Rede mit dem Pagen zu begraben.

Jetzt, da August Leubelfing sein Schicksal vollendet hatte und leblos neben seinem Könige lag, schluchzte der Vetter: „Nun die Base verewigt und der Erbgang eröffnet ist, nehme ich doch meinen Namen wieder an mich?" und er warf einen fragenden Blick auf die Umstehenden. Der Magister Todänus betrachtete eben das unschuldige Gesicht der tapferen Nürembergerin, das einen glücklichen Ausdruck hatte. Der strenge Mann konnte sich einer Rührung nicht erwehren. Jetzt entschied er: „Nein, Herr! Ihr bleibt ein Laubfinger. Euer Name wird die Ehre haben, auf dem Grabhügel eines hochgesinnten Mädchens zu stehen, das einen herrlichen Helden bis in den Tod geliebt hat. Ihr aber habt Euer höchstes Gut gerettet, das liebe Leben. Damit begnüget Euch."

Die Kirche wurde gegen den Andrang der zuströmenden Menge gesperrt und verriegelt; denn das Gerücht hatte sich rasch verbreitet, hier liege der König. Die Toten wurden dann gewaschen und im Chore aufgebahrt. Über alledem war es helle geworden. Als die Kirchtore den mit ungeduldigen Gebärden, aber ehrfürchtigen Mienen Eindringenden sich öffneten, lagen die beiden vor dem Altare gebettet auf zwei Schragen, der König höher, der Page niedriger, und in umgekehrter Richtung, so daß sein Haupt zu Füßen des Königs ruhte. Ein Strahl der Morgensonne – dem gestrigen Nebeltage war ein blauer wolkenloser gefolgt – glitt durch das niedrige Kirchenfenster, verklärte das Heldenantlitz und sparte noch ein Schimmerchen für den Lockenkopf des Pagen Leubelfing.

Die Hochzeit des Mönchs

Es war in Verona. Vor einem breiten Feuer, das einen weiträumigen Herd füllte, lagerte in den bequemsten Stellungen, welche der Anstand erlaubt, ein junges Hofgesinde männlichen und weiblichen Geschlechtes um einen ebenso jugendlichen Herrscher und zwei blühende Frauen. Dem Herde zur Linken saß diese fürstliche Gruppe, welcher die übrigen in einem Viertelkreise sich anschlossen, die ganze andere Seite des Herdes nach höfischer Sitte freilassend. Der Gebieter war derjenige Scaliger, welchen sie Cangrande nannten. Von den Frauen, in deren Mitte er saß, mochte die nächst dem Herd etwas zurück und ins Halbdunkel gelehnte sein Eheweib, die andere, vollbeleuchtete, seine Verwandte oder Freundin sein, und es wurden mit bedeutsamen Blicken und halblautem Gelächter Geschichten erzählt.

Jetzt trat in diesen sinnlichen und mutwilligen Kreis ein gravitätischer Mann, dessen große Züge und lange Gewänder aus einer andern Welt zu sein schienen. „Herr, ich komme, mich an deinem Herde zu wärmen", sprach der Fremdartige halb feierlich, halb geringschätzig, und verschmähte hinzuzufügen, daß die lässige Dienerschaft trotz des frostigen Novemberabends vergessen oder versäumt hatte, Feuer in der hochgelegenen Kammer des Gastes zu machen.

„Setze dich neben mich, mein Dante", erwiderte Cangrande, „aber wenn du dich gesellig wärmen willst, so blicke mir nicht nach deiner Gewohnheit stumm in die Flamme! Hier wird erzählt, und die Hand, welche heute

Terzinen geschmiedet hat – auf meine astrologische Kammer steigend, hörte ich in der deinigen mit dumpfem Gesange Verse skandieren – diese wuchtige Hand darf es heute nicht verweigern, das Spielzeug eines kurzweiligen Geschichtchens, ohne es zu zerbrechen, zwischen ihre Finger zu nehmen. Beurlaube die Göttinnen" – er meinte wohl die Musen – „und vergnüge dich mit diesen schönen Sterblichen." Der Scaliger zeigte seinem Gaste mit einer leichten Handbewegung die zwei Frauen, von welchen die größere, die scheinbar gefühllos im Schatten saß, nicht daran dachte zu rücken, während die kleinere und aufgewecktere dem Florentiner bereitwillig neben sich Raum machte. Aber dieser gab der Einladung seines Wirtes keine Folge, sondern wählte stolz den letzten Sitz am Ende des Kreises. Ihm mißfiel entweder die Zweiweiberei des Fürsten – wenn auch vielleicht nur das Spiel eines Abends – oder dann ekelte ihn der Hofnarr, welcher, die Beine vor sich hingestreckt, neben dem Sessel Cangrandes auf dem herabgeglittenen Mantel desselben am Boden saß.

Dieser, ein alter zahnloser Mensch mit Glotzaugen und einem schlaffen, verschwätzten und vernaschten Maul – neben Dante der einzige Bejahrte der Gesellschaft – hieß Gocciola, das heißt das Tröpfchen, weil er die letzten klebrigen Tropfen aus den geleerten Gläsern zusammenzunaschen pflegte, und haßte den Fremdling mit kindischer Bosheit, denn er sah in Dante seinen Nebenbuhler um die nicht eben wählerische Gunst des Herrn. Er schnitt ein Gesicht und erfrechte sich, seine hübsche Nachbarin zur Linken auf das an der hellen Decke des hohen Gemaches sich abschattende Profil des Dichters höhnisch grinsend aufmerksam zu machen. Das Schattenbild Dantes glich einem Riesenweibe mit langgebogener Nase und hangender Lippe, einer Parze oder dergleichen. Das lebhafte Mädchen verwand ein kindliches Lachen. Ihr Nachbar, ein klug blickender Jüngling, der Ascanio hieß, half ihr dasselbe ersticken, indem er sich an Dante wendete mit jener maßvollen Ehrerbietung, in welcher dieser angeredet zu werden liebte.

„Verschmähe es nicht, du Homer und Virgil Italiens", bat er, „dich in unser harmloses Spiel zu mischen. Laß dich zu uns herab und erzähle, Meister, statt zu singen."

„Was ist euer Thema?" warf Dante hin, weniger ungesellig, als er begonnen hatte, aber immer noch mürrisch genug.

„Plötzlicher Berufswechsel", antwortete der Jüngling bündig, „mit gutem oder schlechtem oder lächerlichem Ausgange."

Dante besann sich. Seine schwermütigen Augen betrachteten die Gesellschaft, deren Zusammensetzung ihm nicht durchaus zu mißfallen schien; denn er entdeckte in derselben neben mancher flachen einige bedeutende Stirnen. „Hat einer unter euch den entkutteten Mönch behandelt?" äußerte der schon milder Gestimmte.

„Gewiß, Dante!" antwortete, sein Italienisch mit einem leichten deutschen Akzent aussprechend, ein Kriegsmann von treuherzigem Aussehen, Germano mit Namen, der einen Ringelpanzer und einen lang herabhängenden Schnurrbart trug. „Ich selbst erzählte den jungen Manuccio, welcher über die Mauern seines Klosters sprang, um Krieger zu werden."

„Er tat recht", erklärte Dante, „er hatte sich selbst getäuscht über seine Anlage."

„Ich, Meister", plauderte jetzt eine kecke, etwas üppige Paduanerin, namens Isotta, „habe die Helene Manente erzählt, welche eben die erste Locke unter der geweihten Schere verscherzt hatte, aber schnell die übrigen mit den beiden Händen deckte und ihr Nonnengelübde verschluckte, denn sie hatte ihren in barbareske Sklaverei geratenen und höchst wunderbar daraus erretteten Freund unter dem Volk im Schiff der Kirche erblickt, wie er die gelösten Ketten" – sie wollte sagen: an der Mauer aufhing, aber ihr Geschwätze wurde von dem Munde Dantes zerschnitten.

„Sie tat gut", sagte er, „denn sie handelte aus der Wahrheit ihrer verliebten Natur. Von alledem ist hier die Rede nicht, sondern von einem ganz andern Falle: wenn nämlich ein Mönch nicht aus eigenem Triebe, nicht aus erwachter Weltlust oder Weltkraft, nicht weil er sein Wesen verkannt hätte, sondern einem andern zuliebe, unter dem Druck eines fremden Willens, wenn auch vielleicht aus heiligen Gründen der Pietät, untreu an sich wird, sich selbst mehr noch als der Kirche gegebene Gelübde bricht, und eine Kutte abwirft, die ihm auf dem Leibe saß und ihn nicht drückte. Wurde das schon erzählt? Nein? Gut, so werde ich es tun. Aber sage mir, wie endet solches Ding, mein Gönner und Beschützer?" Er hatte sich ganz gegen Cangrande gewendet.

„Notwendig schlimm", antwortete dieser ohne Besinnen. „Wer mit freiem Anlaufe springt, springt gut; wer gestoßen wird, springt schlecht."

„Du redest die Wahrheit, Herr", bestätigte Dante, „und nicht anders, wenn ich ihn verstehe, meint es auch der Apostel, wo er schreibt: daß Sünde sei, was nicht aus dem Glauben gehe, das heißt aus der Überzeugung und Wahrheit unserer Natur."

„Muß es denn überhaupt Mönche geben?" kicherte eine gedämpfte Stimme aus dem Halbdunkel, als wollte sie sagen: jede Befreiung aus einem an sich unnatürlichen Stande ist eine Wohltat.

Die dreiste und ketzerische Äußerung erregte hier kein Ärgernis, denn an diesem Hofe wurde das kühnste Reden über kirchliche Dinge geduldet, ja belächelt, während ein freies oder nur unvorsichtiges Wort über den Herrscher, seine Person oder seine Politik, verderben konnte.

Dantes Auge suchte den Sprecher und entdeckte denselben in einem vornehmen jungen Kleriker, dessen Finger mit dem kostbaren Kreuze tändelten, welches er über dem geistlichen Gewande trug.

„Nicht meinetwegen", gab der Florentiner bedächtig zur Antwort. „Mögen die Mönche aussterben, sobald ein Geschlecht ersteht, welches die beiden höchsten Kräfte der Menschenseele, die sich auszuschließen scheinen, die Gerechtigkeit und die Barmherzigkeit vereinigen lernt. Bis zu jener späten Weltstunde verwalte der Staat die eine, die Kirche die andere. Da aber die Übung der Barmherzigkeit eine durchaus selbstlose Seele fordert, so sind die drei mönchischen Gelübde gerechtfertigt; denn es ist weniger schwer, wie die Erfahrung lehrt, der Lust ganz, als halb zu entsagen."

„Gibt es aber nicht mehr schlechte Mönche als gute?" fragte der geistliche Zweifler weiter.

„Nein", behauptete Dante, „wenn man die menschliche Schwachheit berücksichtigt. Es müßte denn mehr ungerechte Richter als gerechte, mehr feige Krieger als beherzte, mehr schlechte Menschen als gute geben."

„Und ist das nicht der Fall?" flüsterte der im Halbdunkel.

„Nein", entschied Dante, und eine himmlische Verklärung erleuchtete seine strengen Züge. „Fragt und untersucht unsere Philosophie nicht: wie ist das Böse in die Welt gekommen? Wären die Bösen in der Mehrzahl, so frügen wir: wie kam das Gute in die Welt?"

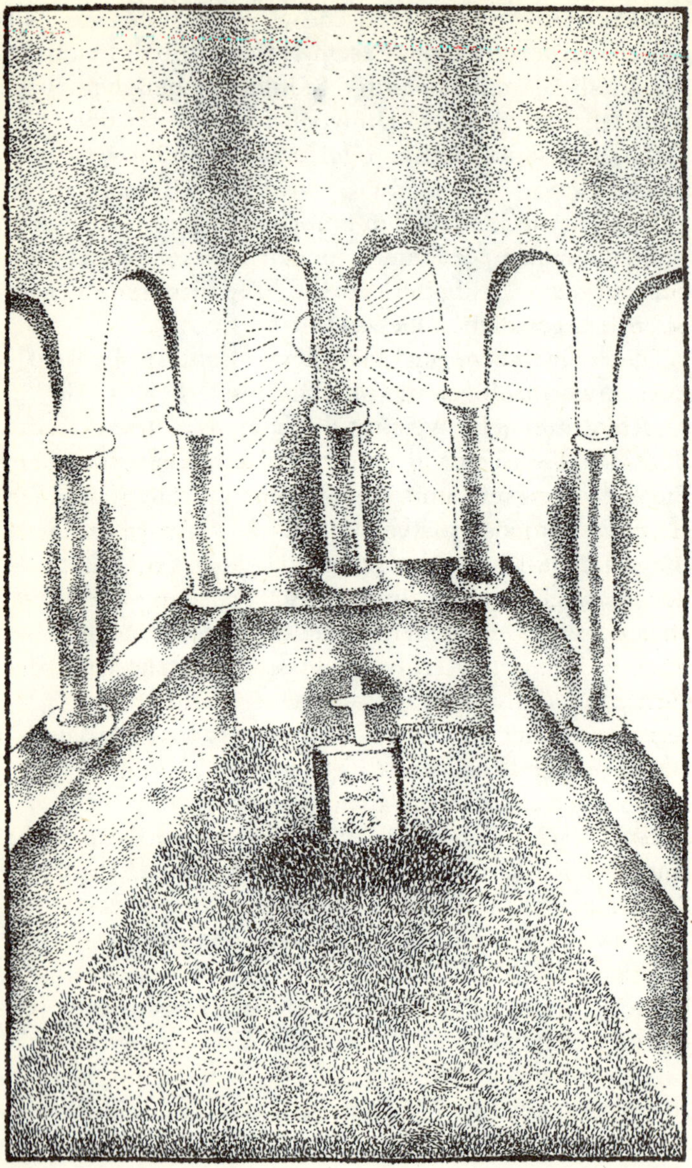

Diese stolzen und dunkeln Sätze imponierten der Gesellschaft, erregten aber auch die Besorgnis, der Florentiner möchte sich in seine Scholastik vertiefen statt in seine Geschichte.

Cangrande sah, wie seine junge Freundin ein hübsches Gähnen verwand. Unter solchen Umständen ergriff er das Wort und fragte: „Erzählst du uns eine wahre Geschichte, mein Dante, nach Dokumenten? oder eine Sage des Volksmundes? oder eine Erfindung deiner bekränzten Stirne?"

Dieser antwortete langsam betonend: „Ich entwickle meine Geschichte aus einer Grabschrift."

„Aus einer Grabschrift?"

„Aus einer Grabschrift, die ich vor Jahren bei den Franziskanern in Padua gelesen habe. Der Stein, welcher sie trägt, lag in einem Winkel des Klostergartens, allerdings unter wildem Rosengesträuch versteckt, aber doch den Novizen zugänglich, wenn sie auf allen vieren krochen und sich eine von Dornen zerkritzte Wange nicht reuen ließen. Ich befahl dem Prior – will sagen, ich ersuchte ihn, den fraglichen Stein in die Bibliothek zu versetzen und unter die Hut eines Greises zu stellen."

„Was sagte denn der Stein?" ließ sich jetzt die Gemahlin des Fürsten nachlässig vernehmen.

„Die Inschrift", erwiderte Dante, „war lateinisch und lautete: Hic jacet monachus Astorre cum uxore Antiope. Sepeliebat Azzolinus."

„Was heißt denn das?" fragte die andere neugierig.

Cangrande übersetzte fließend: „Hier schlummert der Mönch Astorre neben seiner Gattin Antiope. Beide begrub Ezzelin."

„Der abscheuliche Tyrann!" rief die Empfindsame. „Gewiß hat er die beiden lebendig begraben lassen, weil sie sich liebten, und das Opfer noch in der Gruft gehöhnt, indem er es die Gattin des Mönches nannte. Der Grausame!"

„Kaum", meinte Dante. „Das hat sich in meinem Geiste anders gestaltet und ist auch nach der Geschichte unwahrscheinlich. Denn Ezzelin bedrohte wohl eher den kirchlichen Gehorsam als den Bruch geistlicher Gelübde. Ich nehme das ‚*sepeliebat*' in freundlichem Sinne: er gab den beiden ein Begräbnis."

„Recht", rief Cangrande freudig, „du denkst wie ich, Florentiner! Ezzelino war eine Herrschernatur und, wie sie einmal sind, etwas rauh und gewaltsam. Neun Zehntel seiner Frevel haben ihm die Pfaffen und das fabelsüchtige Volk angedichtet."

„Möchte dem so sein!" seufzte Dante. „Wo er übrigens in meiner Fabel auftritt, ist er noch nicht das Ungeheuer, welches uns, wahr oder falsch, die Chronik schildert, sondern seine Grausamkeit beginnt sich nur erst zu zeichnen, mit einem Zug um den Mund sozusagen –"

„Eine gebietende Gestalt", vollendete Cangrande feurig das Bildnis, „mit gesträubtem schwarzen Stirnhaar, wie du ihn in deinem zwölften Gesange als einen Bewohner der Hölle malst. Woher hast du dieses schwarzhaarige Haupt?"

„Es ist das deinige", versetzte Dante kühn, und Cangrande fühlte sich geschmeichelt.

„Auch die übrigen Gestalten der Erzählung", fuhr er mit lächelnder Drohung fort, „werde ich, ihr gestattet es?" – und er wendete sich gegen die Umsitzenden – „aus eurer Mitte nehmen und ihnen eure Namen geben: euer Inneres lasse ich unangetastet, denn ich kann nicht darin lesen."

„Meine Miene gebe ich dir preis", sagte großartig die Fürstin, deren Gleichgültigkeit zu weichen begann.

Ein Gemurmel der höchsten Aufregung lief durch die

Zuhörer, und: „Deine Geschichte, Dante!" raunte es von allen Seiten, „deine Geschichte!"

„Hier ist sie", sagte dieser und erzählte.

„Wo sich der Gang der Brenta in einem schlanken Bogen der Stadt Padua nähert, ohne diese jedoch zu berühren, glitt an einem himmlischen Sommertage unter gedämpftem Flötenschall eine bekränzte, von festlich Gekleideten überfüllte Barke auf dem schnellen, aber ruhigen Wasser. Es war die Brautfahrt des Umberto Vicedomini und der Diana Pizzaguerra. Der Paduaner hatte sich seine Verlobte aus einem am obern Laufe des Flusses gelegenen Kloster geholt, wohin, kraft einer alten städtischen Sitte, Mädchen von Stande vor ihrer Hochzeit zum Behufe frommer Übungen sich zurückzuziehen pflegen. Sie saß in der Mitte der Barke auf einem purpurnen Polster zwischen ihrem Bräutigam und den drei blühenden Knaben seines ersten Bettes. Umberto Vicedomini hatte vor fünf Jahren, da die Pest in Padua wütete, das Weib seiner Jugend begraben und, obwohl in der Kraft der Männlichkeit stehend, nur schwer und widerwillig, auf das tägliche Drängen eines alten und siechen Vaters, zu diesem zweiten Ehebunde sich entschlossen.

Mit eingezogenen Rudern fuhr die Barke, dem Willen des Stromes sich überlassend. Die Bootsknechte begleiteten die sanfte Musik mit einem halblauten Gesange. Da verstummten beide. Aller Augen hatten sich nach dem rechten Ufer gerichtet, an welchem ein großer Reiter seinen Hengst bändigte und mit einer weiten Gebärde nach der Barke herüber grüßte. Scheues Gemurmel durchlief die Reihen der Sitzenden. Die Ruderer rissen sich die roten Mützen vom Kopfe und das ganze Fest erhob sich in Furcht und Ehrerbietung, auch der

Bräutigam, Diana und die Knaben. Untertänige Gebärden, grüßende Arme, halbgebogene Kniee wendeten sich gegen den Strand mit einem solchen Ungestüm und Übermaße der Bewegung, daß die Barke aus dem Gleichgewicht kam, sich nach rechts neigte und plötzlich überwog. Ein Schrei des Entsetzens, ein drehender Wirbel, eine leere Strommitte, die sich mit Auftauchenden, wieder Versinkenden und den schwimmenden Kränzen der verunglückten Barke bevölkerte. Hilfe war nicht ferne, denn wenig weiter unten lag ein kleiner Port, wo Fischer und Fährleute hausten und heute auch die Rosse und Sänften warteten, welche die Gesellschaft, die jetzt im Strome unterging, vollends nach Padua hätten bringen sollen.

Die zwei ersten der rettenden Kähne strebten sich von den entgegengesetzten Ufern zu. In dem einen stand neben einem alten Fergen mit struppigem Barte Ezzelin, der Tyrann von Padua, der unschuldige Urheber des Verderbens, in dem andern, vom linken Ufer kommenden ein junger Mönch und sein Fährmann, welcher den staubigen Waller über den Strom stieß gerade in dem Augenblicke, da sich darauf das Unheil zutrug. Die beiden Boote erreichten sich. Zwischen ihnen schwamm im Flusse etwas wie eine Fülle blonden Haares, in das der Mönch entschlossen hineingriff, knielings, mit weit ausgestrecktem Arme, während sein Schiffer aus allen Kräften sich auf die andere Seite des Nachens zurückstemmte. An einer dicken Strähne hob der Mönch ein Haupt, das die Augen geschlossen hielt, und dann, mit Hilfe des dicht herangekommenen Ezzelin, die Last eines von triefendem Gewande beschwerten Weibes aus der Strömung. Der Tyrann war von seinem Nachen in den andern gesprungen und betrachtete jetzt das entseelte Haupt, das einen Ausdruck von Trotz und

Unglück trug, mit einer Art von Wohlgefallen, sei es an den großen Zügen desselben, sei es an der Ruhe des Todes.

‚Kennst du sie, Astorre?' fragte er den Mönch. Dieser schüttelte verneinend den Kopf und der andere fuhr fort: ‚Siehe, es ist das Weib deines Bruders.'

Der Mönch warf einen mitleidigen scheuen Blick auf das bleiche Antlitz, welches unter demselben langsam die schlummernden Augen öffnete.

‚Bringe sie ans Ufer!' befahl Ezzelin, allein der Mönch überließ sie seinem Fährmann. ‚Ich will meinen Bruder suchen', rief er, ‚bis ich ihn finde.' ‚Ich helfe dir, Mönch', sagte der Tyrann, ‚doch ich zweifle, daß wir ihn retten: ich sah ihn, wie er seine Knaben umschlang und, von den dreien umklammert, schwer in die Tiefe ging.'

Inzwischen hatte sich die Brenta mit Fahrzeugen bedeckt. Es wurde gefischt mit Stangen, Haken, Angeln, Netzen, und in der rasch wechselnden Szene vervielfältigte sich über den Suchenden und den gehobenen Bürden die Gestalt des Herrschers.

‚Komm, Mönch!' sagte er endlich. ‚Hier gibt es für dich nichts mehr zu tun. Umberto und seine Knaben liegen nunmehr zu lang in der Tiefe, um ins Leben zurückzukehren. Der Strom hat sie verschleppt. Er wird sie ans Ufer legen, wann er ihrer müde ist. Aber siehst du dort die Zelte?' Man hatte deren eine Zahl am Strande der Brenta zum Empfange der mit der Hochzeitsbarke Erwarteten aufgeschlagen und jetzt die Toten oder Scheintoten hineingelegt, welche von ihren schon aus dem nahen Padua herbeigeeilten Verwandten und Dienern umjammert wurden. ‚Dort, Mönch, verrichte, was deines Amtes ist: Werke der Barmherzigkeit! Tröste die Lebenden! Bestatte die Toten!'

Der Mönch hatte das Ufer betreten und den Reichsvogt

aus den Augen verloren. Da kam ihm aus dem Gedränge Diana entgegen, die Braut und Witwe seines Bruders, trostlos, aber ihrer Sinne wieder mächtig. Noch trieften die schweren Haare, aber auf ein gewechseltes Gewand: ein mitleidiges Weib aus dem Volke hatte ihr im Gezelt das eigene gegeben und sich des kostbaren Hochzeitskleides bemächtigt. ‚Frommer Bruder', wendete sie sich an Astorre, ‚ich bin verlassen: die mir bestimmte Sänfte ist in der Verwirrung mit einer andern, Lebenden oder Toten, in die Stadt zurückgekehrt. Begleite mich nach dem Hause meines Schwiegers, der dein Vater ist!'

Die junge Witwe täuschte sich. Nicht in der Bestürzung und Verwirrung, sondern aus Feigheit und Aberglauben hatte das Gesinde des alten Vicedomini sie im Stiche gelassen. Es fürchtete sich, dem jähzornigen Alten eine Wittib und mit ihr die Kunde von dem Untergange seines Hauses zu bringen.

Da der Mönch viele seinesgleichen unter den Zelten und im Freien mit barmherzigen Werken beschäftigt sah, willfahrte er dem Gesuch. ‚Gehen wir', sagte er und schlug mit dem jungen Weibe die Straße nach der Stadt ein, deren Türme und Kuppeln auf dem blauen Himmel wuchsen. Der Weg war bedeckt mit Hunderten, die an den Strand eilten oder vom Strande zurückkehrten. Die beiden schritten, oft voneinander getrennt, aber sich immer wieder findend, in der Mitte der Straße, ohne miteinander zu reden, und wandelten jetzt schon durch die Vorstadt, wo die Gewerbe hausen. Hier standen überall – das Unglück auf der Brenta hatte die ganze Bevölkerung auf die Beine gebracht – laut plaudernde oder flüsternde Gruppen, welche das zufällige Paar, das den Bruder und den Bräutigam verloren hatte, mit teilnehmender Neugierde betrachteten.

Der Mönch und Diana waren Gestalten, die jedes

Kind in Padua kannte. Astorre, wenn er nicht für einen Heiligen galt, hatte doch den Ruf des musterhaften Mönches. Er konnte der Stadtmönch von Padua heißen, den das Volk verehrte und auf den es stolz war. Und mit Grund: denn er hatte auf die Vorrechte seines hohen Adels und den unermeßlichen Besitz seines Hauses tapfer, ja freudig verzichtet und gab sein Leben in Zeiten der Seuche oder bei andern öffentlichen Fährlichkeiten, ohne zu markten, für den Geringsten und die Ärmste preis. Dabei war er mit seinem kastanienbraunen Kraushaar, seinen warmen Augen und seiner edeln Gebärde ein anmutender Mann, wie das Volk seine Heiligen liebt.

Diana war in ihrer Weise nicht weniger namhaft, schon durch die Vollkraft des Wuchses, welche das Volk mehr als die zarten Reize bewundert. Ihre Mutter war eine Deutsche gewesen, ja eine Staufin, wie einige behaupteten, freilich nur dem Blute, nicht dem Gesetze nach. Deutschland und Welschland hatten zusammen als gute Schwestern diese große Gestalt gebaut.

Wie herb und strenge Diana mit ihresgleichen umging, mit den Geringsten war sie leutselig, ließ sich ihre Händel erzählen, gab kurzen und deutlichen Bescheid und küßte die zerlumptesten Kinder. Sie schenkte und spendete ohne Besinnen, wohl weil ihr Vater, der alte Pizzaguerra, nach Vicedomini der reichste Paduaner, zugleich der schmutzigste Geizhals war, und Diana sich des väterlichen Lasters schämte.

So verheiratete das ihr geneigte Volk in seinen Schenken und Plauderstuben Diana monatlich mit irgendeinem vornehmen Paduaner, doch die Wirklichkeit trug diesen frommen Wünschen keine Rechnung. Drei Hindernisse erschwerten eine Brautschaft: die hohen und oft finstern Brauen Dianas, die geschlossene Hand ihres

Vaters und die blinde Anhänglichkeit ihres Bruders Germano an den Tyrannen, bei dessen möglichem Falle der treue Diener mit zugrunde gehen mußte, seine Sippe nach sich ziehend.

Endlich verlobte sich mit ihr, ohne Liebe, wie es stadtkundig war, Umberto Vicedomini, der jetzt in der Brenta lag.

Übrigens waren die beiden so versunken in ihren gerechten Schmerz, daß sie das eifrige Geschwätze, welches sich an ihre Fersen heftete, entweder nicht vernahmen oder sich wenig um dasselbe bekümmerten. Nicht das gab Anstoß, daß der Mönch und das Weib nebeneinander schritten. Es erschien in der Ordnung, da der Mönch an ihr zu trösten hatte und sie wohl beide denselben Weg gingen: zu dem alten Vicedomini, als die nächsten und natürlichen Boten des Geschehenen.

Die Weiber bejammerten Diana, daß sie einen Mann habe heiraten müssen, der sie nur als Ersatz für eine teure Gestorbene genommen, und beklagten sie in demselben Atemzuge, daß sie diesen Mann vor der Ehe eingebüßt habe.

Die Männer dagegen erörterten mit wichtigen Gebärden und den schlausten Mienen eine brennende Frage, welche sich über den in der Brenta versunkenen vier Stammhaltern des ersten paduanischen Geschlechtes eröffnet hatte. Die Glücksgüter der Vicedomini waren sprichwörtlich. Das Familienhaupt, ein ebenso energischer als listiger Mensch, der es fertig gebracht hatte, mit beiden, dem fünffach gebannten Tyrannen von Padua und der diesen verdammenden Kirche auf gutem Fuße zu bleiben, hatte sich lebelang nicht im geringsten mit etwas Öffentlichem beschäftigt, sondern ein zähes Dasein und prächtige Willenskräfte auf ein einziges Ziel gewendet: den Reichtum und das Gedeihen seines Stammes. Jetzt war dieser vernichtet. Sein Ältester und die Enkel lagen in der Brenta. Sein Zweiter und Dritter waren in eben diesem Unglücksjahre, der eine vor zwei, der andere vor drei Monden von der Erde verschwunden. Den Ältern hatte der Tyrann verbraucht und auf einem seiner wilden Schlachtfelder zurückgelassen. Der andere, aus welchem der vorurteilslose Vater einen großartigen Kaufmann in venezianischem Stile gemacht, hatte sich an einer morgenländischen Küste auf dem Kreuze verblutet, an welches ihn Seeräuber geschlagen, verspäteten Lösegeldes halber. Als Vierter blieb Astorre, der Mönch. Daß er diesen mit dem Aufwande seines letzten Pulses den Klostergelübden zu entreißen versuchen werde, daran zweifelten die schnellrechnenden Paduaner keinen Augenblick. Ob es ihm gelinge und der Mönch sich dazu hergebe, darüber stritt jetzt die aufgeregte Gasse.

Und sie stritt sich am Ende so laut und heftig, daß selbst der trauernde Mönch nicht mehr im Zweifel darüber bleiben konnte, wer mit dem »egli« und der »ella« gemeint sei, welche aus den versammelten Gruppen ertönten. Dergestalt schlug er, mehr noch seiner Gefährtin als seinethalber, eine mit Gras bewachsene verschattete Gasse ein, die seinen Sandalen wohlbekannt war, denn sie führte längs der verwitterten Ringmauer seines Klosters hin. Hier war es bis zum Schauder kühl, aber die ganz Padua erfüllende Schreckenskunde hatte selbst diese Schatten erreicht. Aus den offenen Fenstern des Refektoriums, das in die dicke Mauer gebaut war, scholl an der verspäteten Mittagstafel – die Katastrophe auf der Brenta hatte in der Stadt alle Zeiten und Stunden gestört – das Tischgespräch der Brüder so zänkisch und schreiend, so voller »-inibus« und »-atibus« es wurde lateinisch geführt, oder dann stritt man sich mit Zitaten aus den Dekretalen –, daß der Mönch unschwer erriet, auch hier werde dasselbe oder ein ähnliches Dilemma wie auf der Straße verhandelt. Und wenn er sich vielleicht nicht Rechenschaft gab, wovon, so wußte er doch, von wem die Rede ging. Aber was er nicht entdeckte, waren –"

Mitten im Sprechen suchte Dante unter den Zuhörern den vornehmen Kleriker, der sich hinter seinen Nachbar verbarg.

„– waren zwei brennende hohle Augen, welche durch eine Luke in der Mauer auf ihn und das Weib an seiner Seite starrten. Diese Augen gehörten einer unseligen Kreatur, einem verlorenen Mönche, namens Serapion, welcher sich, Seele und Leib, im Kloster verzehrte. Mit seiner voreiligen Einbildungskraft hatte dieser auf der Stelle begriffen, daß sein Mitbruder Astorre zum längsten nach der Regel des heiligen Franziskus gedarbt und gefastet habe und beneidete ihn rasend um den ihm von der Laune des Todes zugeworfenen Besitz weltlicher Güter und Freuden. Er lauerte auf den Heimkehrenden, um die Mienen desselben zu erforschen und darin zu lesen, was Astorre über sich beschlossen hätte. Seine Blicke verschlangen das Weib und hafteten an ihren Stapfen.

Astorre lenkte die Schritte und die seiner Schwägerin auf einen kleinen von vier Stadtburgen gebildeten Platz und trat mit ihr in das tiefe Tor der vornehmsten. Auf einer Steinbank im Hofe erblickte er zwei Ruhende, einen vom Wirbel zur Zehe gepanzerten blutjungen Germanen und einen greisen Sarazenen. Der hingestreckte Deutsche hatte seinen schlummernden rotblonden Krauskopf in den Schoß des sitzenden Ungläubigen gelegt, der, ebenfalls schlummernd, mit seinem schneeweißen Barte väterlich auf ihn niedernickte. Die zweie gehörten zur Leibwache Ezzelins, welche sich in Nachahmung derjenigen seines Schwiegers, des Kaisers Friedrich, aus Deutschen und Sarazenen zu gleichen Teilen zusammensetzte. Der Tyrann war im Palaste. Er mochte es für seine Pflicht gehalten haben, den alten Vicedomini zu besuchen. In der Tat vernahmen Astorre und Diana schon auf der Wendeltreppe das Gespräch, welches Ezzelin in kurzen ruhigen Worten, der Alte dagegen, der gänzlich außer sich zu sein schien, mit schreiender und scheltender Stimme führte. Mönch und Weib blieben am Eingange des Saales unter dem bleichen Gesinde stehen. Die Diener zitterten an allen Gliedern. Der Greis hatte sie mit den heftigsten Verwünschungen überhäuft und dann mit geballten Fäusten weggejagt, weil sie ihm verspätete Botschaft vom Strande gebracht und dieselbe hervorzustottern sich kaum getraut. Überdies hatte dieses Gesinde der gefürchtete Schritt des Tyrannen versteinert. Es war bei Todesstrafe verboten, ihn anzumelden. Unaufgehalten wie ein Geist betrat er Häuser und Gemächer.

‚Und das berichtest du so gelassen, Grausamer', tobte der Alte in seiner Verzweiflung, ‚als erzähltest du den Verlust eines Rosses oder einer Ernte? Du hast mir die viere getötet, niemand anders als du! Was brauchtest du gerade zu jener Stunde am Strande zu reiten? Was brauchtest du auf die Brenta hinauszugrüßen? Das hast du mir zuleide getan! Hörst du wohl?'

‚Schicksal', antwortete Ezzelin.

‚Schicksal?' schrie der Vicedomini. ‚Schicksal und Sternguckerei und Beschwörungen und Verschwörungen und Enthauptungen, von der Zinne auf das Pflaster sich werfende Weiber und hundert pfeildurchbohrte Jünglinge vom Rosse sinkend in deinen verruchten waghalsigen Schlachten, das ist deine Zeit und Regierung, Ezzelin, du Verfluchter und Verdammter! Uns alle ziehst du in deine blutigen Gleise, alles Leben und Sterben wird neben dir gewaltsam und unnatürlich, und niemand endet mehr als reuiger Christ in seinem Bette!‘

‚Du tust mir unrecht‘, versetzte der andere. ‚Ich zwar habe mit der Kirche nichts zu schaffen. Sie läßt mich gleichgültig. Aber dich und deinesgleichen habe ich nie gehindert, mit ihr zu verkehren. Das weißt du, sonst würdest du dich nicht erkühnen, mit dem Heiligen Stuhle Briefe zu wechseln. Was drehst du da in deinen Händen und verbirgst mir das päpstliche Siegel? Einen Ablaß? Ein Breve? Gib her! Wahrhaftig, ein Breve! Darf ich es lesen? Du erlaubst? Dein Gönner, der Heilige Vater, schreibt dir, daß, würde dein Stamm erlöschen bis auf deinen Vierten und Letzten, den Mönch, dieser ipso facto seiner Gelübde ledig sei, wenn er aus freiem Willen und eigenem Entschlusse in die Welt zurückkehre. Schlauer Fuchs, wie viele Unzen Goldes hat dich dieses Pergament gekostet?‘

‚Verhöhnst du mich?‘ heulte der Alte. ‚Was anderes blieb mir übrig nach dem Tode meines Zweiten und Dritten? Für wen hätte ich gesammelt und gespeichert? Für die Würmer? Für dich? Willst du mich berauben? … Nein? So hilf mir, Gevatter‘ – der noch ungebannte Ezzelin hatte den dritten Knaben Vicedominis aus der Taufe gehoben, denselben, der sich für ihn auf dem Schlachtfelde geopfert – ‚hilf mir den Mönch überwinden, daß er wieder weltlich werde und ein Weib nehme, befiehl es ihm, du Allgewaltiger, gib ihn mir statt des Sohnes, den du mir geschlachtet hast, halte mir den Daumen, wenn du mich liebst!‘

‚Das geht mich nichts an‘, erwiderte der Tyrann ohne die geringste Erregung. ‚Das mache er mit sich selbst aus. Freiwillig, sagt das Breve. Warum sollte er, wenn er ein guter Mönch ist, wie ich glaube, seinen Stand wechseln? Damit das Blut der Vicedomini nicht versiege? Ist das eine Lebensbedingung der Welt? Sind die Vicedomini eine Notwendigkeit?'

Jetzt kreischte der andere in rasender Wut: ‚Du böser, du Mörder meiner Kinder! Ich durchblicke dich! Du willst mich beerben und mit meinem Gelde deine wahnsinnigen Feldzüge führen!' Da gewahrte er seine Schwiegertochter, welche vor dem zögernden Mönche durch das Gesinde und über die Schwelle getreten war. Trotz seiner Leibesschwachheit stürzte er ihr mit wankenden Schritten entgegen, ergriff und riß ihre Hände, als wollte er sie zur Verantwortung ziehen für das über sie beide gekommene Unheil. ‚Wo hast du meinen Sohn, Diana?' keuchte er.

‚Er liegt in der Brenta', antwortete sie traurig und ihre blauen Augen dunkelten.

‚Wo meine drei Enkel?'

‚In der Brenta', wiederholte sie.

‚Und dich bringst du mir als Geschenk? Dich behalte ich?' lachte der Alte mißtönig.

‚Wollte der Allmächtige', sagte sie langsam, ‚mich zögen die Wellen und die andern stünden hier statt meiner!'

Sie schwieg. Dann geriet sie in einen jähen Zorn. ‚Beleidigt dich mein Anblick und ich bin dir überlästig, so halte dich an diesen: er hat mich, da ich schon gestorben war, an den Haaren gerissen und ins Leben zurückgezogen!'

Jetzt erst erblickte der Alte den Mönch, seinen Sohn, und sein Geist sammelte sich mit einer Kraft und Schnelligkeit, welche der schwere Jammer eher gestählt als gelähmt zu haben schien.

‚Wirklich? Dieser hat dich aus der Brenta geholt? Hm! Merkwürdig! Die Wege Gottes sind doch wunderbar!'

Er ergriff den Mönch an Arm und Schulter, als wollte er sich desselben, Leib und Seele, bemächtigen, und schleppte ihn und sich gegen seinen Krankenstuhl, auf welchen er hinfiel, ohne den gepreßten Arm des nicht Widerstrebenden freizugeben. Diana folgte und kniete sich auf der andern Seite des Sessels nieder mit hangenden Armen und gefalteten Händen, das Haupt auf die Lehne legend, so daß nur der Knoten ihres blonden Haares wie ein lebloser Gegenstand sichtbar blieb. Der Gruppe gegenüber saß Ezzelin, die Rechte auf das gerollte Breve wie auf einen Feldherrnstab gestützt.

‚Söhnchen, Söhnchen', wimmerte der Alte mit einer aus Wahrheit und List gemischten Zärtlichkeit, ‚mein letzter und einziger Trost! Du Stab und Stecken meines Alters wirst mir nicht zwischen diesen zitternden Händen zerbrechen! ... Du begreifst', fuhr er in einem schon trockneren, sachlichen Tone fort, ‚daß, wie die Dinge einmal liegen, deines Bleibens im Kloster nicht länger sein kann. Ist es doch komisch, nicht wahr, Söhnchen, daß ein Mönch, dessen Vater verarmt oder versiecht, von seinem Prior beurlaubt wird, um das Erbgut zu bebauen und den Urheber seiner Tage zu ernähren. Ich aber brauche dich noch viel notwendiger. Deine Brüder und Neffen sind weg und jetzt bist du es, der die Lebensfackel unseres Hauses trägt! Du bist ein Flämmchen, das ich angezündet habe, und mir kann nicht dienen, daß es in einer Zelle verglimme und verrauche! Wisse eines' – er hatte in den warmen, braunen Augen ein aufrichtiges Mitgefühl gelesen und die ehrerbietige Haltung des Mönches schien einen blinden Gehorsam zu versprechen –, ‚ich bin kränker, als du denkst. Nicht wahr, Isaschar?' er wendete sich rückwärts gegen eine schmale Gestalt, welche mit Fläschchen und Löffel in den Händen durch eine Nebentür leise hinter den Stuhl des Alten getreten war und jetzt mit dem blassen Haupte bestätigend nickte. ‚Ich fahre dahin, aber ich sage dir, Astorre: Lässest du mich meines Wunsches ungewährt, so weigert sich dein Väterchen, in den Kahn des Totenführers zu steigen, und bleibt zusammengekauert am Dämmerstrande sitzen!'

Der Mönch streichelte die fiebernde Hand des Alten zärtlich, antwortete aber mit Sicherheit zwei Worte: ‚Meine Gelübde!'

Ezzelin entfaltete das Breve.

‚Deine Gelübde?' schmeichelte der alte Vicedomini. ‚Lose Stricke! Durchfeilte Fesseln! Mache eine Bewegung und sie fallen. Die heilige Kirche, welcher du Ehrfurcht und Gehorsam schuldig bist, erklärt sie für ungültig und nichtig. Da steht es geschrieben.' Sein dürrer Finger zeigte auf das Pergament mit dem päpstlichen Siegel.

Der Mönch näherte sich ehrerbietig dem Herrscher, empfing die Schrift und las, von vier Augen beobachtet. Schwindelnd tat er einen Schritt rückwärts, als stünde er auf einer Turmhöhe und sähe das Geländer plötzlich weichen.

Ezzelin griff dem Wankenden mit der kurzen Frage unter die Arme: ‚Wem hast du dein Gelübde gegeben, Mönch? dir? oder der Kirche?'

‚Natürlich beiden!' schrie der Alte erbost. ‚Das sind verfluchte Spitzfindigkeiten! Nimm dich vor dem dort in acht, Söhnchen! Er will uns Vicedomini an den Bettelstab bringen!'

Ohne Zorn legte Ezzelin die Rechte auf den Bart und schwur: ‚Stirbt Vicedomini, so beerbt ihn der Mönch hier, sein Sohn, und stiftet – sollte das Geschlecht mit ihm erlöschen und wenn er mich und seine Vaterstadt lieb hat – ein Hospital von einer gewissen Ausdehnung und Großartigkeit, um welches uns die hundert Städte' – er meinte die Städte Italiens – ,beneiden sollen. Nun, Gevatter, da ich mich von dem Vorwurfe der Raubgier gereinigt habe, darf ich an den Mönch ein paar weitere Fragen richten? Du gestattest?'

Jetzt packte den Alten ein solcher Ingrimm, daß er in Krämpfe fiel. Noch aber ließ er den Arm des Mönches, welchen er wieder ergriffen hatte, nicht fahren.

Isaschar näherte den vollen, mit einer stark duftenden Essenz gefüllten Löffel vorsichtig den fahlen Lippen. Der Gefolterte wendete mit einer Anstrengung den Kopf ab. ,Laß mich in Ruhe!' stöhnte er, ,du bist auch der Arzt des Vogts!' und schloß die Augen.

Der Jude wandte die seinigen, welche glänzend schwarz und sehr klug waren, gegen den Tyrannen, als flehe er um Verzeihung für diesen Argwohn.

,Wird er zur Besinnung zurückkehren?' fragte Ezzelin.

,Ich glaube', antwortete der Jude. ,Noch lebt er und wird wieder erwachen, aber nicht für lange, fürchte ich. Diese Sonne sieht er nicht untergehen.'

Der Tyrann ergriff den Augenblick, mit Astorre zu sprechen, der um den ohnmächtigen Vater beschäftigt war.

,Stehe mir Rede, Mönch!' sagte Ezzelin und wühlte – seine Lieblingsgebärde – mit den gespreizten Fingern der Rechten in dem Gewelle seines Bartes. ,Wieviel haben dich die drei Gelübde gekostet, die du vor zehn und einigen Jahren, ich gebe dir dreißig' – der Mönch nickte – ,beschworen hast?'

Astorre schlug die lautern Augen auf und erwiderte

ohne Bedenken: ‚Armut und Gehorsam nichts. Ich habe keinen Sinn für Besitz und gehorche leicht.' Er hielt inne und errötete.

Der Tyrann fand ein Wohlgefallen an dieser männlichen Keuschheit. ‚Hat dir dieser hier deinen Stand aufgenötigt oder dich dazu beschwatzt?' lenkte er ab.

‚Nein', erklärte der Mönch. ‚Seit lange her, wie der Stammbaum erzählt, wird in unserm Hause von dreien oder vieren der letzte geistlich, sei es, damit wir Vicedomini einen Fürbitter besitzen oder um das Erbe und die Macht des Hauses zu wahren – gleichviel, der Brauch ist alt und ehrwürdig. Ich kannte mein Los, welches mir nicht zuwider war, von jung an. Mir wurde kein Zwang auferlegt.'

‚Und das dritte?' holte Ezzelin nach – er meinte das dritte Gelübde. Astorre verstand ihn.

Mit einem neuen, aber dieses Mal schwachen Erröten erwiderte er: ‚Es ist mir nicht leicht geworden, doch ich vermochte es wie andere Mönche, wenn sie gut beraten sind, und das war ich. Von dem heiligen Antonius', fügte er ehrfürchtig hinzu.

Dieser verdienstliche Heilige, wie ihr wisset, Herrschaften, hat einige Jahre bei den Franziskanern in Padua gelebt", erläuterte Dante.

„Wie sollten wir nicht?" scherzte einer unter den Zuhörern. „Haben wir doch die Reliquie verehrt, die in dem dortigen Klosterteiche herumschwimmt: ich meine den Hecht, welcher weiland der Predigt des Heiligen beiwohnte, sich bekehrte, der Fleischspeise entsagte, im Guten standhielt und jetzt noch in hohem Alter als strenger Vegetarier" – er verschluckte das Ende des Schwankes, denn Dante hatte gegen ihn die Stirn gerunzelt.

„‚Und was riet er dir?‘ fragte Ezzelin.

‚Meinen Stand einfach zu fassen, schlecht und recht‘, berichtete der Mönch, ‚als einen pünktlichen Dienst, etwa wie einen Kriegsdienst, welcher ja auch gehorsame Muskeln verlangt, und Entbehrungen, die ein wackerer Krieger nicht einmal als solche fühlen darf: die Erde im Schweiße meines Angesichtes zu graben, mäßig zu essen, mäßig zu fasten, weder Mädchen noch jungen Frauen Beichte zu sitzen, im Angesichte Gottes zu wandeln und seine Mutter nicht brünstiger anzubeten, als das Breviarium vorschreibt.‘

Der Tyrann lächelte. Dann streckte er die Rechte gegen den Mönch aus, ermahnend oder segnend, und sprach: ‚Glücklicher! Du hast einen Stern! Dein Heute entsteht leicht aus deinem Gestern und wird unversehens zu deinem Morgen! Du bist etwas und nichts Geringes; denn du übst das Amt der Barmherzigkeit, das ich gelten lasse, wiewohl ich ein anderes bekleide. Würdest du in die Welt treten, die ihre eigenen Gesetze befolgt, welche zu lernen es für dich zu spät ist, so würde dein klarer Stern zum lächerlichen Irrwisch und zerplatzte zischend nach ein paar albernen Sprüngen unter dem Hohne der Himmlischen!

Noch eines, und dies rede ich als der, welcher ich bin: der Herr von Padua. Dein Wandel war meinem Volke eine Erbauung, ein Beispiel der Entsagung. Der Ärmste getröstete sich deiner, den er seine karge Kost und sein hartes Tagewerk teilen sah. Wirfst du die Kutte weg, freiest du, ein Vornehmer, eine Vornehme, schöpfst du mit vollen Händen aus dem Reichtume deines Hauses, so begehst du Raub an dem Volke, welches dich als einen seinesgleichen in Besitz genommen hat, du machst mir Unzufriedene und Ungenügsame, und entstünde daraus Zorn, Ungehorsam, Empörung, mich sollte es nicht wundern. Die Dinge verketten sich!

Ich und Padua können dich nicht entbehren! Mit deiner schönen und ritterlichen Gestalt stichst du der Menge in die Augen und hast auch mehr oder wenigstens einen edlern Mut als deine bäurischen Brüder. Wenn das Volk nach seiner rasenden Art diesen hier' – er deutete auf Isaschar – ,ermorden will, weil er ihm Hilfe bringt, was dem Juden in der letzten Pestzeit – wenig fehlte – geschehen wäre, wer verteidigt ihn, wie du tatest, gegen die wahnsinnige Menge, bis ich da bin und Halt gebiete?

Isaschar, hilf mir den Mönch überzeugen!' wendete sich Ezzelin gegen den Arzt mit einem grausamen Lächeln. ,Schon deinetwegen darf er sich nicht entkutten!'

,Herr', lispelte dieser, ,unter deinem Zepter wird sich die unvernünftige Szene, welche du so gerecht wie blutig gestraft hast, kaum wiederholen, und meinethalb, dessen Glaube die Dauer des Stammes als Gottes höchsten Segen preist, darf der Erlauchte' – so und schon nicht mehr den Ehrwürdigen nannte er den Mönch – ,nicht unvermählt bleiben.'

Ezzelin lächelte über die Feinheit des Juden. ,Und wohin gehen deine Gedanken, Mönch?' fragte er.

,Sie stehen und beharren! Doch ich wollte – Gott verzeihe mir die Sünde – der Vater erwachte nicht mehr, daß ich nicht hart gegen ihn sein muß! Hätte er nur schon die Zehrung empfangen!' Er küßte heftig die Wange des Ohnmächtigen, welcher darüber zur Besinnung kam.

Der wieder Belebte tat einen schweren Seufzer, hob die müden Augenlider und richtete aus dem grauen Gebüsche seiner hangenden Brauen einen Blick des Flehens auf den Mönch. ,Wie steht's?' fragte er. ,Was hast du über mich verhängt, Geliebtester? Himmel oder Hölle?'

,Vater', bat Astorre mit bewegter Stimme, ,deine Zeit ist um! Dein Stündlein ist gekommen! Entschlage dich der weltlichen Dinge und Sorgen! Denke an die Seele! Siehe, deine Priester' – er meinte die der Pfarrkirche – ,sind nebenan versammelt und harren mit den Hochheiligen Sterbesakramenten.'

Es war so. Die Türe des Nebengemaches hatte sich sachte geöffnet, aus demselben schimmerte schwaches, in der Tageshelle kaum sichtbares Kerzenlicht, ein Chor präludierte gedämpft und das leise Schüttern eines Glöckchens wurde hörbar.

Jetzt klammerte sich der Alte, der seine Kniee schon in die kalte Flut der Lethe versinken fühlte, an den Mönch, wie weiland Sankt Petrus auf dem See Genezareth an den Heiland. ,Du tust es mir!' lallte er.

,Könnte ich! Dürfte ich!' seufzte der Mönch. ,Bei allen Heiligen, Vater, denke an die Ewigkeit! Laß das Irdische! Deine Stunde ist da!'

Diese verhüllte Weigerung entzündete das letzte Leben des Vicedomini zur lodernden Flamme. ,Ungehorsamer! Undankbarer!' zürnte er.

Astorre winkte den Priestern.

,Bei allen Teufeln', raste der Alte, ,laßt mich zufrieden mit eurem Geknete und Gesalbe! Ich habe nichts zu verspielen, ich bin schon ein Vedammter und bliebe es mitten im himmlischen Reigen, wenn mein Sohn mich mutwillig verstößt und meinen Lebenskeim verdirbt!'

Der entsetzte Mönch, durch dieses grause Lästern im Tiefsten erschüttert, sah seinen Vater unwiderruflich der ewigen Unseligkeit anheimfallen. So meinte er und war fest davon überzeugt, wie ich es an seiner Stelle auch gewesen wäre. Er warf sich vor dem Sterbenden in dunkler

Verzweiflung auf die Kniee und flehte unter stürzenden Tränen: ‚Herr, ich beschwöre Euch, habet Erbarmen mit Euch und mit mir!'

‚Laß den Schlaukopf seiner Wege gehen!' raunte der Tyrann. Der Mönch vernahm es nicht.

Wieder gab er den erstaunten Priestern ein Zeichen und die Sterbelitanei wollte beginnen.

Da kauerte sich der Alte zusammen wir ein trotziges Kind und schüttelte das graue Haupt.

‚Laß den Arglistigen seine Straße ziehen!' mahnte Ezzelin lauter.

‚Vater, Vater!' schluchzte der Mönch und seine Seele zerfloß in Mitleid.

‚Erlauchter Herr und christlicher Bruder', fragte jetzt ein Priester mit unsicherer Stimme, ‚seid Ihr in der Verfassung, Euern Schöpfer und Heiland zu empfangen?' Der Alte schwieg.

‚Steht Ihr fest im Glauben an die heilige Dreifaltigkeit? Antwortet mir, Herr!' fragte der Geistliche zum andern Male und wurde bleich wie ein Tuch, denn: ‚Geleugnet und gelästert sei sie!' rief der Sterbende mit starker Stimme, ‚gelästert und –'

‚Nicht weiter!' schrie der Mönch und war aufgesprungen. ‚Ich bin Euch zu Willen, Herr! Machet mit mir, was Ihr wollt! Nur daß Ihr Euch nicht in die Flammen stürzet!'

Der Alte seufzte wie nach einer schweren Anstrengung. Dann blickte er erleichtert, ich hätte fast gesagt vergnügt um sich. Er ergriff mit tastender Hand den blonden Schopf Dianas, zog das sich von den Knieen erhebende Weib in die Höhe, nahm ihre Hand, die sich nicht weigerte, öffnete die gekrampfte des Mönches und legte beide zusammen.

‚Gültig! vor dem hochheiligen Sakramente!' frohlockte

er und segnete das Paar. Der Mönch widersprach nicht und Diana schloß die Augen.

‚Jetzt rasch, ehrwürdige Väter!' drängte der Alte, ‚es eilt, wie ich meine, und ich bin in christlicher Verfassung.'

Der Mönch und seine Braut wollten hinter die priesterliche Schar zurücktreten. ‚Bleibt', murmelte der Sterbende, ‚bleibt, daß euch meine getrösteten Augen zusammen sehen, bis sie brechen!' Astorre und Diana, kaum einige Schritte zurückweichend, mußten mit vereinigten Händen vor dem erlöschenden Blicke des hartnäckigen Greises verharren.

Dieser murmelte eine kurze Beichte, empfing die letzte Zehrung und verschied, während sie ihm die Sohlen salbten und der Priester den schon tauben Ohren jenes großartige: ‚Brich auf, christliche Seele!' zurief. Das gestorbene Antlitz trug den deutlichen Ausdruck triumphierender List.

Der Tyrann hatte, während ringsum alles auf den Knieen lag, die heilige Handlung sitzend und mit ruhiger Aufmerksamkeit betrachtet, etwa wie man eine fremde Sitte beschaut oder wie ein Gelehrter das auf einem Sarkophag abgebildete Opfer eines alten Volkes besichtigt. Er näherte sich dem Toten und drückte ihm die Augen zu.

Dann wendete er sich gegen Diana. ‚Edle Frau', sagte er, ‚ich denke, wir gehen nach Hause. Eure Eltern, wenn auch von Eurer Rettung unterrichtet, werden nach Euch verlangen. Auch traget Ihr ein Gewand der Niedrigkeit, das Euch nicht kleidet.'

‚Fürst, ich danke und folge Euch', erwiderte Diana, ließ aber ihre Hand in der des Mönches ruhen, dessen Blick sie bis jetzt gemieden hatte. Nun schaute sie dem Gatten voll ins Gesicht und sprach mit einer tiefen, aber wohlklingenden Stimme, während ihre Wangen sich mit dunkler Glut bedeckten: ‚Mein Herr und Gebieter, wir durften die Seele des Vaters nicht umkommen lassen. So wurde ich Euer. Haltet mir bessere Treue als dem Kloster. Euer Bruder hat mich nicht geliebt. Vergebet mir, wenn ich so rede: ich sage die einfache Wahrheit. Ihr werdet an mir ein gutes und gehorsames Weib besitzen. Doch habe ich zwei Eigenschaften, welche Ihr schonen müßt. Ich bin jähzornig, wenn man mir Recht oder Ehre antastet, und darin peinlich, daß man mir nichts versprechen darf, ohne es zu halten. Schon als Kind habe ich das schwer oder nicht gelitten. Ich bin von wenig Wünschen und verlange nichts über das Alltägliche hinaus; nur wo mir einmal etwas gezeigt und zugesagt wurde, da bedarf ich der Erfüllung, sonst verliere ich den Glauben und kränke mich schwerer als andere Frauen über das Unrecht. Doch wie darf ich so zu Euch reden, mein Herr und Gebieter, den ich kaum kenne? Laßt mich verstummen. Lebet wohl, mein Gemahl, und gebet mir neun Tage, Euern Bruder zu betrauern.‘ Jetzt löste sie langsam die Hand aus der seinigen und verschwand mit dem Tyrannen.

Inzwischen hatte die geistliche Schar den Leichnam weggehoben, um ihn in der Hauskapelle aufzubahren und einzusegnen.

Astorre stand allein in seinem verscherzten Mönchsgewande, welches eine von Reue erfüllte Brust bedeckte. Ein Heer von Dienern, das den seltsamen Vorgang belauscht und genügend begriffen hatte, näherte sich in unterwürfigen Stellungen und mit furchtsamen Gebärden seinem neuen Herrn, verblüfft und eingeschüchtert weniger noch durch den Wechsel der Herrschaft, als durch das vermeintliche Sacrilegium der gebrochenen Gelübde – das leise gelesene Breve war nicht zu ihren

Ohren gelangt – und durch die Verweltlichung des ehrwürdigen Mönches. Diesem gelang es nicht, seinen Vater zu betrauern. Ihn beschlich, jetzt da er seines Willens wieder mächtig war, der Argwohn, was sage ich, ihn überkam die empörende Gewißheit, daß ein Sterbender seinen guten Glauben betrogen und seine Barmherzigkeit mißbraucht habe. Er entdeckte in der Verzweiflung des Alten den Schlupfwinkel der List und in der wilden Lästerung das berechnete Spiel an der Schwelle des Todes. Unwillig, fast feindselig wandte sich sein Gedanke gegen das ihm zugefallene Weib. Ihn versuchte der verzwickte mönchische Einfall, dasselbe nicht aus eigenem Herzen, sondern nur als Stellvertreter seines entseelten Bruders zu lieben; aber sein gesunder Sinn und sein redliches Gemüt verwarfen die schmähliche Auskunft. Da er sie nun als die Seinige betrachtete, erwehrte er sich einer gewissen Verwunderung nicht, daß ihm sein Weib mit so bündiger Rede und harter Wahrheitsliebe entgegengetreten und so sachlich mit ihm sich auseinandergesetzt habe, ohne Schleier und Wolke, eine viel derbere und wirklichere Gestalt als die zarten Erscheinungen der Legende. Er hatte sich die Frauen weicher gedacht.

Jetzt gewahrte der Mönch plötzlich sein Ordenskleid und den Widerspruch seiner Gefühle und Betrachtungen mit demselben. Er schämte sich vor seiner Kutte und sie wurde ihm lästig. ‚Gebt mir weltliches Gewand!' befahl er. Geschäftige Diener umringten ihn, aus welchen er bald in der Tracht seines ertrunkenen Bruders, mit dem er ungefähr von gleichem Wuchse war, hervortrat.

In demselben Augenblicke warf sich ihm der Narr seines Vaters, mit Namen Gocciola, zu Füßen und huldigte ihm, nicht um wie die andern Verlängerung seines Dienstes sich zu erbitten, sondern seinen Abschied und die

Erlaubnis, den Stand zu wechseln, denn er sei der Welt überdrüssig, seine Haare ergrauen und es stünde ihm schlecht an, mit der läutenden Schellenkappe ins Jenseits zu gehen. Mit diesen weinerlichen Worten bemächtigte er sich der abgeworfenen Kutte, welche das Gesinde zu berühren sich gescheut hatte. Aber sein buntscheckiges Gehirn schlug einen Purzelbaum und er fügte lüstern bei: ‚einmal möchte ich noch Amarellen essen, ehe ich der Welt und ihren Täuschungen Valet sage! Hochzeit läßt hier nicht auf sich warten, ich glaube.' Er beleckte sich die Mundwinkel mit seiner fahlen Zunge. Dann bog er ein Knie vor dem Mönche, schüttelte seine Schellen und entsprang, die Kutte hinter sich herschleifend.

Amarelle oder Amare", erläuterte Dante, „heißt das paduanische Hochzeitsgebäck wegen seines bittern Mandelgeschmackes und zugleich mit anmutiger Anspielung auf das Verbum der ersten Konjugation." Hier machte der Erzähler eine Pause und verschattete Stirn und Augen mit der Hand, den weiteren Gang seiner Fabel übersinnend.

Inzwischen trat der Majordom des Fürsten, ein Alsatier namens Burcardo, mit abgemessenen Schritten, umständlichen Bücklingen und weitläufigen Entschuldigungen, daß er die Unterhaltung stören müsse, vor Cangrande, welchen er in irgendeiner häuslichen Angelegenheit um Befehl bat. Deutsche waren dazumal an den ghibellinischen Höfen Italiens keine eben seltene Erscheinung, ja sie wurden gesucht und den Einheimischen vorgezogen wegen ihrer Redlichkeit und ihres angeborenen Verständnisses für Zeremonien und Gebräuche.

Als Dante das Haupt wieder hob, gewahrte er den Elsässer und hörte sein Welsch, das weich und hart beharrlich verwechselte, den Hof ergötzend, das feine Ohr des Dichters aber empfindlich beleidigend. Sein Blick verweilte dann mit sichtlichem Wohlgefallen auf den zwei Jünglingen, Ascanio und dem bepanzerten Krieger. Zuletzt ließ er ihn sinnend ruhen auf den beiden Frauen, der Herrin Diana, die sich belebt und deren marmorne Wange sich leicht gerötet hatte, und auf Antiope, der Freundin Cangrandes, einem hübschen und natürlichen Wesen. Dann fuhr er fort:

„Hinter der Stadtburg der Vicedomini dehnte sich vormals – jetzt, da das erlauchte Geschlecht längst erloschen ist, hat sich jener Platz völlig verändert – ein geräumiger Bezirk bis an den Fuß der festen und breiten Stadtmauer aus, so geräumig, daß er Weideplätze für Herden, Gehege für Hirsche und Rehe, mit Fischen gefüllte Teiche, tiefe Waldschatten und sonnige Weinlauben enthielt. An einem leuchtenden Morgen, sieben Tage nach der Totenfeier, saß im schwarzen Schatten einer Zeder, den Rücken an den Stamm gelehnt und die Schnäbel seiner Schuhe in das brennende Sonnenlicht streckend, der Mönch Astorre; denn diesen Namen behielt er unter den Paduanern, obwohl er weltlich geworden war, während seines kurzen Wandels auf der Erde. Er saß oder lag einem Brunnen gegenüber, der aus dem Mund einer gleichgültigen Maske eine kühle Flut sprudelte, unfern einer Steinbank, welcher er das weiche Polster des schwellenden Rasens vorgezogen hatte.

Während er sann oder träumte, ich weiß nicht was, sprangen auf dem beinahe schon mittäglich übersonnten Platze vor dem Palast zwei junge Leute von staubbedeckten Gäulen, der eine gepanzert, der andere mit Wahl gekleidet, obschon im Reisegewand. Ascanio und

Germano, so hießen die Reiter, waren die Günstlinge des Vogtes und zugleich die Jugendgespielen des Mönches, mit welchen er brüderlich gelernt und sich ergötzt hatte bis zu seinem fünfzehnten Jahre, dem Beginne seines Noviziates. Ezzelin hatte sie an seinen Schwieger, Kaiser Friedrich, gesendet."

Dante hielt inne und verneigte sich vor dem großen Schatten.

„Mit beantworteten Aufträgen kehrten die zweie zu dem Tyrannen zurück, welchem sie noch überdies die Neuigkeit des Tages mitbrachten: eine in der kaiserlichen Kanzlei verfertigte Abschrift des an den christlichen Klerus gerichteten Hirtenbriefes, worin der Heilige Vater den geistvollen Kaiser vor dem Angesichte der Welt der äußersten Gottlosigkeit anklagt.

Obwohl mit wichtigen, vielleicht Eile heischenden Aufträgen und dem unheilschweren Dokumente betraut, brachten die beiden es nicht über sich, an dem Heim ihres Jugendgespielen vorbei nach dem Stadtturm des Tyrannen zu sprengen. Sie hatten in der letzten Herberge vor Padua, wo sie, ohne den Bügel zu verlassen, ihre Pferde fressen und saufen ließen, von dem geschwätzigen Schenkwirt das große Stadtunglück und das größere Stadtärgernis, den Untergang der Hochzeitsbarke und die weggeschleuderte Kutte des Mönches erfahren, so ziemlich mit allen Umständen, ohne die vereinigten Hände Dianas und Astorres jedoch, welche noch nicht offenbar geworden waren. Unzerstörliche Bande, die uns an die Gespielen unserer Kindheit fesseln! Von dem seltsamen Schicksale Astorres betroffen, konnten die beiden keine Ruhe finden, bis sie ihn mit Augen gesehen, den Wiedergewonnenen. Während langer Jahre waren sie nur dem Mönche begegnet, zufällig auf der

Straße, ihn mit einem zwar freundlichen, aber durch aufrichtige Ehrfurcht vertieften und etwas fremden Kopfnicken begrüßend.

Gocciola, den sie im Hofe des Palastes fanden, wie er mit einer Semmel beschäftigt auf einem Mäuerlein saß und die Beine baumeln ließ, führte sie in den Garten. Ihnen voranwandelnd, unterhielt der Narr die Jünglinge nicht von dem tragischen Schicksale des Hauses, sondern nur von seinen eigenen Angelegenheiten, welche ihm als das weit Wichtigere erschienen. Er erzählte, daß er brünstig nach einem seligen Ende strebe, und verschluckte darüber den Rest der Semmel, ohne ihn mit seinen wackligen Zähnen gekaut zu haben, so daß er fast daran erstickte. Über die Gesichter, die er schnitt, und über seine Sehnsucht nach der Zelle brach Ascanio in ein so lustiges Gelächter aus, daß er damit den Himmel entwölkte, wenn dieser heute nicht schon aus eigener Freude in leuchtenden Farben geschwelgt hätte.

Ascanio versagte sich nicht das Tröpfchen zu foppen, schon um den lästigen Begleiter loszuwerden. ‚Ärmster', begann er, ‚du wirst die Zelle nicht erreichen, denn, unter uns, im tiefsten Vertrauen, mein Ohm der Tyrann hat ein begehrliches Auge auf dich geworfen. Laß dir sagen: er besitzt vier Narren, den Stoiker, den Epikuräer, den Platoniker, den Skeptiker, wie er sie benennt. Diese viere stellen sich, wann der Ernste spaßen will, auf seinen Wink in die vier Ecken eines Saales, an dessen Wölbung der gestirnte Himmel und die Planetenbilder prangen. Der Ohm, im Hauskleide, tritt in die Mitte des Raumes, klatscht in die Hände und die Philosophen wechseln hopsend die Winkel. Vorgestern ist der Stoiker heulend und winselnd draufgegangen, weil der Unersättliche viele Pfunde Nudeln auf einmal verschlang. Der Ohm hat mir flüchtig angedeutet, er gedenke ihn zu er-

setzen, und werde sich von dem Mönche, deinem neuen Herrn, als Erbsteuer dich, o Gocciola, erbitten. So steht es. Ezzelin fahndet nach dir. Wer weiß, ob er nicht hinter dir geht.' Dieses war eine Anspielung auf die Allgegenwart des Tyrannen, welche die Paduaner in Furcht und beständigem Zittern hielt. Gocciola stieß einen Schrei aus, als falle die Hand des Gewaltigen auf seine Schulter, blickte sich um, und obwohl niemand hinter ihm ging als sein kurzer Schatten, flüchtete er sich zähneklappernd in irgendein Versteck.

Ich streiche die Narren Ezzelins", unterbrach sich Dante mit einer griffelhaltenden Gebärde, als schriebe er seine Fabel, statt sie zu sprechen, wie er tat. „Der Zug ist unwahr, oder dann log Ascanio. Es ist durchaus undenkbar, daß ein so ernster und ursprünglich edler Geist wie Ezzelin Narren gefüttert und sich an ihrem Blödsinn ergötzt habe." Diesen geraden Stich führte der Florentiner gegen seinen Gastfreund, auf dessen Mantel Gocciola saß, den Dichter angrinsend.

Cangrande tat nicht dergleichen. Er versprach sich im stillen, bei erster Gelegenheit mit Wucher heimzuzahlen.

Befriedigt, fast heiter setzte Dante seine Erzählung fort.

„Endlich entdeckten die beiden den entmönchten Mönch, welcher, wie gesagt, den Rücken an den Stamm einer Pinie lehnte –"

„An den Stamm einer Zeder, Dante", verbesserte die aufmerksam gewordene Fürstin.

„– einer Zeder lehnte und sich die Fußspitzen sonnte. Er bemerkte die sich ihm von beiden Seiten Nähernden nicht, so tief war er in sein leeres oder volles Träumen versunken. Jetzt bückte sich der mutwillige Ascanio nach einem Grashalm, brach denselben und kitzelte damit die Nase des Mönches, daß dieser dreimal kräftig nieste. Astorre ergriff freundlich die Hände seiner Jugendgespielen und zog sie rechts und links neben sich auf den Rasen nieder. ‚Nun, was saget ihr dazu?‘ fragte er in einem Tone, der eher schüchtern als herausfordernd klang.

‚Zuerst mein aufrichtiges Lob deines Priors und deines Klosters‘, scherzte Ascanio. ‚Sie haben dich frisch bewahrt. Du schaust jugendlicher als wir beide. Freilich die knappe weltliche Tracht und das glatte Kinn mögen dich auch verjüngen. Weißt du, daß du ein schöner Mann bist? Du liegst unter deiner Riesenzeder gleich dem ersten Menschen, den Gott, wie die Gelehrten behaupten, als einen Dreißigjährigen erschuf, und ich‘, fuhr er mit einer unschuldigen Miene fort, da er den Mönch über seinen Mutwillen erröten sah, ‚bin wahrlich der letzte, dich zu tadeln, daß du dich aus der Kutte befreitest, denn sein Geschlecht zu erhalten, ist der Wunsch alles Lebenden.‘

‚Es war nicht mein Wunsch noch freier Entschluß‘, bekannte der Mönch wahrhaft. ‚Widerstrebend tat ich den Willen eines sterbenden Vaters.‘

‚Wirklich?‘ lächelte Ascanio. ‚Erzähle das niemandem, Astorre, als uns, die dich lieben. Andern würde dich diese Unselbständigkeit lächerlich oder gar verächtlich machen. Und, weil wir vom Lächerlichen reden, gib acht, ich bitte dich, Astorre, daß du den Menschen aus dem Mönche entwickelst, ohne den guten Geschmack zu beleidigen! Der heikle Übergang will sorgfältig geschont und abgestuft sein. Nimm Rat an! Du reisest ein Jährchen, zum Beispiel an den Hof des Kaisers, von wo nach Padua und zurück die Boten nicht zu laufen aufhören. Du lässest dich von Ezzelin nach Palermo senden! Dort lernst du neben dem vollkommensten Ritter und dem vorurteilslosesten Menschen – ich meine unsern zweiten Friedrich – auch die Weiber kennen und gewöhnst dir die Mönchsart ab, sie zu vergöttern oder gering zu schätzen. Das Gemüt des Herrschers färbt Hof und Stadt. Wie das Leben hier in Padua geworden ist, unter meinem Ohm, dem Tyrannen, wild und übertrieben und gewalttätig, gibt es dir ein falsches Weltbild. Palermo, wo sich unter dem menschlichsten aller Herrscher Spiel und Ernst, Tugend und Lust, Treue und Unbestand, guter Glaube und kluges Mißtrauen in den richtigen Verhältnissen mischen, bietet das wahrere. Dort vertändelst du den Reigen eines Jahres mit unsern Freundinnen und Feindinnen in erlaubter oder läßlicher Weise' – der Mönch runzelte die Stirn –, ‚machst etwa einen Feldzug mit, ohne jedoch unbesonnen dich auszusetzen – denke an deine Bestimmung – nur daß du dich wieder erinnerst, wie Pferd und Klinge geführt wird – als Knabe verstundest du das – behältst deine muntern braunen Augen, die – bei der Fackel der Aurora! – leuchten und sprühen, seit du das Kloster verlassen hast, überall offen und kehrst uns als ein Mann zurück, der sich und andere besitzt.'

‚Er muß dort beim Kaiser eine Schwäbin heiraten', riet der Gepanzerte gutmütig. ‚Sie sind frömmer und verläßlicher als unsere Weiber.'

‚Schweigst du wohl?' drohte ihm Ascanio mit dem Finger. ‚Mache mir keine Langeweile mit semmelblonden Zöpfen!' Der Mönch aber drückte die Rechte Germanos, welche er noch nicht hatte fahren lassen.

‚Aufrichtig, Germano', forschte er, ‚was sagst du dazu?'

‚Wozu?‘ fragte dieser barsch.

‚Nun, zu meinem neuen Stande?‘

‚Astorre, mein Freund‘, antwortete der Schnurrbärtige etwas verlegen, ‚ist' es getan, frägt man nicht mehr herum nach Beirat und Urteil. Man behauptet sich, wo man steht. Willst du aber meine Meinung durchaus wissen, nun, schau, Astorre, verletzte Treue, gebrochenes Wort, Fahnenflucht und so weiter, dem gibt man in Germanien grobe Namen. Natürlich bei dir ist's etwas ganz anderes, das läßt sich gar nicht vergleichen – und dann der sterbende Vater – Astorre, mein lieber Freund, du hast ganz hübsch gehandelt, nur wäre das Gegenteil noch hübscher gewesen. Das ist meine Meinung‘, schloß er treuherzig.

‚So hättest du mir, wärest du dagewesen, die Hand deiner Schwester verweigert, Germano?‘

Dieser fiel aus den Wolken. ‚Die Hand meiner Schwester? der Diana? Derselben, die deinen Bruder betrauert?‘

‚Derselben. Sie ist meine Verlobte.‘

‚O herrlich!‘ rief jetzt der weltkluge Ascanio, und ‚Erfreulich!‘ fiel Germano bei. ‚Laß dich umarmen, Schwager!‘ Der Gepanzerte hatte trotz seiner Geradheit gute Lebensart. Aber er unterdrückte einen Seufzer. So herzlich er die herbe Schwester achtete, dem Mönche, wie dieser neben ihm saß, hätte er, nach seinem natürlichen Gefühle, ein anderes Weib gegeben.

So drehte er den Schnurrbart und Ascanio das Steuerruder des Gespräches. ‚Eigentlich, Astorre‘, plauderte der Heitere, ‚müssen wir damit anfangen, uns wieder kennenzulernen; nicht weniger als deine fünfzehn beschaulichen Klosterjahre liegen zwischen unserer Kindheit und heute. Nicht daß wir inzwischen unser Wesen geändert hätten, wer ändert es? Doch wir haben uns ausgewachsen. Dieser zum Beispiel' – er deutete gegen Germano – ‚freut sich jetzt eines schönen Waffenruhmes; aber ich habe ihn zu verklagen, daß er ein halber Deutscher geworden ist. Er' – Ascanio krümmte den Arm, als leere er den Becher – ‚und hernach wird er tiefsinnig oder händelsüchtig. Auch verachtet er unser süßes Italienisch. Ich werde deutsch mit euch reden! prahlt er und brummt die Bärenlaute einer unmenschlichen Sprache. Dann erbleicht sein Gesinde, seine Gläubiger fliehen und unsere Paduanerinnen kehren ihm die stattlichen Rücken zu. Dergestalt ist er vielleicht so jungfräulich geblieben als du, Astorre', und er legte dem Mönch traulich die Hand auf die Schulter.

Germano lachte herzlich und erwiderte auf Ascanio zeigend: ‚Und dieser hier hat seine Bestimmung gefunden, indem er der perfekte Höfling wurde.'

‚Da irrst du dich, Germano', widersprach der Günstling Ezzelins. ‚Meine Bestimmung war, das Leben leicht und heiter zu genießen.' Und zum Beweise dessen rief er freundlich gebietend das Kind des Gärtners herbei, das er in einiger Entfernung sich vorüberstehlen und nach seiner neuen Herrschaft, dem Mönche schielen sah. Das hübsche Ding trug einen mit Trauben und Feigen überhäuften Korb auf dem lachenden Haupte und schaute eher schelmisch als schüchtern. Ascanio war aufgesprungen. Er legte die Linke um die schlanke Seite des Mädchens und holte sich mit der Rechten aus dem Korb eine Traube. Zugleich suchte sein Mund die schwellenden Lippen. ‚Mich durstet', sagte er. Das Mädchen tat schämig, hielt aber stille, weil es seine Früchte nicht verschütten wollte. Unmutig wendete sich der Mönch von den zwei Leichtsinnigen ab, und das erschreckende Dirnchen entrann, da es die harte mönchische Gebärde erblickte, den Pfad ihrer Flucht mit rollenden Früchten bestreuend. Ascanio, der seine Traube in der Hand hielt, hob hinter den flüchtigen Stapfen noch zwei andere auf, deren eine er Germano bot, welcher aber die ungekelterte verächtlich ins Gras warf. Die andere reichte der Mutwillige dem Mönche, der sie eine Weile ebenfalls unberührt ließ, dann aber gedankenlos eine saftige Beere und bald noch eine zweite und die dritte kostete.

‚Ein Höfling?' fuhr Ascanio fort, der sich, belustigt durch die Zimperlichkeit des dreißigjährigen Mönches, wieder neben ihn auf den Rasen geworfen hatte. ‚Glaube das nicht, Astorre! Glaube das Gegenteil! Ich bin der einzige, welcher meinem Ohm leise, aber verständlich zuredet, daß er nicht unbarmherzig werde, daß er ein Mensch bleibe.'

‚Er ist nur gerecht und sich selbst getreu!' meinte Germano.

‚Über seine Gerechtigkeit!' jammerte Ascanio, ‚und über seine Logik! Padua ist Reichslehen. Ezzelin ist Vogt. Wer ihm mißfällt, lehnt sich gegen das Reich auf. Hochverräter werden –' Er brachte es nicht über die Lippen. ‚Abscheulich!' murmelte er. ‚Und überhaupt: warum dürfen wir Welsche kein eigenes Leben unter unserer warmen Sonne führen? Warum dieses Nebelphantom des Reiches, das uns den Atem beengt? Ich rede nicht für mich. Ich bin an den Ohm gefesselt. Stirbt der Kaiser, den Gott erhalte, so wirft sich ganz Italien mit Flüchen und Verwünschungen über den Tyrannen Ezzelin und den Neffen erwürgen sie so nebenbei.' Ascanio betrachtete über der üppigen Erde den strahlenden Himmel und stieß einen Seufzer aus.

‚Uns beide', ergänzte Germano kaltblütig. ‚Das aber hat Weile. Der Gebieter besitzt eine feste Prophezeiung. Der gelehrte Guido Bonatti und Paul von Bagdad, welcher mit seinem langen Barte den Staub der Gasse zusammenfegt, haben ihm, so sehr sich die aufeinander Eifersüchtigen gewöhnlich widersprechen, ein neues seltsames Sternbild einmütig folgendergestalt enträtselt: in einer Kürze oder Länge wird ein Sohn der Halbinsel die ungeteilte Krone derselben erringen mit Hilfe eines germanischen Kaisers, der für sein Teil jenseits der Gebirge alles Deutsche in einen harten Reichsapfel zusammenballt. Ist Friedrich dieser Kaiser? Ist dieser König Ezzelin? Das weiß Gott, der Zeit und Stunde kennt, aber der Gebieter hat darauf seinen Ruhm und unsere Köpfe verwettet.‘

‚Geflechte von Vernunft und Wahn!‘ ärgerte sich Ascanio, während der Mönch erstaunte über die Macht der Sterne, den weiten Ehrgeiz der Herrscher und den alles mitreißenden Strom der Welt. Auch erschreckte ihn das Gespenst der beginnenden Grausamkeit Ezzelins, in welchem der Unschuldige die verkörperte Gerechtigkeit gesehen hatte.

Ascanio beantwortete seine schweigenden Zweifel, indem er fortfuhr: ‚Mögen sie beide einen bösen Tod finden, der stirnrunzelnde Guido und der bärtige Heide! Sie verleiten den Ohm, seinen Launen und Lüsten zu gehorchen, indem er das Notwendige zu tun glaubt. Hast du ihm schon zugeschaut, Germano, wie er bei seinem kargen Mahle in dem durchsichtigen Kristall des Bechers sein Wasser mit den drei oder vier blutroten Tropfen Sizilianers färbt, welche er sich gönnt? wie sein aufmerksamer Blick das Blut verfolgt, das sich langsam wölkt und durch den lautern Quell verbreitet? oder wie er den Toten die Lider zuzudrücken liebt, so daß es zur Höflichkeit geworden ist, den Vogt wie zu einem Fest an die Sterbelager zu bitten und ihm diese traurige Handlung zu überlassen? Ezzelin, mein Fürst, werde mir nicht grausam!' rief der Jüngling aus, von seinem Gefühl überwältigt.

‚Ich denke nicht, Neffe', sprach es hinter ihm. Es war Ezzelin, welcher ungesehen herangetreten war und, obwohl kein Lauscher, den letzten schmerzlichen Ausruf Ascanios vernommen hatte.

Die drei Jünglinge erhoben sich rasch und begrüßten den Herrscher, der sich auf die Bank niederließ. Sein Gesicht war ruhig wie die Maske des Brunnens.

‚Ihr meine Boten', stellte er Ascanio und Germano zur Rede, ‚was kam euch an, diesen hier' – er nickte leicht gegen den Mönch – ‚vor mir aufzusuchen?'

‚Er ist unser Jugendgespiele und hat Seltsames erfahren', entschuldigte der Neffe und Ezzelin ließ es gelten. Er empfing die Briefschaften, die ihm Ascanio das Knie biegend überreichte. Alles schob er in den Busen außer der Bulle. ‚Siehe da', sagte er, ‚das Neueste! Lies vor, Ascanio! Du hast jüngere Augen als ich.'

Ascanio rezitierte den apostolischen Brief, während Ezzelin die Rechte in den Bart vergrub und mit dämonischem Vergnügen zuhörte.

Zuerst gab der dreigekrönte Schriftsteller dem geistreichen Kaiser den Namen eines apokalyptischen Ungeheuers. ‚Ich kenne das, es ist absurd', sagte der Tyrann. ‚Auch mich hat der Pontifex in seinen Briefen ausschweifend betitelt, bis ich ihn ermahnte, mich, welcher Ezzelin der Römer heißt, fortan in klassischer Sprache zu schelten. Wie nennt er mich diesesmal? Ich bin neugierig. Suche nur die Stelle, Ascanio, – es wird sich eine finden – wo er meinem Schwieger seinen bösen Umgang vorhält. Gib her!' Er ergriff das Schreiben und fand bald den Ort: hier beschuldigte der Papst den Kaiser, den Gatten seiner Tochter zu lieben, ‚Ezzelino da Romano, den größten Verbrecher der bewohnten Erde'.

‚Korrekt!' lobte Ezzelin und gab Ascanio das Schreiben zurück. ‚Lies mir die Gottlosigkeiten des Kaisers, Neffe', lächelte er.

Ascanio las, Friedrich habe geäußert, es gebe neben vielem Wahn nur zwei wahre Götter: Natur und Vernunft. Der Tyrann zuckte die Achseln.

Ascanio las ferner, Friedrich habe geredet: drei Gaukler, Moses, Mohammed und – er stockte – hätten die Welt betrogen. ‚Oberflächlich', tadelte Ezzelin, ‚sie hatten ihre Sterne; aber, gesagt oder nicht, der Spruch gräbt sich ein und wiegt für den unter der Tiara ein Heer und eine Flotte. Weiter.'

Nun kam eine wunderliche Mär an die Reihe: Friedrich hätte, durch ein wogendes Kornfeld reitend, mit seinem Gefolge gescherzt und in lästerlicher Anspielung auf die heilige Speise den Dreireim zum besten gegeben:

So viele Ähren, so viele Götter sind,
Sie schießen empor in der Sonne geschwind
Und wiegen die goldenen Häupter im Wind –

Ezzelin besann sich. ‚Seltsam!' flüsterte er. ‚Mein Gedächtnis hat dieses Verschen aufbewahrt. Es ist durchaus authentisch. Der Kaiser hat es mir mit fröhlich lachendem Munde zugerufen, da wir zusammen im Angesichte der Tempeltrümmer von Enna jene strotzenden Ährenfelder durchritten, mit welchen Göttin Ceres die sizilische Scholle gesegnet hat. Darauf besinne ich mich mit derselben Klarheit, welche an jenem Sommertage über der Insel glänzte. Ich bin es nicht, der diesen heitern Scherz dem Pontifex mitgeteilt hat. Dazu bin ich zu ernsthaft. Wer tat es? Ich mache euch zu Richtern, Jünglinge. Wir ritten zu dreien und der dritte – auch dessen bin ich gewiß, wie dieser leuchtenden Sonne' – sie warf gerade einen Strahl durch das Laub – ‚war Petrus de Vinea, der Unzertrennliche des Kaisers. Hätte der fromme Kanzler für seine Seele gebangt und sein Gewissen durch einen Brief nach Rom erleichtert? Reitet ein Sarazene heute? Ja? Rasch, Ascanio. Ich diktiere dir eine Zeile.'

Dieser zog Täfelchen und Stift hervor, ließ sich auf das rechte Knie nieder und schrieb, das gebogene linke als Pult gebrauchend:

‚Erhabener Herr und geliebter Schwieger! Ein schnelles Wort. Das Verschen in der Bulle – Ihr seid zu geistreich, um Euch zu wiederholen – haben nur vier Ohren gehört, die meinigen und die Eures Petrus, in den Kornfeldern von Enna, vor einem Jahre, da Ihr mich an Euren Hof beriefet und ich mit Euch die Insel durchritt. Kein Hahn kräht danach, wenn nicht der im Evangelium, welcher den Verrat des Petrus bekräftigte. Wenn Ihr mich und Euch liebet, Herr, so versuchet Euern Kanzler mit einer scharfen Frage.'

‚Blutiges Wortspiel! Das schreibe ich nicht! Die Hand zittert mir!' rief der erblassende Ascanio. ‚Ich bringe den Kanzler nicht auf die Folter!' und er warf den Stift weg.

‚Dienstsache', bemerkte Germano trocken, hob den Stift auf und beendigte das Schreiben, welches er unter seine Eisenhaube schob. ‚Es läuft noch heute', sagte er. ‚Mir für meine einfache Person hat der Capuaner nie gefallen: er hat einen verhüllten Blick.'

Der Mönch Astorre schauderte zusammen trotz der Mittagssonne. Zum ersten Male griff der aus dem Klosterfrieden Geschiedene, gleichsam mit Händen, wie die schlüpfrigen Windungen einer Natter, den Argwohn oder den Verrat der Welt. Aus seinem Brüten weckte ihn ein strenges Wort Ezzelins, welches dieser an ihn richtete, von seiner Steinbank sich erhebend.

‚Sprich, Mönch, warum vergräbst du dich in dein Haus? Du hast es noch nie verlassen, seit du weltliches

Gewand trägst. Du scheust die öffentliche Meinung? Tritt ihr entgegen! Sie weicht zurück. Machst du aber eine Bewegung der Flucht, so heftet sie sich an deine Sohle wie eine heulende Meute. Hast du deine Braut Diana besucht? Die Trauerwoche ist vorüber. Ich rate dir: heute noch lade deine Sippen, und heute noch vermähle dich mit Diana!'

,Und dann rasch mit euch auf dein entlegenstes Schloß!' beendigte Ascanio.

,Das rate ich nicht', verbot der Tyrann. ,Keine Furcht. Keine Flucht. Heute vermählst du dich, und morgen hältst du Hochzeit mit Masken. Valete!' Er schied, Germano winkend ihm zu folgen."

„Darf ich unterbrechen?" fragte Cangrande, der höflich genug gewesen war, eine natürliche Pause der Erzählung abzuwarten.

„Du bist der Herr", versetzte der Florentiner mürrisch.

„Traust du dem unsterblichen Kaiser jenes Wort von den drei großen Gauklern zu?"

„Non liquet."

„Ich meine: in deinem innersten Gefühl?"

Dante verneinte mit einer deutlichen Bewegung des Hauptes.

„Und doch hast du ihn als einen Gottlosen in den sechsten Kreis deiner Hölle verdammt. Wie durftest du das? Rechtfertige dich!"

„Herrlichkeit", antwortete der Florentiner, „die Komödie spricht zu meinem Zeitalter. Dieses aber liest die fürchterlichste der Lästerungen mit Recht oder Unrecht auf jener erhabenen Stirne. Ich vermag nichts gegen die fromme Meinung. Anders vielleicht urteilen die Künftigen.

„Mein Dante", fragte Cangrande zum andern Mal, „glaubst du Petrus de Vinea unschuldig des Verrates an Kaiser und Reich?"

„Non liquet."

„Ich meine: in deinem innersten Gefühle?"

Dante verneinte mit derselben Gebärde.

„Und du lässest den Verräter in deiner Komödie seine Unschuld beteuern?"

„Herr", rechtfertigte sich der Florentiner, „werde ich, wo klare Beweise fehlen, einen Sohn der Halbinsel mehr des Verrates bezichtigen, da schon so viele Arglistige und Zweideutige unter uns sind?"

„Dante, mein Dante", sagte der Fürst, „du glaubst nicht an die Schuld und du verdammst! Du glaubst an die Schuld und du sprichst frei!" Dann führte er die Erzählung in spielendem Scherze weiter:

„Auch der Mönch und Ascanio verließen jetzt den Garten und betraten die Halle." Doch Dante nahm ihm das Wort.

„Keineswegs, sondern sie stiegen in eine Turmstube, dieselbe, die Astorre als Knabe mit ungeschorenen Locken bewohnt: denn dieser mied die großen und prunkenden Gemächer, welche er sich erst gewöhnen mußte als sein Eigentum zu betrachten, wie er auch den ihm hinterlassenen goldenen Hort noch mit keinem Finger berührt hatte. Den beiden folgte, auf einen gebietenden Wink Ascanios, der Majordom Burcardo in gemessener Entfernung mit steifen Schritten und verdrießlichen Mienen."

Der gleichnamige Haushofmeister Cangrandes war nach verrichtetem Geschäfte neugierig lauschend in den Saal zurückgetreten, denn er hatte bemerkt, daß es sich um wohlbekannte Personen handle; da er nun sich selbst nennen hörte und unversehens und lebensgroß im Spiegel der Novelle erblickte, fand er diesen Mißbrauch seiner Ehrenperson verwegen und durchaus unziemlich im Munde des beherbergten Gelehrten und geduldeten Flüchtlings, welchem er in gerechter Erwägung der Verhältnisse und Unterschiede auf dem obern Stockwerke des fürstlichen Hauses eine denkbar einfache Kammer eingeräumt hatte. Was die andern lächelnd gelitten, empfand er als ein Ärgernis. Er runzelte die Brauen und rollte die Augen. Der Florentiner weidete sich mit ernsthaftem Gesichte an der Entrüstung des Pedanten und ließ sich in seiner Fabel nicht stören.

„‚Würdiger Herr', befragte Ascanio den Majordom – habe ich gesagt, daß dieser von Geburt ein Alsatier war? – ‚wie heiratet man in Padua? Astorre und ich sind unerfahrene Kinder in dieser Wissenschaft.'

Der Haushofmeister warf sich in Positur, starr seinen Herrn anschauend, ohne Ascanio, der ihm nach seinen Begriffen nichts zu befehlen hatte, eines Blickes zu würdigen. ‚Distinguendum est', sagte er feierlich. ‚Es ist auseinander zu halten: Werbung, Vermählung und Hochzeit.' ‚Wo steht das geschrieben?' scherzte Ascanio.

‚Ecce!' antwortete der Majordom, indem er ein großes Buch entfaltete, das ihn niemals verließ. ‚Hier!' und er wies mit dem gestreckten Finger der linken Hand auf den Titel, welcher lautete: ‚Die Zeremonien von Padova nach genauer Erforschung zu Nutz und Frommen aller Ehrbaren und Anständigen zusammengestellt von Messer Godoscalco Burcardo.' Er blätterte und las: ‚Erster Abschnitt: Die Werbung. Paragraph eins: Der ernsthafte Werber bringt einen Freund gleichen Standes als gültigen Zeugen mit –'

‚Bei den überflüssigen Verdiensten meines Schutzheiligen', unterbrach ihn Ascanio ungeduldig, ‚laß uns zufrieden mit ante und post, mit Werbung und Hochzeit, serviere uns das Mittelstück: wie vermählt man sich in Padua?'

‚In Batova', krähte der gereizte Alsatier, dessen barbarische Aussprache in der Gemütsbewegung noch mehr als gewöhnlich hervortrat, ‚werden zu den adeligen Sbosalizien geladen die zwölf großen Geschlechter' – er zählte sie aus dem Gedächtnisse her – ‚zehn Tage voraus, nicht früher, nicht später, von dem Majordome des Bräutigams, gefolgt von sechs Dienern. In dieser erlauchten Versammlung werden die Ringe gewechselt. Man schlürft Cybrier und verzehrt als Hochzeitsgepäcke die Amarellen –'

‚Gott gebe, daß wir uns nicht die Zähne ausbeißen!' lachte Ascanio, und dem Majordom das Buch entreißend, durchlief er die Namen, von welchen sechs Familienhäupter – sechse von zwölfen – und einige Jünglinge mit breiten Strichen ausgelöscht waren. Sie mochten sich in irgendeine Verschwörung gegen den Tyrannen verwickelt und darin den Untergang gefunden haben.

‚Merk' auf, Alter!' befahl Ascanio, für den Mönch handelnd, welcher in einen Sessel gesunken war und in Gedanken verloren die freundliche Bevormundung sich gefallen ließ. ‚Du hältst deinen Umgang mit den sechs Tagedieben zur Stunde, jetzt gleich, ohne Verzug, verstehst du? und ladest auf heute zur Vesperzeit.'

‚Zehn Tage voraus', wiederholte Herr Burcardo majestätisch, als verkünde er ein Reichsgesetz.

‚Heute und auf heute, Starrkopf!'

‚Unmöglich', sprach der Majordom ruhig. ‚Ändert Ihr den Lauf der Gestirne und Jahreszeiten?'

‚Du rebellierst? Jückt dich der Hals, Alter?‘ warnte Ascanio mit einem sonderbaren Lächeln.

Das genügte. Herr Burcardo erriet. Ezzelin hatte befohlen und der hartnäckigste der Pedanten fügte sich ohne Murren, so eisern war die Rute des Tyrannen.

‚Dann ladest du die beiden Herrinnen Canossa nicht, die Olympia und die Antiope.‘

‚Warum diese nicht?‘ fragte der Mönch plötzlich, wie von einem Zauberstabe berührt. Die Luft färbte sich vor seinem Blicke und ein Bild entstand, dessen erster Umriß schon seine ganze Seele fesselte.

‚Weil die Gräfin Olympia eine Törin ist, Astorre. Kennst du die Geschichte des armen Weibes nicht? Doch du stakest ja damals noch in den Windeln, will sagen in der Kutte. Es war vor drei Jahren, da die Blätter gilbten.‘

‚Im Sommer, Ascanio. Eben jährt es sich‘, widersprach der Mönch.

‚Du hast recht – kennst du denn die Geschichte? Doch wie solltest du? Zu jener Zeit munkelte der Graf Canossa mit dem Legaten, wurde belauscht, ergriffen und verurteilt. Die Gräfin tat einen Fußfall vor dem Ohm, der sich in sein Schweigen hüllte. Sie wurde dann auf die sträflichste Weise von einem habgierigen Kämmerer getäuscht, welcher ihr Gewinnes wegen vorspiegelte, der Graf werde vor dem Blocke begnadigt werden. Das ging nicht in Erfüllung, und da man der Gräfin einen Enthaupteten brachte, warf sich ihm die aus der Hoffnung kopfüber in die Verzweiflung Geschleuderte durch das Fenster entgegen, wunderbarerweise ohne sich zu verletzen, außer daß sie sich den Fuß verstauchte. Aber von jenem Tage an war ihr Geist zerrüttet. Wenn natürliche Stimmungen sich unmerklich ineinander verlieren wie das erlöschende Licht in die wachsende Dämmerung, wechseln die ihrigen in rasendem Umschwung von Hell und Dunkel zwölfmal in zwölf Stunden. Von beständiger Unruhe gestachelt, eilt das elende Weib aus ihrem verödeten Stadtpalast auf ihr Landgut und aus diesem in die Stadt zurück, in ewigem Irrgange. Heute will sie ihr Kind einem Pächterssohn vermählen, weil nur Niedrigkeit Schutz und Frieden gewähre, morgen wäre ihr der edelste Freier, der übrigens aus Scheu vor einer solchen Mutter sich nicht einstellt, kaum vornehm genug –‘

Hätte Ascanio, während seine Rede floß, den flüchtigsten Blick auf den Mönch geworfen, er hätte staunend inne gehalten, denn das Antlitz des Mönches verklärte sich vor Mitleid und Erbarmen.

‚Wenn der Tyrann‘, fuhr der Achtlose fort, ‚an der Behausung Olympias vorüber auf die Jagd reitet, stürzt sie ans Fenster und erwartet, er werde an ihrer Schwelle vom Pferde steigen und die in Ungnade Geratene, aber nun genug Geprüfte, günstig und gnädig an seinen Hof zurückführen, wozu er wahrlich keine Lust hat. Eines andern Tages, oder noch an demselben, wähnt sie sich von Ezzelin, welcher sich nicht um sie bekümmert, verfolgt und geächtet. Sie glaubt sich verarmt und ihre Güter, die er unberührt ließ, eingezogen. So brennt und friert sie im Wechselfieber der schroffsten Gegensätze, ist nicht nur selbst verrückt, sondern verrückt auch, was sie in die wirbelnden Kreise ihres Kopfes zieht, und stiftet – denn sie ist nur eine halbe Törin und redet mitunter treffend und witzig – überall Unheil, wo ihr geglaubt wird. Es kann nicht die Rede davon sein, sie unter die Leute und an ein Fest zu bringen. Ein Wunder ist, daß ihr Kind, die Antiope, welches sie vergöttert und dessen Verheiratung sich im Mittelpunkte ihrer Phantasie dreht, auf diesem schwanken Boden den Verstand behält. Aber das Mädchen, das in seiner Frühblüte steht und leidlich hübsch ist, hat eine gute Natur ...' So ging es noch eine Weile fort.

Astorre aber versank in seinem Traume. So sage ich, weil das Vergangene Traum ist. Denn der Mönch sah, was er vor drei Jahren erlebt hatte: einen Block, den Henker daneben, und sich selbst an der Stelle eines erkrankten Mitmönches als geistlichen Tröster, der einen armen Sünder erwartet. Dieser – der Graf Canossa – erschien gefesselt, wollte aber durchaus nicht herhalten, sei es weil er wähnte, seine Begnadigung werde, jetzt da er vor dem Blocke stehe, nicht säumen, sei es einfach, weil er die Sonne liebte und die Gruft verabscheute. Er ließ den Mönch hart an und verschmähte seine Gebete. Ein entsetzliches Ringen stand bevor, wenn er fortfuhr, sich zu sträuben und zu stemmen; denn er hielt sein Kind an der Hand, welches ihm – von den Wachen unbemerkt – zugesprungen war und ihn umklammerte, die ausdrucksvollsten Augen und die flehendsten Blicke auf den Mönch heftend. Der Vater drückte das Mädchen fest an seine Brust und schien sich mit diesem jungen Leben gegen die Vernichtung decken zu wollen, wurde aber von dem Henker nieder und mit dem Haupte auf den Block gedrückt. Da legte das Kind Kopf und Nacken neben den väterlichen. Wollte es das Mitleid des Henkers erwecken? Wollte es den Vater ermutigen, das Unabwendbare zu leiden? Wollte es dem Unversöhnten den Namen eines Heiligen ins Ohr murmeln? Tat es das Unerhörte ohne Besinnen und Überlegung, aus überströmender kindlicher Liebe? Wollte es einfach mit ihm sterben?

Jetzt leuchteten die Farben so kräftig, daß der Mönch die zwei nebeneinander liegenden Hälse, den ziegelroten Nacken des Grafen und den schneeweißen des Kindes mit dem gekräuselten goldbraunen Flaume wenige Schritte vor sich in voller Lebenswahrheit erblickte. Das Hälschen war von der schönsten Bildung und ungewöhnlicher Schlankheit. Astorre bebte, das fallende Beil möchte sich irren, und fühlte sich in tiefster Seele erschüttert, nicht anders als das erste Mal, nur daß ihm die Sinne nicht schwanden, wie sie ihm damals geschwunden waren, als die schreckliche Szene in Wahrheit und Wirklichkeit sich ereignete, und er erst wieder zu sich kam, als alles vorüber war.

‚Hat mir mein Gebieter einen Auftrag zu geben?' störte den Verzückten die schnarrende Stimme des Majordoms, der es schwer ertrug, von Ascanio gemeistert zu werden.

‚Burcardo', antwortete Astorre mit weicher Stimme, ‚vergiß nicht, die zwei Frauen Canossa, Mutter und Tochter zu laden. Es sei nicht gesagt, daß der Mönch die von der Welt Gemiedenen und Verlassenen von sich fernhält. Ich ehre das Recht einer Unglücklichen' – hier stimmte der Majordom mit eifrigem Nicken bei – ‚von mir geladen und empfangen zu werden. Würde sie übergangen, es dürfte sie schwer kränken, wie sie beschaffen ist.'

‚Beileibe!' warnte Ascanio. ‚Tu' dir doch das nicht zuleide! Dein Verlöbnis ist schon abenteuerlich genug! Und das Abenteuerliche begeistert die Törichten. Sie wird nach ihrer Art etwas Unglaubliches beginnen und irgendein tolles Wort in die Feier schleudern, welche sonst schon alle Paduanerinnen aufregt.'

Herr Burcardo aber, der die Berechtigung einer Canossa, ob sie bei Verstande sei oder nicht, sich zu den Zwölfen zu versammeln, mit den Zähnen festhielt und seinen Gehorsam dem Vicedomini und keinem andern verpflichtet glaubte, verbeugte sich tief vor dem Mönche. ‚Deiner Herrlichkeit allein wird gehorcht', sprach er und entfernte sich.

‚O Mönch, Mönch', rief Ascanio, ‚der die Barmherzigkeit in eine Welt trägt, wo kaum die Güte ungestraft bleibt!'

Doch wie wir Menschen sind", flocht Dante ein, „oft zeigt uns ein prophetisches Licht den Rand eines Abgrundes, aber dann kommt der Witz und klügelt und lächelt und redet uns die Gefahr aus.

Dergestalt fragte und beruhigte sich der Leichtsinnige: Welche Beziehung auf der Welt hat die Närrin zu dem Mönche, in dessen Leben sie nicht die geringste Rolle spielt? Und am Ende – wenn sie zu lachen gibt, so würzt sie uns die Amarellen! Er ahnte nicht von ferne, was sich in der Seele Astorres begab, aber auch wenn er geraten und geforscht, dieser hätte sein keusches Geheimnis dem Weltkinde nicht preisgegeben.

So ließ Ascanio es gut sein, und sich des andern Befehles des Tyrannen erinnernd, den Mönch unter die Leute zu bringen, fragte er lustig: ‚Ist für den Ehereif gesorgt, Astorre? Denn es steht in den Zeremonien geschrieben, Abschnitt zwei, Paragraph so und so: Die Reife werden gewechselt.' Dieser erwiderte, es werde sich dergleichen in dem Hausschatze finden.

‚Nicht so, Astorre', meinte Ascanio. ‚Wenn du mir folgst, kaufst du deiner Diana einen neuen. Wer weiß, was für Geschichten an den gebrauchten Ringen kleben. Wirf das Alte hinter dich. Auch schickt es sich ganz allerliebst: du kaufst ihr einen Ring bei dem Florentiner auf der Brücke. Kennst du den Mann? Doch wie solltest du! Höre: als ich heute in der Frühstunde mit Germano in die Stadt zurückkehrend unsere einzige Brücke über den Kanal beschritt – wir mußten absitzen und die Pferde führen, so dicht war dort das Gedränge – hatte, meiner Treu, auf dem verwitterten Kopfe des Brückenpfeilers ein Goldschmied seinen Laden aufgetan, und ganz Padua kramte und feilschte vor demselben. Warum auf der engen Brücke, Astorre, da wir so viele Plätze haben? Weil in Florenz die Schmuckläden auf der Arnobrücke stehen. Denn – bewundere die Logik der Mode! – wo kauft man feinen Schmuck, als bei einem Florentiner, und wo legt ein Florentiner aus, wenn nicht auf einer Brücke? Er tut es einmal nicht anders. Sonst wäre seine Ware ein plumpes Zeug und er selbst kein echter Florentiner. Doch dieser ist es, ich meine. Hat er doch mit riesigen Buchstaben über seine Bude geschrieben: *Niccolò Lippo dei Lippi der Goldschmied, durch einen feilen und ungerechten Urteilsspruch, wie sie am Arno gebräuchlich sind, aus der Heimat vertrieben.* Auf, Astorre! gehen wir nach der Brücke!‘

Dieser weigerte sich nicht, da er selbst das Bedürfnis fühlen mochte, den Bann des Hausbezirkes zu brechen, welchen er, seit er seine Kutte niedergestreift, nicht mehr verlassen hatte.

‚Hast du Geld zu dir gesteckt, Freund Mönch?‘ scherzte Ascanio. ‚Dein Gelübde der Armut ist hinfällig und der Florentiner wird dich überfordern.‘ Er pochte an das Schiebfensterchen des im untern Flure, welchen die Jünglinge eben durchschritten, gelegenen Hauskontores. Es zeigte sich ein verschmitztes Gesicht, jede Falte ein Betrug, und der Verwalter der Vicedomini – ein Genuese, wenn ich recht berichtet bin – reichte seinem Herrn mit kriechender Verbeugung einen mit Goldbyzantinern gefüllten Beutel. Dann wurde der Mönch von einem Diener in den bequemen paduanischen Sommermantel mit Kapuze gehüllt.

Auf der Straße zog sich Astorre dieselbe tief ins Gesicht, weniger gegen die brennenden Strahlen der Sonne, als aus langer Gewöhnung, und wandte sich freundlich gegen seinen Begleiter. ‚Nicht wahr, Ascanio', sagte er, ‚diesen Gang tue ich allein? Einen einfachen Goldring zu kaufen, übersteigt meinen Mönchsverstand nicht? Das traust du mir noch zu? Auf Wiedersehen bei meiner Vermählung, wann es Vesper läutet!' Ascanio ging und rief noch über die Schulter zurück: ‚Einen, nicht zweie! Den deinigen gibt dir Diana! Merke dir das, Astorre!' Es war eine jener farbigen Seifenblasen, deren der Lustige mehr als eine täglich von den Lippen in die Luft jagte.

Fraget ihr mich, Herrschaften, warum der Mönch den Freund beurlaubte, so sage ich: er wollte den himmlischen Ton, welchen die junge Märtyrerin der Kindesliebe in seinem Gemüte geweckt hatte, rein ausklingen lassen.

Astorre hatte die Brücke erreicht, welche trotz des Sonnenbrandes randvoll war und von den nahen zwei Ufern ein doppeltes Menschengedränge vor den Laden des Florentiners führte. Der Mönch blieb unter seinem Mantel unerkannt, ob auch hin und wieder ein Auge fragend auf dem unbedeckten Teile seines Gesichtes ruhte. Adel und Bürgerschaft suchte sich den Vortritt abzugewinnen. Vornehme Weiber stiegen aus ihren Sänften und ließen sich drängen und drücken, um ein Paar Armringe oder ein Stirnband von neuester Mache zu erhandeln. Der Florentiner hatte auf allen Plätzen mit der Schelle verkündigen lassen, er schließe heute nach dem Ave Maria. Er dachte nicht daran. Doch was kostet einen Florentiner die Lüge!

Endlich stand der Mönch, von Menschen eingeengt, vor der Bude. Der bestürmte Händler, der sich verzehnfachte, streifte ihn mit einem erfahrenen Seitenblick und erriet sofort den Neuling. ‚Womit diene ich dem gebildeten Geschmacke der Herrlichkeit?' fragte er. ‚Gib mir einen einfachen Goldreif', antwortete der Mönch. Der Kaufmann ergriff einen Becher, auf welchem, nach florentinischer Kunst und Art, in erhabener Arbeit irgend etwas Üppiges zu sehen war. Er schüttelte den Kelch, in dessen Bauche hundert Reife wimmelten, und bot ihn Astorre.

Dieser geriet in eine peinliche Verlegenheit. Er kannte den Umfang des Fingers nicht, welchen er mit einem Reife bekleiden sollte, und deren mehrere heraushebend, zauderte er sichtlich zwischen einem weitern und einem engern. Der Florentiner konnte den Spott nicht lassen, wie denn ein versteckter Hohn aus aller Rede am Arno hervorkichert. ‚Kennt der Herr die Gestalt des Fingers nicht, welchen er doch wohl zuweilen gedrückt hat?' fragte er mit einem unschuldigen Gesichte, aber als ein kluger Mann verbesserte er sich alsobald und in der heimischen Meinung, der Verdacht der Unwissenheit sei beleidigend, derjenige der Sünde aber schmeichle, gab er Astorre zwei Ringe, einen größern und einen kleinern, die er aus Daumen und Zeigefinger seiner beiden Hände geschickt zwischen die Daumen und Zeigefinger des Mönches hinübergleiten ließ. ‚Für die zwei Liebchen der Herrlichkeit', wisperte er sich verneigend.

Ehe noch der Mönch über diese lose Rede ungehalten werden konnte, erhielt er einen harten Stoß. Es war das Schulterblatt eines Roßpanzers, das ihn so unsanft streifte, daß er den kleinern Ring fallen ließ. In demselben Augenblicke schmetterte ihm der betäubende Ton von acht Tuben ins Ohr. Die Feldmusik der germanischen Leibwache des Vogtes ritt in zwei Reihen, beide vier Rosse hoch, über die Brücke, den ganzen Menscheninhalt derselben auseinander werfend und gegen die steinernen Geländer pressend.

Sobald die Bläser vorüber waren, stürzte der Mönch, den festgehaltenen größern Ring rasch in seinem Gewande bergend, dem kleinern nach, welcher unter den Hufen der Gäule weggerollt war.

Das alte Bauwerk der Brücke war in der Mitte ausgefahren und vertieft, so daß der Reif die Höhlung hinab und dann durch seine eigene Bewegung getrieben die andere Seite hinanrollte. Hier hatte eine junge Zofe, namens Isotta oder, wie man in Padua den Namen kürzt, Sotte, das rollende und blitzende Ding gehascht, auf die Gefahr hin, von den Pferden zerstampft zu werden. ‚Ein Glücksring!' jubelte das unkluge Geschöpf und steckte einer jugendlichen Herrin, welcher sie das Begleite gab, mit kindischem Frohlocken den Fund an den schlanken Finger, den vierten der linken Hand, welcher ihr durch seine zierliche Bildung des engen Schmuckes besonders würdig und fähig schien. In Padua aber, wie auch hier in Verona, wenn mir recht ist, pflegt man den Trauring an der linken Hand zu tragen.

Das Edelfräulein zeigte sich unwillig über die Posse der Magd, war aber doch auch ein bißchen belustigt davon. Sie bemühte sich eifrig, den fremden Ring, der ihr wie angegossen saß, dem Finger wieder abzuziehen. Da stand unversehens der Mönch vor ihr und hob die Arme in freudiger Bewunderung. Seine Gebärde aber war, daß er die geöffnete rechte Hand vor sich hin streckte, die linke in der Höhe des Herzens hielt; denn er hatte, trotz der entfalteten Blüte, an der auffallenden Schlankheit des Halses und wohl mehr noch an der Bewegung seiner

Seele das Kind wiedererkannt, dessen zartes Haupt er auf dem Blocke gesehen hatte.

Während das Mädchen bestürzte, fragende Augen auf den Mönch richtete und immerfort an dem widerspenstigen Ringe drehte, zauderte Astorre, denselben zurückzuverlangen. Doch es mußte geschehen. Er öffnete den Mund. ‚Junge Herrin', begann er – und fühlte sich von zwei starken gepanzerten Armen umfaßt, die sich seiner bemächtigten und ihn emporzogen. Im Augenblicke sah er sich, mit Hilfe eines andern Gepanzerten, ein Bein rechts, ein Bein links, auf ein stampfendes Roß gesetzt. ‚Laß schauen', schallte ein gutmütiges Gelächter, ‚ob du das Reiten nicht verlernt hast!' Es war Germano, welcher an der Spitze der von ihm befehligten deutschen Kohorte ritt, die der Vogt auf eine Ebene unweit Padua zur Musterung befohlen hatte. Da er unvermutet den Freund und Schwager im Freien erblickte, hatte er sich den unschuldigen Spaß gemacht, denselben neben sich auf ein Pferd zu heben, von welchem ein junger Schwabe auf seinen Wink abgesprungen war. Das feurige Tier, welches den veränderten Reiter spürte, tat ein paar wilde Sprünge, es entstand ein Rossegedräng auf der nicht geräumigen Brücke, und Astorre, dem die Kapuze zurückgefallen war, und der sich mit Mühe im Bügel hielt, wurde von dem entsetzt ausweichenden Volke erkannt. ‚Der Mönch! Der Mönch!' rief und deutete es von allen Seiten, aber schon hatte der kriegerische Tumult die Brücke hinter sich und verschwand um eine Straßenecke. Der unbezahlt gebliebene Florentiner rannte nach, aber kaum zwanzig Schritte, denn ihm wurde bange um seine unter der schwachen Hut eines Jüngelchens gelassene Ware, und dann belehrte ihn der Zuruf der Menge, daß er es mit einer bekannten und leicht aufzufindenden Persönlichkeit zu tun habe. Er ließ sich den Palast Astorres bezeichnen und meldete sich dort heute, morgen, übermorgen. Die zwei ersten Male richtete er nichts aus, weil in der Behausung des Mönches alles drunter und drüber ging, das dritte Mal fand er die Siegel des Tyrannen an das verschlossene Tor geheftet. Mit diesem wollte der Feigling nichts zu schaffen haben und so ging er der Bezahlung verlustig.

Die Frauen aber – zu Antiope und der leichtfertigen Zofe hatte sich noch eine dritte, durch den Brückentumult von ihnen abgedrängte wiedergefunden – schritten in der entgegengesetzten Richtung. Diese war ein seltsam blickendes, vorzeitig wie es schien gealtertes Weib mit tiefen Furchen, grauen Haarbüscheln, aufgeregten Mienen, und schleppte ihr vernachlässigtes, aber vornehmes Gewand mitten durch den Straßenstaub.

Sotte erzählte eben der Alten, offenbar der Mutter des Fräuleins, mit dummem Jubel den Vorgang auf der Brücke: Astorre – auch ihr hatte der Zuruf des Volkes ihn genannt – Astorre der Mönch, der stadtkundig freien müsse, habe Antiope verstohlenerweise einen Goldring zugerollt, und als sie – Sotte – den Wink der Vorsehung und die Schlauheit des Mönches verstehend, ihn dem lieben Mädchen angesteckt, sei der Mönch selbst vor dasselbe hingetreten, und da Antiope ihm den Ring in Züchten habe zurückgeben wollen, habe er – sie ahmte den Mönch nach – die Linke zärtlich auf das Herz gelegt, so! die Rechte aber zurückweisend ausgestreckt mit einer Gebärde, die in ganz Italien nichts anderes sage und bedeute als: Behalte, Schatz!

Endlich kam die erstaunte Antiope zu Worte und beschwor die Mutter, auf das alberne Geschwätz Isottens nichts zu geben, aber umsonst. Madonna Olympia erhob die Arme gen Himmel und dankte auf offener Straße dem heiligen Antonius mit Inbrunst, daß er ihre tägliche

Bitte über alles Hoffen und Erwarten erhört und ihrem Kleinod einen ebenbürtigen und tugendhaften Mann, einen seiner eigenen Söhne beschert habe. Dabei gebärdete sie sich so abenteuerlich, daß die Vorübergehenden lachend auf die Stirne wiesen. Die verwirrte Antiope gab sich alle erdenkliche Mühe, der Mutter das blendende Märchen auszureden; aber diese hörte nicht und baute leidenschaftlich an ihrem Luftschlosse weiter.

So langten die Frauen in dem Palaste Canossa an und begegneten im Torbogen einem steif geputzten Majordom, dem sechs verschwenderisch gekleidete Diener folgten. Herr Burcardo ließ, ehrerbietig zurücktretend, Madonna Olympia die Treppe voraufgehen, dann, in einer öden Halle angelangt, machte er drei abgezirkelte Verbeugungen, eine immer näher und tiefer als die andere, und redete langsam und feierlich: ‚Herrlichkeiten, mich sendet Astorre Vicedomini, hochdieselben untertänigst zu seinen Sbosalizien zu laden, heute' – er verschluckte schmerzhaft ‚in zehn Tagen' – ‚wann es Vesper läutet!'“

Dante hielt inne. Seine Fabel lag in ausgeschütteter Fülle vor ihm; aber sein strenger Geist wählte und vereinfachte. Da rief ihn Cangrande.

„Mein Dante“, hub er an, „ich wundere mich, mit wie harten und ätzend scharfen Zügen du deinen Florentiner umrissen hast! Dein Niceolò Lippo dei Lippi ist verbannt durch ein feiles und ungerechtes Urteil. Er selbst aber ist ein Überteurer, ein Schmeichler, ein Lügner, ein Spötter, ein Schlüpfriger und eine Memme, alles nach Art der Florentiner. Und das ist nur ein winziges Flämmchen aus dem Feuerregen von Verwünschungen, womit du dein Florenz überschüttest, nur eine tröpfelnde Neige jener bittern von Essig und Galle triefenden Terzinen, die du in deiner Komödie der Vaterstadt zu kosten gibst. Lasse dir sagen, es ist unedel, seine Wiege zu schmähen, seine Mutter zu beschämen! Es kleidet nicht gut! Glaube mir, es macht einen schlechten Eindruck!

Mein Dante, ich will dir erzählen von einem Puppenspiele, dem ich jüngst, verkappt unter dem Volke mich umtreibend, in unserer Arena zuschaute. Du rümpfst die Nase, daß ich den niedrigen Geschmack habe, in müßigen Augenblicken an Puppen und Narren mich zu vergnügen. Dennoch begleite mich vor die kleine Bühne! Was schaust du da? Mann und Weib zanken sich. Sie wird geprügelt und weint. Ein Nachbar streckt den Kopf durch die Türspalte, predigt, straft, mischt sich ein. Doch siehe! das tapfere Weib erhebt sich gegen den Eindringling und nimmt Partei für den Mann. ‚Wenn es mir beliebt, geprügelt zu werden!' heult sie.

Ähnlicherweise, mein Dante, spricht ein Hochherziger, welchen seine Vaterstadt mißhandelt: Ich will geschlagen sein!" Viele junge und scharfe Augen hafteten auf dem Florentiner. Dieser verhüllte sich schweigend das Haupt. Was in ihm vorging, weiß niemand. Als er es wieder erhob, war seine Stirn vergrämter, sein Mund bitterer und seine Nase länger.

Dante lauschte. Der Wind pfiff um die Ecken der Burg und stieß einen schlecht verwahrten Laden auf. Monte Baldo hatte seine ersten Schauer gesendet. Man sah die Flocken stäuben und wirbeln, von der Flamme des Herdes beleuchtet. Der Dichter betrachtete den Schneesturm, und seine Tage, welche er sich entschlüpfen fühlte, erschienen ihm unter der Gestalt dieser bleichen Jagd und Flucht durch eine unstete Röte. Er bebte vor Frost.

Und seine feinfühligen Zuhörer empfanden mit ihm,

daß ihn kein eigenes Heim, sondern nur wandelbare Gunst wechselnder Gönner bedache und vor dem Winter beschirme, welcher Landstraße und Feldweg mit Schnee bedeckte. Alle wurden es inne und Cangrande, der von großer Gesinnung war, zuerst: Hier sitzt ein Heimatloser!

Der Fürst erhob sich, den Narren wie eine Feder von seinem Mantel schüttelnd, trat auf den Verbannten zu, nahm ihn an der Hand und führte ihn an seinen eigenen Platz, nahe dem Feuer. „Er gebührt dir", sagte er, und Dante widersprach nicht. Cangrande aber bediente sich des freigewordenen Schemels. Er konnte dort bequem die beiden Frauen betrachten, zwischen welchen jetzt der Wanderer durch die Hölle saß, den das Feuer glühend beschien und der seine Erzählung folgendermaßen fortsetzte.

„Während die mindern Glocken in Padua die Vesper läuteten, versammelte sich unter dem Zedergebälke des Prunksaales der Vicedomini, was von den zwölf Geschlechtern übriggeblieben war, den Eintritt des Hausherrn erwartend. Diana hielt sich zu Vater und Bruder. Ein leises Geschwätze lief um. Die Männer besprachen ernst und gründlich die politische Seite der Vermählung zweier großer städtischer Geschlechter. Die Jünglinge scherzten halblaut über den heiratenden Mönch. Die Frauen schauderten, trotz dem Breve des Papstes, vor dem Sacrilegium, welches nur die von knospenden Töchtern umringten in milderem Lichte sahen, mit dem Zwang der Umstände entschuldigten oder aus der Herzensgüte des Mönches erklärten. Die Mädchen waren lauter Erwartung.

Die Anwesenheit der Olympia Canossa erregte Verwunderung und Unbehagen, denn sie war in auffallendem, fast königlichem Staate, als ob ihr bei der bevorstehenden Feier eine Hauptrolle zustünde, und redete mit unheimlicher Zungenfertigkeit in Antiope hinein, welche bangen Herzens die aufgebrachte Mutter flüsternd und flehend zu beschwichtigen suchte. Madonna Olympia hatte sich schon auf den Treppen gewaltig geärgert, wo sie – Herr Burcardo beschäftigte sich eben mit dem Empfange zweier anderer Herrschaften – von Gocciola, der eine neue scharlachrote Kappe mit silbernen Schellen in der Hand hielt, ehrfürchtig willkommen geheißen wurde. Jetzt mit den andern im Kreise stehend, belästigte oder ängstigte sie durch ihr maßloses Gebärdenspiel ihre Standesgenossen. Mit Augenwinken und Kinnheben wurde auf die Ärmste gedeutet. Keiner hätte sie an des Mönches Statt geladen und jeder machte sich darauf gefaßt, sie werde diesem einen ihrer Streiche spielen.

Burcardo meldete den Hausherrn. Astorre hatte sich von den Germanen bald losgemacht, war auf die Brücke zurückgeeilt, ohne dort den Ring noch die Frauen mehr zu finden, und sich darüber Vorwürfe machend, obschon im Grunde nur der Zufall anzuklagen war, hatte er in der ihm bis zur Vesper bleibenden Stunde den Entschluß gefaßt, in Zukunft immerdar nach den Regeln der Klugheit zu handeln. Mit diesem Vorsatze trat er in den Saal und in die Mitte der Versammelten. Der Druck der auf ihn gerichteten Aufmerksamkeit und die sozusagen in der Luft fühlbaren Formen und Forderungen der Gesellschaft ließen ihn empfinden, daß er nicht die Wirklichkeit der Dinge sagen dürfe, energisch und mitunter häßlich wie sie ist, sondern ihr eine gemilderte und gefällige Gestalt geben müsse. So hielt er sich unwillkürlich in der Mitte zwischen Wahrheit und schönem Schein und redete untadelig.

‚Herrschaften und Standesbürger', begann er, ‚der Tod hat eine reiche Ernte unter uns Vicedomini gehalten. Wie ich in Schwarz gekleidet vor euch stehe, trage ich Trauer um den Vater, drei Brüder und drei Neffen. Daß ich, von der Kirche freigelassen, den Wunsch eines sterbenden Vaters, in Sohn und Enkel fortzuleben, nach ernster Erwägung' – hier verhüllte sich der Klang seiner Stimme – ‚und gewissenhafter Prüfung vor Gott nicht glaubte ungewährt lassen zu dürfen, dieses werdet ihr verschieden beurteilen, billigend oder tadelnd, nach der Gerechtigkeit oder Milde, die euch innewohnt. Darin aber werdet ihr einig gehen, daß es mir bei meiner Vergangenheit nicht angestanden hätte zu zaudern und zu wählen, und daß hier nur das Nächstliegende und Ungesuchte Gott gefällig sein konnte. Wer aber stand mir näher, als die schon mit mir durch die trostlose Trauer um meinen letzten Bruder vereinigte jungfräuliche Witwe desselben? Dergestalt ergriff ich über einem teuern Sterbebette diese Hand, wie ich sie jetzt ergreife' – er trat zu Diana und führte sie in die Mitte – ‚und ihr den Trauring um den Finger lege.' So tat er. Der Ring paßte. Diana tat dasselbe, indem sie dem Mönch einen goldenen Reif anlegte. ‚Es ist der meiner Mutter', sagte sie, ‚die ein wahrhaftes und tugendsames Weib war. Ich gebe dir einen Ring, der Treue gehalten hat.' Ein feierlich gemurmelter Glückwunsch aller Anwesenden beschloß die ernste Handlung, und der alte Pizzaguerra, ein würdiger Greis – denn der Geiz ist ein gesundes Laster und läßt zu Jahren kommen – weinte die übliche Träne.

Madonna Olympia sah ihr Traumschloß auflodern und brennen mit sinkenden Säulen und krachenden Balken. Sie tat einen Schritt vorwärts, als wolle sie ihre Augen überführen, daß sie sich betrügen, dann einen zweiten in wachsender Wildheit, und jetzt stand sie dicht vor

Astorre und Diana, die grauen Haare gesträubt, und ihre rasenden Worte rannten und stürzten, wie ein Volk in Aufruhr.

‚Elender!' schrie sie. ‚Gegen den Ring an dem Finger dieser da zeugt ein anderer und zuerst gegebener.' Sie riß Antiope, welche ihr in wachsender Angst und mit den flehendsten Gebärden gefolgt war, hinter sich hervor und hob die Hand des Mädchens. ‚Den Ring hier hast du meinem Kinde vor nicht einer Stunde auf der Brücke bei dem Florentiner an den Finger gesteckt!' So hatte ihr ein falscher Spiegel den Vorgang verschoben. ‚Ruchloser Mensch! Ehebrecherischer Mönch! Öffnet sich die Erde nicht, dich zu verschlingen? Hängt den Bruder Pförtner, der im Rausche schnarchte und dich deiner Zelle entspringen ließ! Deinen Lüsten wolltest du frönen, aber du durftest dir eine andere Beute wählen, als eine ungerecht verfolgte, ratlose Wittib und eine unbeschützte Waise!'

Die Marmordiele öffnete sich nicht und in den Blikken der Umstehenden las die Unglückliche, die einem gerechten Mutterzorne arme und schwache Worte zu geben glaubte, den hellen Hohn oder ein Mitleid anderer Art, als sie es zu finden hoffte. Sie vernahm hinter sich das verständlich geflüsterte Wort: ‚Närrin!' und ihr Zorn schlug in ein wahnsinniges Gelächter um. ‚Ei, seht mir einmal den Toren', hohnlachte sie, ‚der so dumm zwischen diesen beiden wählen konnte! Ich mache euch zu Richtern, Herrschaften, und jeden, der Augen hat. Hier das herzige Köpfchen, die schwellende Jugend' – das übrige vergaß ich, aber ich weiß eines: alle Jünglinge im Saale Vicedominis, und mehr als einer unter ihnen mochte locker leben, alle Jünglinge, die enthaltsamen und die es nicht waren, wendeten Ohr und Auge ab von den empörenden Worten und Gebärden einer Mutter, welche Zucht und Scham unter die Füße trat vor dem Kinde, das sie geboren, und dieses preisgab wie eine Kupplerin.

Alle im Saale bemitleideten Antiope. Nur Diana, so wenig sie an der Treue des Mönches zweifelte, empfand ich weiß nicht welchen dumpfen Groll über die ihrem Bräutigam frech gezeigte Schönheit.

Antiope mochte es verschuldet haben dadurch, daß sie den unseligen Reif am Finger behielt. Vielleicht tat sie es, um die sich selbst betörende Mutter nicht zu reizen, in dem Gedanken, diese werde, durch die Wirklichkeit enttäuscht, aus dem Hochmut, nach ihrer Art, in Kleinmut verfallen und alles mit einem Augenrollen und ein paar gemurmelten Worten vorübergehen. Oder dann hatte die junge Antiope selbst eine Fingerspitze in den sprudelnden Märchenbrunnen getaucht. War die Begegnung auf der Brücke nicht wunderbar, und wäre ihre Erkiesung durch den Mönch wunderbarer gewesen, als das Schicksal, das ihn dem Kloster entriß?

Jetzt erlitt sie grausame Strafe. Soweit es eine zügellose Rede vermag, beraubte sie die eigene Mutter der schützenden Hüllen.

Eine dunkle Röte und eine noch dunklere fuhr ihr über Stirn und Nacken. Darauf begann sie in der allgemeinen Stille laut und bitterlich zu weinen.

Selbst die graue Mänade lauschte betroffen. Dann zuckte ihr ein entsetzlicher Schmerz über das Gesicht und verdoppelte ihre Wut. ‚Und die andere!' kreischte sie, auf Diana zeigend, ‚dieses kaum aus dem Rohen gehauene breite Stück Marmor! Diese verpfuschte Riesin, die Gott Vater stümperte, als er noch Gesell war und kneten lernte! Pfui über den plumpen Leib ohne Leben und Seele! Wer hätte ihr auch eine gespendet? Die Bastardin ihre Mutter? die stupide Orsola? Oder der dürre

Knicker dort? Nur widerstrebend hat er ihr ein karges Almosen von Seele verabfolgt!‘

Der alte Pizzaguerra blieb gelassen. Mit dem klaren Verstande der Geizigen vergaß er nicht, wen er vor sich hatte. Seine Tochter Diana aber vergaß es. Durch die rohe Verhöhnung ihres Leibes und ihrer Seele aufgebracht, tief empört, zog sie die Brauen zusammen und ballte die Hände. Jetzt geriet sie außer sich, da die Närrin ihre Eltern ins Spiel zog, ihr die Mutter im Grabe beschimpfte, den Vater an den Pranger stellte. Ein bleicher Jähzorn packte und übermannte sie.

‚Hündin!‘ schrie sie und schlug – in Antiopes Angesicht; denn das verzweifelnde und beherzte Mädchen hatte sich vor die Mutter geworfen. Antiope stieß einen Laut aus, der den Saal und alle Herzen erschütterte.

Nun drehte sich das Rad in dem Kopfe der Törin vollständig um. Die höchste Wut ging unter in unsäglichem Jammer. ‚Sie haben mir mein Kind geschlagen!‘ stöhnte sie, sank auf die Kniee und schluchzte: ‚Gibt es keinen Gott mehr im Himmel?‘

Jetzt war das Maß voll. Es wäre schon früher übergelaufen, doch das Verhängnis schritt rascher, als mein Mund es erzählte, so rasch, daß weder der Mönch noch der nahestehende Germano den gehobenen Arm Dianas ergreifen und aufhalten konnten. Ascanio umschlang die Törin, ein anderer Jüngling faßte sie bei den Füßen, die sich kaum Sträubende wurde fortgetragen, in ihre Sänfte gehoben und nach Hause gebracht.

Noch stunden sich Diana und Antiope gegenüber, eine bleicher als die andere, Diana reuig und zerknirscht nach schnell verrauchtem Jähzorn, Antiope nach Worten ringend; sie konnte nicht einmal stammeln, sie bewegte nur lautlos die Lippen.

Wenn jetzt der Mönch Antiopes Hand ergriff, um der

von seinem verlobten Weibe Mißhandelten das Geleite zu geben, so erfüllte er damit nur die ritterliche und die gastwirtliche Pflicht. Alle fanden es selbstverständlich. Besonders Diana mußte wünschen, das Opfer ihrer Gewalttat aus den Augen zu verlieren. Auch sie entfernte sich dann mit Vater und Bruder. Die versammelten Gäste aber hielten es für das Zarteste, gleichfalls bis auf die letzte Ferse zu verschwinden.

Es klingelte unter dem mit Amarellen und Zyperwein bestellten Kredenztisch. Eine Narrenkappe kam zum Vorschein und Gocciola kroch auf allen vieren aus seinem leckern Verstecke hervor. Alles war köstlich verlaufen nach seiner Ansicht; denn er hatte jetzt die volle Freiheit, Amarellen zu naschen und ein Gläschen um das andere zu leeren. So vergnügte er sich eine Weile, bis er nahende Schritte vernahm. Er wollte entwischen, aber einen verdrießlichen Blick nach dem Störer werfend, erachtete er jede Flucht für unnötig. Es war der Mönch, der zurückkehrte, und der Mönch war ebenso frohlockend und ebenso berauscht wie er; denn der Mönch –"

„Liebte Antiope", unterbrach den Erzähler die Freundin des Fürsten mit einem krampfhaften Gelächter.

„Du sagst es, Herrin, er liebte Antiope", wiederholte Dante in tragischem Tone.

„Natürlich!" „Wie anders?" „Es mußte so kommen!" „So geht es gewöhnlich!" scholl es dem Erzähler aus dem ganzen Hörerkreise entgegen.

„Sachte, Jünglinge", murrte Dante. „Nein, so geht es nicht gewöhnlich. Meinet ihr denn, eine Liebe mit voller Hingabe des Lebens und der Seele sei etwas Alltägliches, und glaubet wohl gar, so geliebt zu haben oder zu lieben? Enttäuschet euch! Jeder spricht von Geistern, doch Wenige haben sie gesehen. Ich will euch einen unverwerflichen Zeugen bringen. Es schleppt sich hier im Hause ein modisches Märenbuch herum. Darin mit vorsichtigen Fingern blätternd, habe ich unter vielem Wuste ein wahres Wort gefunden. ‚Liebe', heißt es an einer Stelle, ‚ist selten und nimmt meistens ein schlimmes Ende.'" Dieses hatte Dante ernst gesprochen. Dann spottete er: „Da ihr alle in der Liebe so ausgelernt und bewandert seid und es mir überdies nicht ansteht, einen von der Leidenschaft überwältigten Jüngling aus meinem zahnlosen Munde reden zu lassen, überspringe ich das verräterische Selbstgespräch des zurückkehrenden Astorre und sage kurz: da ihn der verständige Ascanio belauschte, erschrak er und predigte ihm Vernunft."

„Wirst du deine rührende Fabel so kläglich verstümmeln, mein Dante?" wendete sich die entzündliche Freundin des Fürsten mit bittenden Händen gegen den Florentiner. „Laß den Mönch reden, daß wir teilnehmend erfahren, wie er sich abwendete von einer Rohen zu einer Zarten, einer Kalten zu einer Fühlenden, von einem steinernen zu einem schlagenden Herzen –"

„Ja, Florentiner", unterbrach die Fürstin in tiefer Bewegung und mit dunkel glühender Wange, „laß deinen Mönch reden, daß wir staunend vernehmen, wie es kommen konnte, daß Astorre, so unerfahren und täuschbar er war, ein edles Weib verriet für eine Verschmitzte – hast du nicht gemerkt, Dante, daß Antiope eine Verschmitzte ist? Du kennst die Weiber wenig! In Wahrheit, ich sage dir" – sie hob den kräftigen Arm und ballte die Faust – „auch ich hätte geschlagen, nicht die arme Törin, sondern wissentlich die Arglistige, die sich um jeden Preis dem Mönch vor das Angesicht bringen wollte!" Und sie führte den Schlag in die Luft. Die andere erbebte leise.

Cangrande, welcher die zwei Frauen, denen er jetzt gegenüber saß, nicht aufhörte zu betrachten, bewunderte seine Fürstin und freute sich ihrer großen Leidenschaft. In diesem Augenblick fand er sie unvergleichlich schöner, als die kleinere und zarte Nebenbuhlerin, welche er ihr gegeben hatte, denn das Höchste und Tiefste der Empfindung erreicht seinen Ausdruck nur in einem starken Körper und in einer starken Seele.

Dante für sein Teil lächelte zum ersten und einzigen Mal an diesem Abende, da er die beiden Frauen so heftig auf der Schaukel seines Märchens sich wiegen sah. Er brachte es sogar zu einer Neckerei. „Herrinnen", sagte er, „was verlangt ihr von mir? Selbstgespräch ist unvernünftig. Hat je ein weiser Mann mit sich selbst gesprochen?"

Nun erhob sich aus dem Halbdunkel ein mutwilliger Lockenkopf, und ein Edelknabe, der hinter irgendeinem Sessel oder einer Schleppe in traulichem Verstecke mochte gekauert haben, rief herzhaft: „Großer Meister, wie wenig du dich kennst oder zu kennen vorgibst! Wisse, Dante, niemand plaudert geläufiger mit sich selbst als du, in dem Grade, daß du nicht nur uns dumme Buben übersiehst, sondern selbst das Schöne dicht an dir vorübergehen lässest, ohne es zu begrüßen."

„Wirklich?" sagte Dante. „Wo war das? Wo und wann?"

„Nun, gestern auf der Etschbrücke", lächelte der Knabe. „Du lehntest am Geländer. Da ging die reizende Lukrezia Nani vorüber, deine Toga streifend. Wir Knaben folgten, sie bewundernd, und ihr entgegen schritten zwei feurige Kriegsleute, nach einem Blicke aus ihren sanften Augen haschend. Sie aber suchte die deinigen: denn nicht jeder hat mit heiler Haut in der Hölle gelustwandelt! Du, Meister, betrachtetest eine rollende Welle, welche in der Mitte der Etsch daherfuhr, und murmeltest etwas."

„Ich ließ das Meer grüßen. Die Woge war schöner als das Mädchen. Doch zurück zu den zwei Toren! Horch, sie sprechen miteinander! Und bei allen Musen, fortan unterbreche mich keiner mehr, sonst findet uns Mitternacht noch am Märchenherde.

Als der Mönch, nachdem er Antiope heimgeführt, seinen Saal wieder betrat – doch ich vergaß zu sagen, daß er Ascanio nicht begegnete, obwohl dieser mit der Sänfte und Madonna Olympia darin denselben Weg gemacht hatte. Denn der Neffe, nachdem er die gänzlich Vernichtete ihrer Dienerschaft übergeben, war schleunigst zu seinem Ohm, dem Tyrannen, geeilt, ihm den tollen Vorgang als frisches Gebäcke aufzutischen. Er hinterbrachte Ezzelin lieber eine Stadtgeschichte als eine Verschwörung.

Ich weiß nicht, ob der Mönch so wohlgestaltet war, wie der Spötter Ascanio ihn genannt hatte. Aber ich sehe ihn, der wie der blühendste Jüngling schreitet. Mit beflügelten Füßen durchschwebt er den Saal, als trüge ihn Zephir oder führte ihn Iris. Seine Augen sind voller Sonne, und er murmelt Laute aus der Sprache der Seligen. Gocciola, der viel Zyperwein geschluckt hatte, fühlte sich gleichfalls beherzt und verjüngt. Auch unter seinen Sohlen löste sich der Marmorboden in weißes Gewölk auf. Er verspürte einen unbesiegbaren Durst, das Gemurmel auf den frischen Lippen Astorres, wie man sich über eine Quelle beugt, zu belauschen, und begann neben demselben die Länge des Saales zu durchmessen, bald mit gespreizten, bald mit hüpfenden Schritten, das Narrenzepter unter dem Arme.

‚Das zärtliche Haupt, das sich für den Vater bot, hat

sich auch für die Mutter geboten und gegeben!' lispelte Astorre. ,Das schamhafte! wie es brannte! Das mißhandelte! wie es litt! Das geschlagene! wie es aufschrie! Hat es mich je verlassen, seit es auf dem Blocke lag? Es wohnte in meinem Geiste. Es begleitete mich allgegenwärtig, schwebte in meinem Gebete, strahlte in meiner Zelle, bettete sich auf mein Kissen! Lag das herzige Haupt mit dem weißen, schmalen Hälschen nicht neben dem des heiligen Paulus –'

,Des heiligen Paulus?' kicherte das Tröpfchen.

,Des heiligen Paulus auf unserm Altarbilde –'

,Mit dem schwarzen Kraushaar und dem roten Hals auf dem breiten Blocke und dem Beile des Henkers darüber?' Gocciola verrichtete bei den Franziskanern zeitweilig seine Andacht.

Der Mönch nickte. ,Sah ich lange hin, so zuckte das Beil und ich bebte zusammen. Habe ich es nicht dem Prior gebeichtet?'

,Und was sagte der Prior?' examinierte Gocciola.

,Mein Sohn', sagte er, ,was du sahest, war ein vorausgeeiltes Kind des himmlischen Triumphzuges. Fürchte nichts! Dem ambrosischen Hälschen geschieht kein Leid!'

,Aber', reizte der böse Narr, ,das Kind ist gewachsen, so hoch!' Er hob die Hand. Dann senkte er sie und hielt sie über dem Boden. ,Und die Kutte Euer Herrlichkeit', grinste er, ,liegt so tief!'

Das Gemeine konnte den Mönch nicht berühren. Ein schöpferisches Feuer war aus der Hand Antiopes in die seinige gefahren und begann zuerst zart und sanft, dann immer heißer und schärfer in seinen Adern zu brennen. ,Gepriesen sei Gott Vater', frohlockte er plötzlich, ,der Mann und Weib geschaffen hat!'

,Die Eva?' fragte der Narr.

‚Die Antiope!‘ antwortete der Mönch.

‚Und die andere? Die Große? Was fängst du mit der an? Schickst du sie betteln?‘ Gocciola wischte sich die Augen.

‚Welche andere?‘ fragte der Mönch. ‚Gibt es ein Weib, das nicht Antiope wäre!‘

Dies war selbst dem Narren zu stark. Er glotzte Astorre erschreckt an, wurde aber von einer Faust am Kragen gepackt, gegen die Pforte geschleppt und auf den Flur gesetzt. Dieselbe Hand legte sich dann auf Astorres Schulter.

‚Erwache, Traumwandler!‘ rief der zurückgekehrte Ascanio, welcher die letzte schwärmerische Rede des Mönches belauscht hatte. Er zog den Verzückten auf eine Fensterbank nieder, heftete fest Augen auf Augen, und: ‚Astorre, du bist von Sinnen!‘ sprach er ihn an.

Dieser wich zuerst den prüfenden Blicken wie geblendet aus, dann begegnete er ihnen mit den seinigen, die noch voller Jubel waren, um sie scheu niederzuschlagen. ‚Wunderst du dich?‘ sagte er dann.

‚So wenig als über das Lodern einer Flamme‘, versetzte Ascanio. ‚Aber da du kein blindes Element, sondern eine Vernunft und ein Wille bist, so tritt die Flamme aus, sonst frißt sie dich und ganz Padua. Muß dir das Weltkind göttliches und menschliches Gesetz predigen? Du bist vermählt! So redet dieser Ring an deinem Finger. Wenn du, wie erst dein Gelübde, jetzt dein Verlöbnis brichst, brichst du Sitte, Pflicht, Ehre und den Stadtfrieden. Wenn du dir den Pfeil des blinden Gottes nicht rasch und heldenmütig aus dem Herzen ziehst, ermordet er dich, Antiope und noch ein paar andere, wen es gerade treffen wird. Astorre! Astorre!‘

Ascanios mutwillige Lippen erstaunten über die großen und ernsten Worte, welche er in seiner Herzensangst ihnen zu reden gab. ‚Dein Name, Astorre', sagte er dann halb scherzend, ‚schmettert wie eine Tuba und ruft dich zum Kampfe gegen dich selbst!'

Astorre ermannte sich. ‚Man hat mir ein Philtrum gegeben!' rief er aus. ‚Ich rase, ich bin ein Wahnsinniger! Ascanio, ich gebe dir Macht über mich, feßle mich!'

‚An Dianen will ich dich fesseln!' sagte Ascanio. ‚Folge mir, daß wir sie suchen!'

‚War es nicht Diana, die Antiope schlug?' fragte der Mönch.

‚Das hast du geträumt! Du hast alles geträumt! Du warst deiner Sinne nicht mächtig! Komm! Ich beschwöre dich! Ich befehle es dir! Ich ergreife und führe dich!'

Wenn Ascanio die Wirklichkeit verjagen wollte, so führte sie der auf dem Flur klirrende Schritt Germanos zurück. Mit einem entschlossenen Gesichte trat der Bruder Dianens vor den Mönch und faßte seine Hand. ‚Ein gestörtes Fest, Schwager!' sagte er. ‚Die Schwester schickt mich – ich lüge, sie schickt mich nicht. Denn sie hat sich in ihre Kammer eingeschlossen und drinnen flennt sie und verflucht ihren Jähzorn – heute ersaufen wir in Weibertränen! Sie liebt dich, nur bringt sie es nicht über die Lippen – es ist in der Familie: ich kann es auch nicht. An dir hat sie keinen Augenblick gezweifelt. Es ist einfach: du hast irgendwo einen Ring verschleudert – wenn es der deinige war, den die kleine Canossa – wie heißt sie doch? richtig: die Antiope! – am Finger trug. Die närrische Mutter fand ihn und hat daraus ihr Märchen gesponnen. Antiope ist natürlich an alledem unschuldig wie ein neugeborenes Kind – wer es anders meint, hat es mit mir zu tun!'

‚Nicht ich!' rief Astorre. ‚Antiope ist rein wie der Himmel! Der Ring wurde von einem Zufall gerollt!' und er erzählte mit fliegenden Worten.

‚Aber auch der Schwester, die zufuhr, darfst du es nicht anrechnen, Astorre', behauptete Germano. ‚Ihr schoß das Blut zu Kopfe, sie sah nicht, wen sie vor sich hatte. Sie glaubte die Närrin zu treffen, die ihr die Eltern verhunzte, und schlug die liebe Unschuld. Diese aber muß vor Gott und Menschen wieder zu Ehren und Würden gezogen werden. Laß das meine Sache sein, Schwager! Ich bin der Bruder. Es ist einfach.'

‚Du redest in einem fort und bleibst doch dunkel, Germano! Was hast du vor? Wie vergütest du es der Ärmsten?' fragte Ascanio.

‚Es ist einfach', wiederholte Germano. ‚Ich biete Antiope Canossa meine Hand und mache sie zu meinem Weibe.'

Ascanio griff sich an die Stirn. Der Streich betäubte ihn. Als er dann aber, schnell besonnen, näher zusah, fand er das heroische Mittel gar nicht so übel; doch warf er einen ängstlichen Blick auf den Mönch. Dieser, seiner selbst wieder mächtig, hielt sich mäuschenstille und horchte aufmerksam. Das Ehrgefühl des Kriegers scholl wie ein heller Ruf durch die Wildnis seiner Seele.

‚So treffe ich zwei Fliegen mit einem Schlage, Schwager', erläuterte Germano. ‚Das Mädchen wird in ihren Züchten und Ehren hergestellt. Den möchte ich sehen, der hinter meinem Weibe zischelte! Dann stifte ich Frieden zwischen euch Eheleuten. Diana braucht sich nicht länger vor dir noch vor sich selbst zu schämen und ist von ihrem Jähzorne gründlich geheilt. Ich sage dir: sie ist davon genesen, zeitlebens!'

Astorre drückte ihm die Hand. ‚Du bist brav!' sagte er. Der Wille, seine himmlische oder irdische Lust tapfer zu überwinden, erstarkte in dem Mönche. Doch dieser Wille war nicht frei und diese Tugend nicht selbstlos; denn sie klammerte sich an einen gefährlichen Sophismus: nicht anders als ich selbst eine Ungeliebte umarmen werde, tröstete sich Astorre, wird auch Antiope von einem Manne sich umfangen lassen, welcher sie kurzerdinge freit, um fremdes Unrecht gut zu machen. Wir verzichten alle! Entsagung und Kasteiung in der Welt wie im Kloster!

‚Was geschehen muß, verschiebe ich nicht', drängte Germano. ‚Sonst würde sie sich schlummerlos wälzen.' Ich weiß nicht, meinte er Diana oder Antiope. ‚Schwager, du begleitest mich als Zeuge: ich tue es in den Formen.'

‚Nein, nein!' schrie Ascanio erschreckt. ‚Nicht Astorre! Nimm mich!'

Germano schüttelte den Kopf. ‚Ascanio, mein Freund', sagte er, ‚dazu eignest du dich nicht. Du bist kein ernsthafter Zeuge in Ehesachen! Auch wird mein Bruder Astorre es sich nicht nehmen lassen, für mich zu werben. Es ist ja zum großen Teil seine eigene Angelegenheit. Nicht wahr, Astorre?' Dieser nickte. ‚So bereite dich, Schwager. Mache dich hübsch! Hänge dir eine Kette um!'

‚Und', scherzte Ascanio gezwungen, ‚wann du über den Hof gehst, tauche den Kopf in den Brunnen! Du selbst aber, Germano, trägst Panzer? So kriegerisch? Schickt sich das zur Freite?'

‚Ich bin lange nicht aus der Rüstung gekommen und sie kleidet mich. Was betrachtest du mich von Kopf zu Füßen, Ascanio?'

‚Ich frage mich, woher dieser Gepanzerte seine Sicherheit nimmt, nicht mitsamt der Sturmleiter in den Graben geworfen zu werden?'

‚Das kann nicht in Frage stehen', meinte Germano seelenruhig. ‚Wird sich eine Beschämte und Geschlagene einem Ritter verweigern? Da wäre sie eine noch größere Närrin als ihre Mutter. Das ist doch sonnenklar, Ascanio. Komm, Astorre.‘

Während der Zurückbleibende mit verschlungenen Armen diese neue Wendung der Dinge bedachte, zweifelnd, ob dieselbe auf einen Spielplatz blühender Kinder oder auf ein Camposanto führe, schritten seine Jugendfreunde den nicht langen Weg zu dem Palaste Canossa.

Der wolkenlose Tag verglomm in einem reinglühenden Abendgolde, und horch! es läutete Ave. Der Mönch sprach innerlich die Gewohnheitsgebete und sein etwas erhöht liegendes Kloster verlängerte zufällig das vertraute Geläute um ein paar friedlich wehmütige Schläge, welchen die andern Stadtglocken den Luftraum nicht länger streitig machten. Auch der Mönch wurde des allgemeinen Friedens teilhaft.

Da traf sein Blick das Gesicht des Freundes und ruhte auf den wetterharten Zügen. Sie waren hell und freudig, von erfüllter Pflicht ohne Zweifel, aber doch auch von dem unbewußten oder unbewachten Glück, unter dem von Ehre geschwellten Segel einer ritterlichen Handlung den Port einer seligen Insel zu erreichen. ‚Die süße Unschuld!‘ seufzte der Krieger.

Rasend schnell begriff der Mönch, daß der Bruder Dianens sich selbst täuschte, wenn er sich für uneigennützig hielt, daß Germano Antiope zu lieben begann und sein Nebenbuhler war. Seine Brust empfand einen scharfen Biß, dann einen zweiten noch schärfern, daß er hätte aufschreien mögen. Und jetzt wühlte und wimmelte schon ein ganzes Nest grimmiger Schlangen in seinem Busen. Herrschaften, Gott möge uns alle, Männer und Weiber, vor der Eifersucht behüten! Sie ist die qualvollste der Peinen, und wer sie leidet, ist unseliger als meine Verdammten!

Mit verzogenem Gesichte und gepreßtem Herzen

folgte der Mönch dem selbstbewußten Freier die Treppen des erreichten Palastes hinauf. Dieser stand leer und verwahrlost. Madonna Olympia mochte sich eingeschlossen haben. Kein Gesinde und alle Türen offen. Sie durchschritten ungemeldet eine Reihe schon dämmernder Gemächer: vor der Schwelle der letzten Kammer hielten sie stille, denn die junge Antiope saß am Fenster.

Sein in dem Umriß eines Kleeblattes endigender Bogen war voller Abendglorie, welche die liebreizende Gestalt im Halbkreise von Brust zu Nacken umfing. Ihre gezauste Haarkrone ähnelte den Spitzen eines Dornenkranzes und die schmachtenden Lippen schlürften den Himmel. Das geschlagene Mädchen lag müde unter dem Druck der erduldeten Schande, mit zugefallenen Augendeckeln und erschlafften Armen; aber in der Stille ihres Herzens frohlockte sie und pries ihre Schmach, denn diese hatte sie mit Astorre auf ewig vereinigt.

Und entzündet sich nicht heute noch und bis ans Ende der Tage aus tiefstem Erbarmen höchste Liebe? Wer widersteht dem Anblicke des Schönen, wenn es ungerecht leidet? Ich lästere nicht und kenne die Unterschiede, aber auch das Göttliche wurde geschlagen und wir küssen seine Striemen und Wunden.

Antiope grübelte nicht, ob Astorre sie liebe. Sie wußte es. Da war kein Zweifel. Sie war davon überzeugter als von den Atemzügen ihrer Brust und den Schlägen ihres Herzens. Keine Silbe hatte sie mit Astorre gewechselt vom ersten Schritt des Weges an, den sie zusammengingen. Die Hände hielten sich nicht fester beim letzten: sie verwuchsen, ohne sich zu drücken. Sie durchdrangen sich, wie zwei leichte geistige Flammen, und waren doch beim Scheiden wie die Wurzel aus der Erde kaum auseinander zu lösen.

Antiope vergriff sich an fremdem Eigentum und beging Raub an Dianen fast in Unschuld, denn sie hatte weder Gewissen mehr noch auch nur Selbstbewußtsein. Padua, das mit seinen Türmen vor ihr lag, Mutter, des Mönches Verlöbnis, Diana, die ganze Erde, alles war vernichtet: nichts als der Abgrund des Himmels, und dieser gefüllt mit Licht und Liebe.

Astorre hatte von der ersten zur letzten Stufe der Treppe mit sich gerungen und meinte den Sieg erkämpft zu haben. Ich werde das Opfer vollbringen, prahlte er gegen sich selbst, und Germano bei seiner Werbung zur Seite stehen. Auf dem obersten Tritt rief er noch alle seine Heiligen an, voraus Sankt Franziskus, den Meister der Selbstüberwindung. Er griff in die Brust und glaubte, durch den himmlischen Beistand stark wie Herkules, die Schlangen erwürgt zu haben. Aber der Heilige mit den vier Wundmalen hatte sich abgewendet von dem untreuen Jünger, der seinen Strick und seine Kutte verschmähte.

Der danebenstehende Germano entwarf indessen seine Rede, konnte aber nicht über die zwei Argumente hinauskommen, welche ihm gleich anfänglich eingeleuchtet hatten. Übrigens war er guten Mutes – hatte er doch schon öfter im Reiterkampfe seine Germanen angeredet – und fürchtete sich nicht vor einem Mädchen. Nur das Warten ertrug er ebensowenig als vor der Schlacht. Er klirrte leis mit dem Schwert an den Panzer.

Antiope schrak zusammen, blickte hin, erhob sich rasch und stand, den Rücken gegen das Fenster gewendet, mit dunkelm Antlitz den sich im Dämmerlichte vor ihr verbeugenden Männern gegenüber.

‚Sei getrost, Antiope Canossa!' redete Germano. ‚Ich bringe dir diesen mit, Astorre Vicedomini, welchen sie den Mönch nennen, den Gatten meiner Schwester Diana, als gültigen Zeugen: siehe, ich bin gekommen, dich – ohne Vater wie du bist und bei einer solchen Mutter – von dir selbst zum Weibe zu begehren. Meine Schwester hat sich gegen dich vergessen' – er sträubte sich, ein stärkeres Wort zu brauchen und damit Dianen, die er verehrte, preiszugeben – ,und ich, der Bruder, bin da, gut zu machen, was die Schwester schlecht gemacht hat. Diana mit Astorre, du mit mir, so euch entgegenkommend, werdet ihr Weiber euch die Hände geben.'

Das empfindliche Gemüt des lauschenden Mönches verwundete diese rohe Gleichstellung des Mißhandelns und des Leidens, der Schlagenden und der Geschlagenen – oder krümmte sich eine Natter? – ,Germano, so wirbt man nicht!' raunte er dem Gepanzerten zu.

Dieser vernahm es, und da die dunkle Antiope mäuschenstille blieb, verstimmte er sich. Er fühlte, daß er weicher reden sollte, und redete barscher. ,Ohne Vater und mit einer solchen Mutter', wiederholte er, ,bedürfet Ihr einer männlichen Hut! Das konntet Ihr heute lernen, junge Herrin. Ihr werdet nicht zum andern Male vor ganz Padua beschämt und geschlagen werden sollen! Gebet Euch mir, wie Ihr seid, und ich schirme Euch vom Wirbel zur Zehe!' Germano dachte an seinen Panzer.

Astorre fand diese Werbung von empörender Härte: Germano, so schien ihm, behandelte Antiope wie seine Kriegsgefangene – oder zischte die Schlange? – ,So wirbt man nicht, Germano!' keuchte er. Dieser wendete sich halb. ,Wenn du es besser verstehst', sagte er mißmutig, ,wirb du für mich, Schwager.' Er trat raumgebend beiseite.

Da näherte sich Astorre, das Knie gebogen, hob die Hände mit sich einander berührenden Fingerspitzen und seine bangen Blicke befragten das zarte Haupt auf dem blassen Goldgrunde. ,Findet Liebe Worte?' stammelte er. Dämmerung und Schweigen.

Endlich lispelte Antiope: ‚Für wen wirbst du, Astorre?‘ ‚Für diesen hier, meinen Bruder Germano‘, preßte er hervor. Da barg sie das Antlitz mit den Händen.

Jetzt riß Germano die Geduld. ‚Ich werde deutsch mit ihr reden‘, brach er los und: ‚Kurz und gut, Antiope Canossa‘, ließ er das Mädchen rauh an, ‚wirst du mein Weib oder nicht?‘

Antiope wiegte das kleine Haupt sanft und sachte, aber trotz der wachsenden Nacht mit deutlicher Verneinung.

‚Ich habe meinen Korb‘, sprach Germano trocken. ‚Komm, Schwager!‘ und er verließ den Saal mit ebenso festen Schritten, als er ihn betreten hatte. Der Mönch aber folgte ihm nicht.

Astorre verharrte in seiner flehenden Stellung. Dann ergriff er, selbst zitternd, Antiopes zitternde Hände und löste sie von dem Antlitz. Welcher Mund den andern suchte, weiß ich nicht, denn die Kammer war völlig finster geworden.

Auch wurde es darin so stille, daß, wäre ihr Ohr nicht voll stürmischen Jubels und seliger Chöre gewesen, die Liebenden leicht in einem anstoßenden Gelasse gemurmelte Gebete hätten vernehmen können. Das verhielt sich so: neben Antiopes Kammer, einige Stufen tiefer, lag die Hauskapelle, und morgen jährte sich zum dritten Male der Tod des Grafen Canossa. Nach überschrittener Mitternacht sollte in Gegenwart der Witwe und der Waise die Seelenmesse gelesen werden. Schon hatte sich der Priester eingestellt, den Ministranten erwartend.

Ebensowenig als das unterirdische Gemurmel vernahm das Paar die schlurfenden Pantoffeln der Madonna Olympia, welche die Tochter suchte und nun bei dem spärlichen Scheine der Hausleuchte, die sie in der Hand trug, die Liebenden still und aufmerksam betrachtete. Daß die frechste Lüge einer ausschweifenden Einbildungskraft vor ihren Augen in diesen zärtlich verschlungenen Gestalten zu Tat und Wahrheit wurde, darüber wunderte sich Madonna Olympia nicht; aber, es sei der Törin zum Lobe gesagt, ebensowenig kostete sie einen Genuß der Rache. Sie weidete sich nicht an dem der gewalttätigen Diana bevorstehenden bittern Leiden, sondern es überwog die einfache mütterliche Freude, ihr Kind zu seinem Preise gewertet, begehrt und geliebt zu sehen.

Da jetzt, von einem scharfen Strahl aus ihrer Leuchte getroffen, die beiden verwundert aufblickten, fragte sie mit einer weichen und natürlichen Stimme: ‚Astorre Vicedomini, liebst du die Antiope Canossa?‘

‚Über alles, Madonna!‘ antwortete der Mönch.

‚Und verteidigst sie?‘

‚Gegen eine Welt!‘ rief Astorre verwegen.

‚So ist es recht‘, begütigte sie, ‚aber nicht wahr, du meinst es redlich? Du verstoßest sie nicht, wie Dianen? Du närrst mich nicht? Du machst eine arme Törin, wie sie mich nennen, nicht unglücklich? Du lässest mein Kindchen nicht wieder zu Schanden kommen? Du suchst keine Ausflüchte noch Aufschübe? Du gibst den Augen die Gewißheit und führst die Antiope gleich, als ein frommer Christ und wackerer Edelmann, zum Altar? Auch hast du nicht weit nach dem Pfaffen zu gehen. Hörst du es murmeln? Da unten kniet einer.‘

Und sie öffnete eine niedrige Tür, hinter welcher ein paar steile Stufen in das häusliche Heiligtum hinabführten. Astorre warf einen Blick: unter dem plumpen Gewölbe vor einem kleinen Altar bei dem ungewissen Licht einer Kerze betete ein Barfüßer, welcher ihm an

Alter und Gestalt nicht unähnlich war und auch die Kutte und den Strick des heiligen Franziskus trug.

Ich glaube, daß dieser Barfüßer hier und gerade zu dieser Stunde durch göttliche Schickung knieen und beten mußte, um Astorre zum letzten Male zu erschrecken und zu warnen. Doch in seinen lodernden Adern wurde die Arznei zum Gifte. Da er die Verkörperung seines Klosterlebens erblickte, kam ein trotziger Geist des Frevels und der Sicherheit über ihn. Mit gleichen Füßen habe ich über mein erstes Gelübde weggesetzt, lachte er, und siehe, die Schranke fiel unter meinem Sprunge – warum nicht über das zweite? Meine Heiligen haben mich unterliegen lassen! Vielleicht retten und beschützen sie den Sünder! Der Verwildernde bemächtigte sich Antiopes und trug sie, mehr als daß er sie führte, die Stufen hinunter; Madonna Olympia aber, die sich nach einem kurzen lichten Momente wieder verwirrte, schlug hinter dem Mönch und ihrem Kinde die schwere Türe zu, wie hinter einem gelungenen Fange, einer gehaschten Beute, und lauschte durch das Schlüsselloch.

Was sie sah, bleibt ungewiß. Nach der Meinung des Volkes hätte Astorre den Barfüßer mit gezogenem Schwerte bedroht und vergewaltigt. Das ist unmöglich, denn der Mann Astorre hat niemals den Leib mit einem Schwerte gegürtet. Der Wahrheit näher mag es kommen, daß der Barfüßer – traurig zu sagen – ein schlechter Mönch war und vielleicht derselbe Beutel unter seine Kutte wanderte, den Astorre zu sich gesteckt hatte, da er für Diana den Ehereif kaufen ging.

Daß aber anfänglich der Priester sich sperrte, daß die zwei Mönche miteinander rangen, daß das schwere Gewölbe eine häßliche Szene verbarg – solches lese ich in dem verzerrten und entsetzten Gesichte der Lauscherin. Donna Olympia verstand, daß da unten ein Frevel begangen werde, daß sie als die Anstifterin und Mitschuldige desselben der Strenge des Gesetzes und der Rache der Verratenen sich preisgebe, und da sich die Hinrichtung des Grafen ihres Gemahls jährte, glaubte sie auch *ihr* törichtes Haupt dem Beile unrettbar verfallen. Sie wähnte den nahenden Schritt Ezzelins zu vernehmen: da floh sie und schrie: ‚Hilfe! Mörder!'

Die Gequälte stürzte auf den Flur und an das in den engen innern Hof blickende Fenster. ‚Mein Maultier! Meine Sänfte!' rief sie hinunter, und lachend über den doppelten Befehl – das Maultier war für das Land, die Sänfte für die Stadt – erhob sich das Gesinde der Törin langsam und bequem aus einem Winkel, wo es bei einer Kürbislaterne trank und würfelte. Ein alter Stallmeister, welcher allein der unglücklichen Herrin Treue hielt, sattelte bekümmert zwei Maultiere und führte sie durch den Torweg auf den an der Gasse liegenden Vorplatz des Palastes: er hatte Donna Olympia schon auf mancher Irrefahrt begleitet. Die andern folgten witzereißend mit der Sänfte.

Auf der großen Treppe stieß die flüchtige Törin, welche der auch bei den Unseligen übermächtige Trieb der Selbsterhaltung ihr geliebtes Kind vergessen ließ, gegen den besorgten Ascanio, der, ohne Nachricht gelassen und von Unruhe getrieben, auf Kundschaft ausgegangen war.

‚Was ist geschehen, Signora?' fragte er eilig.

‚Ein Unglück!' krächzte sie wie ein auffliegender Rabe, rannte die Treppe hinab, saß auf ihrem Tiere, stachelte es mit rasender Ferse und verschwand im Dunkel.

Ascanio suchte durch die finstern Gemächer bis in die von der stehen gebliebenen Ampel der Madonna Olympia erhellte Kammer Antiopes. Wie er sich darin umblickte, wurde die Tür der Hauskapelle geöffnet und

zwei schöne Gespenster entstiegen der Tiefe. Der Mutige begann zu zittern. ‚Astorre, du bist mit ihr vermählt!' Der schallvolle Name dröhnte im Echo des Gewölbes wie die Tuba jenes Tages. ‚Und trägst Dianens Ring am Finger!'

Astorre riß ihn ab und schleuderte ihn.

Ascanio stürzte an das offene Fenster, durch welches der Ring gesprungen war. ‚Er ist in eine Spalte zwischen zwei Quadern geglitscht', sprach es aus der Gasse herauf. Ascanio erblickte Turbane und Eisenkappen. Es waren die Leute des Vogtes, welche ihre nächtliche Runde begannen.

‚Auf ein Wort, Abu Mohammed!' rief er, rasch besonnen, einen weißbärtigen Greis, der höflich erwiderte: ‚Dein Wunsch ist mir Befehl!' und mit zwei anderen Sarazenen und einem Deutschen im Tore des Palastes verschwand.

Abu=Mohammed=al=Tabîb überwachte nicht nur die Sicherheit der Straße, sondern betrat auch das Innerste der Häuser, um Reichsverräter – oder was der Vogt so benannte – zu verhaften. Kaiser Friedrich hatte ihn seinem Schwiegersohne, dem Tyrannen, gegeben, damit er diesem eine sarazenische Leibwache werbe, und an deren Spitze war er in Padua verblieben. Abu Mohammed war eine feine Erscheinung und hatte gewinnende Formen. Er nahm Anteil an dem Schmerze der Familie, deren Glied er in den Kerker oder zum Blocke führte, und tröstete die betrübte in seinem gebrochenen Italienisch mit Sprüchen arabischer Dichter. Ich vermute, daß er seinen Beinamen ‚al Tabîb', das ist der Arzt, wenn er auch einige chirurgische Kenntnisse und Griffe besitzen mochte, zuerst und voraus gewissen ärztlichen Manieren verdankte: ermutigenden Handgebärden, beruhigenden Worten, wie zum Beispiel: ‚Es tut nicht weh', oder ‚Es geht vorüber', womit die Jünger Galens eine schmerzliche Operation einzuleiten pflegen. Kurz, Abu Mohammed behandelte das Tragische gelinde und war zur Zeit meiner Fabel trotz seines strengen und bittern Amtes in Padua keine verhaßte Persönlichkeit. Später, da der Tyrann eine Lust daran fand, menschliche Leiber zu martern, woran du nicht glauben kannst, Cangrande! verließ ihn Abu Mohammed und kehrte zu seinem gütigen Kaiser zurück.

Auf der Schwelle des Gemaches winkte Abu Mohammed seinen drei Begleitern, stehen zu bleiben. Der Deutsche, der die Fackel trug, ein trotzig blickender Geselle, verharrte nicht lange. Er hatte heute zur Vesperstunde Germano nach dem Palaste Vicedomini begleitet und dieser ihm zugelacht: ‚Laß mich jetzt! Ich verlobe hier mein Schwesterchen Diana dem Mönche!' Der Germane kannte die Schwester seines Hauptmanns und hatte eine Art stiller Neigung zu ihr, ihres hohen Wuchses und ihrer redlichen Augen halber. Da er nun den Mönch, welchem er heute mittag zur Seite geritten, Hand in Hand mit einem kleinen und zierlichen Weibe sah, das ihm, neben dem großen Bilde Dianens, als eine Puppe erschien, witterte er Treubruch, schmiß erzürnt die lodernde Fackel auf den Steinboden, wo sie der eine der Sarazenen behutsam aufhob, und eilte davon, Germano den Verrat des Mönches zu melden.

Ascanio, der den Deutschen erriet, bat Abu Mohammed, ihn zurückzurufen. Dieser aber weigerte sich. ‚Er würde nicht gehorchen', sagte er sanft, ‚und mir zwei oder drei meiner Leute niederhauen. Mit welchem andern Dienste, Herr, bin ich dir gefällig? Verhafte ich diese blühenden Jugenden?'

‚Astorre, sie wollen uns trennen!' schrie Antiope und suchte Schutz in den Armen des Mönches. Die am Altare

Frevelnde hatte mit einer schuldlosen Seele auch die natürliche Beherztheit eingebüßt. Der Mönch, welchen seine Schuld vielmehr ermutigte und begeisterte, tat einen Schritt gegen den Sarazenen und riß ihm unversehens das Schwert aus der Scheide. ‚Vorsichtig, Knabe, du könntest dich schneiden', warnte dieser gutmütig.

‚Laß dir sagen, Abu Mohammed', erklärte Ascanio, ‚dieser Rasende ist der Gespiele meiner Jugend und war lange Zeit der Mönch Astorre, den du sicherlich auf den Straßen Paduas gesehen hast. Der eigene Vater hat ihn um sein Klostergelübde geprellt und mit einem ungeliebten Weibe vermählt. Vor wenigen Stunden wechselte er mit ihr die Ringe, und jetzt, wie du ihn hier siehst, ist er der Gatte dieser andern.'

‚Verhängnis!' urteilte der Sarazene mild.

‚Und die Verratene', fuhr Ascanio fort, ‚ist Diana Pizzaguerra, die Schwester Germanos! Du kennst ihn. Er glaubt und traut lange, sieht und greift er aber, daß er ein Getäuschter und Betrogener ist, so spritzt ihm das Blut in die Augen und er tötet.'

‚Nicht anders', bestätigte Abu Mohammed. ‚Er ist von der Mutter her ein Deutscher und diese sind Kinder der Treue!'

‚Rate mir, Sarazene. Ich weiß nur *eine* Auskunft: vielleicht eine Rettung. Wir bringen die Sache vor den Vogt. Ezzelin mag richten. Inzwischen bewachen deine Leute den Mönch in seinem eigenen festen Hause. Ich eile zum Ohm. Diese aber bringst du, Abu Mohammed, zu der Markgräfin Cunizza, der Schwester des Vogts, der frommen und leutseligen Domina, die hier seit einigen Wochen Hof hält. Nimm die hübsche Sünderin! Ich anvertraue sie deinem weißen Barte.' ‚Du darfst es', versicherte Mohammed.

Antiope umklammerte den Mönch und schrie noch

kläglicher als das erste Mal: ‚Sie wollen mich von dir trennen! Laß mich nicht, Astorre! keine Stunde! keinen Augenblick! Oder ich sterbe!‘ Der Mönch hob das Schwert.

Ascanio, der jede Gewalttat verabscheute, blickte den Sarazenen fragend an. Dieser betrachtete die sich umschlungen Haltenden mit väterlichen Augen. ‚Laß die Schatten sich umarmen!‘ sagte er dann weichgestimmt, sei es daß er ein Philosoph war und das Leben für Schein hielt, sei es daß er sagen wollte: vielleicht verurteilt sie morgen Ezzelin zum Tode, gönne den verliebten Faltern die Stunde!

Ascanio zweifelte nicht an der Wirklichkeit der Dinge; desto zugänglicher war er dem zweiten Sinne des Spruches. Nicht allein als der Leichtfertige, der er war, sondern auch als ein Gütiger und Menschlicher zauderte er, die Liebenden auseinander zu reißen.

‚Astorre‘, fragte er, ‚kennst du mich?‘

‚Du warst mein Freund‘, antwortete dieser.

‚Und bin es noch. Du hast keinen treuern.‘

‚O trenne mich nicht von ihr!‘ flehte jetzt der Mönch in einem so ergreifenden Tone, daß Ascanio nicht widerstand. ‚So bleibet zusammen‘, sagte er, ‚bis ihr vor das Gericht tretet.‘ Er flüsterte mit Abu Mohammed.

Dieser näherte sich dem Mönche, entwand ihm sachte das Schwert, Finger um Finger von dem Griffe lösend, und ließ es in die Scheide an seiner Hüfte zurückfallen. Dann trat er ans Fenster, winkte seiner Schar, und die Sarazenen bemächtigten sich der auf dem Vorplatze stehengebliebenen Sänfte Madonna Olympias.

Durch eine enge finstere Gasse bewegte sich die schleunige Flucht: Antiope voran, von vier Sarazenen getragen, ihr zur Seite der Mönch und Ascanio, dann die Turbane. Abu Mohammed schloß den Zug.

Dieser eilte an einem kleinen Platz und einer erhellten Kirche vorüber. In die dunkle Fortsetzung der Gasse einmündend, stieß er in hartem Anprall mit einem ihm entgegenkommenden andern, von zahlreichem Volke begleiteten Zuge zusammen. Heftiges Gezänk erhob sich. ‚Raum der Sposina!' rief die Menge. Chorknaben brachten aus der Kirche lange Kerzen herbei, deren wehende Flämmchen sie mit vorgehaltener Hand schützten. Der gelbe Schimmer zeigte eine geneigte Sänfte und eine umgestürzte Bahre. La Sposina war ein gestorbenes Bräutchen aus dem Volke, das zu Grabe getragen wurde. Die Tote regte sich nicht und ließ sich gelassen wieder auf ihre Bahre legen. Das versammelte Volk aber erblickte den Mönch, der die aus der Sänfte gesprungene Antiope schirmend umfing, und es wußte doch, daß der Mönch heute mit Diana Pizzaguerra sich vermählt hatte. Abu Mohammed schaffte Ordnung. Ohne weitern Unfall erreichte man den Palast.

Astorre und Antiope wurden von der Dienerschaft mit erstaunten und bestürzten Blicken empfangen. Sie verschwanden im Tore, ohne von Abu Mohammed und Ascanio Abschied genommen zu haben. Dieser wickelte sich in sein Kleid und begleitete noch einige Schritte weit den Sarazenen, welcher die Stadtburg, die er bewachen sollte, umging, ihre Tore zählend und mit dem Blicke die Höhe ihrer Mauern messend.

‚Ein gefüllter Tag', sagte Ascanio.

‚Eine selige Nacht', erwiderte der Sarazene, den sternbesäten Himmel betrachtend. Die ewigen Lichter, ob sie nun unsere Schicksale beherrschen oder nicht, wanderten nach ihren stillen Gesetzen, bis ein junger Tag, der jüngste und letzte Astorres und Antiopes, die göttliche Fackel schwang.

In einer Morgenstunde desselben lauschte der Tyrann

mit seinem Neffen durch ein kleines Rundbogenfenster seines Stadtturmes auf den anliegenden Platz hinunter, den eine aufgeregte Menge füllte, murmelnd und tosend wie die wechselnde Meereswoge.

Die gestrige Begegnung der Sänfte mit der Bahre und der daraus entstandene Tumult hatte blitzschnell durch die ganze Stadt verlautet. Alle Köpfe beschäftigten sich wachend und träumend mit nichts anderm mehr, als mit dem Mönche und seiner Hochzeit: nicht nur dem Himmel habe der Ruchlose sein Gelübde gebrochen, sondern jetzt auch der Erde, seine Braut habe er verraten, seinen Reif verschleudert, in rasend raschem Wechsel mit einmal aufgeloderten Sinnen ein neues Weib gefreit, ein fünfzehnjähriges Mädchen, die Blüte des Lebens, und aus der zerrissenen Kutte sei ein gieriger Raubvogel aufgeflattert. Aber der gerechte Tyrann, der kein Ansehen der Person kenne, lasse das Haus, das den Verbrecher und die Verbrecherin verberge, von seinen Sarazenen bewachen; er werde heute, bald, jetzt die Missetat der zwei Vornehmen – denn die junge Sünderin Antiope sei eine Canossa – vor seinen Stuhl ziehen, der keuschen Diana ihr Recht schaffen und dem durch das schlechte Beispiel seines Adels beleidigten tugendhaften Volke die blutenden Köpfe der zwei Schuldigen durch das Fenster zuwerfen.

Der Tyrann ließ sich, während er einen beobachtenden Blick auf die gärende Masse warf, von Ascanio das Gestrige berichten. Die Verliebung rührte ihn nicht, nur der zugerollte Ring beschäftigte ihn einen Augenblick als eine neue Form des Schicksals. ‚Ich tadle‘, sagte er, ‚daß du sie gestern nicht auseinander gerissen hast! Ich lobe, daß du sie bewachst! Die Vermählung mit Diana besteht zu Recht. Das mit dem Schwert erzwungene oder mit dem Beutel gekaufte Sakrament ist so nichtig als möglich. Der Pfaffe, der sich erschrecken oder bestechen ließ, verdient den Galgen und, wird er eingefangen, so baumelt er. Noch einmal: warum tratest du nicht zwischen den Unmündigen und das Kind? warum zerrtest du nicht einen Taumelnden aus den Armen einer Berauschten? Du gabest sie ihm! Jetzt sind sie Gatten.'

Ascanio, welcher sich wieder hell und leichtfertig geschlafen hatte, verbarg ein Lächeln. ‚Epikuräer!' strafte ihn Ezzelin. Er aber schmeichelte: ‚Es ist geschehen, gestrenger Ohm. Wenn du den Fall in deinen Machtkreis ziehst, ist alles gerettet! Beide Parteien habe ich vor deinen Richterstuhl beschieden auf diese neunte Stunde.' Ein gegenüberstehender Campanile schlug sie. ‚Wolle nur, Ezzelin, und deine feste und kluge Hand löst den Knoten spielend. Liebe verschwendet und Geiz kennt Ehre nicht. Der verliebte Mönch wird dem niederträchtigen Geizhals, als welchen wir alle diesen würdigen Pizzaguerra kennen, hinwerfen, was er verlangt. Germano freilich wird das Schwert ziehen, doch du heißest es ihn in die Scheide zurückstoßen. Er ist dein Mann. Er knirscht, aber er gehorcht.'

‚Ich frage mich', sagte Ezzelin, ‚ob ich recht tue, den Mönch dem Schwerte meines Germano zu entziehen. Darf Astorre leben? Kann er es, jetzt da er nach verschleuderter Sandale auch den angezogenen ritterlichen Schuh zur Schlarpe tritt und der Cantus firmus des Mönches in einem gellenden Gassenhauer vertönt? Ich – was an mir liegt – friste dem Wankelmütigen und Wertlosen das Dasein. Allein ich vermag nichts gegen sein Schicksal. Ist Astorre dem Schwerte Germanos bestimmt, so kann ich diesen es senken heißen, jener rennt doch hinein. Ich kenne das. Ich habe das erfahren.' Und er verfiel in ein Brüten.

Scheu wandte Ascanio den Blick seitwärts. Er wußte eine grausame Geschichte.

Einst hatte der Tyrann ein Kastell erobert und die Empörer, die es gehalten hatten, zum Schwerte verurteilt. Der erste beste Kriegsknecht schwang es. Da kniete, um den Todesstreich zu empfangen, ein schöner Knabe, dessen Züge den Tyrannen fesselten. Ezzelin glaubte die seinigen zu erkennen und fragte den Jüngling nach seinem Ursprunge. Es war der Sohn eines Weibes, das Ezzelin in seiner Jugend sündig geliebt hatte. Er begnadigte den Verdammten. Dieser, von der eigenen Neugierde und den neidischen Sticheleien derer, welche ihre Söhne oder Verwandten durch jenes Bluturteil eingebüßt hatten, gereizt und verfolgt, ruhte nicht, bis er das Rätsel seiner Bevorzugung löste. Er soll den Dolch gegen die eigene Mutter gezückt und ihr das böse Geheimnis entrissen haben. Die enthüllte unehrliche Geburt vergiftete seine junge Seele. Er verschwur sich von neuem gegen den Tyrannen, überfiel ihn auf der Straße und wurde von demselben Kriegsknechte, der zufällig der erste war, Ezzelin zu Hilfe zu eilen, und mit demselben Schwerte niedergestoßen.

Ezzelin verbarg das Haupt eine Weile mit der Rechten und betrachtete den Untergang seines Sohnes. Dann erhob er es langsam und fragte: ‚Was aber wird aus Diana?‘

Ascanio zuckte die Achseln. ‚Diana hat einen Unstern. Zwei Männer hat sie verloren, den einen an die Brenta, den andern an ein lieblicheres Weib. Und dazu der karge Vater! Sie geht ins Kloster. Was bliebe ihr sonst?‘

Jetzt erhob sich drunten auf dem Platze ein Murren, ein Schelten, ein Verwünschen, ein Drohen. ‚Mordet den Mönch!‘ reizten einzelne Stimmen, doch da sie sich in einen allgemeinen Schrei vereinigen wollten, ging der Volkszorn auf eine seltsame Weise in ein erstauntes und bewunderndes ‚Ach!' über. ‚Ach, wie schön ist sie!' Der Tyrann und Ascanio konnten durch ihr Fenster den Auftritt bequem beobachten: Sarazenen auf schlanken Berbern, den Mönch Astorre und sein junges Weib, die von Maultieren getragen wurden, umringend. Die neue Vicedomini ritt verhüllt. Aber wie die tausend Fäuste des Volkes sich gegen den Mönch, ihren Gemahl, ballten, hatte sie sich leidenschaftlich vor ihn geworfen. Die liebende Gebärde zerriß den Schleier. Es war nicht der Reiz des Antlitzes allein, noch die Jugend ihres Wuchses, sondern das volle Spiel der Seele, das gestaltete Gefühl, der Atem des Lebens, was die Menge entwaffnete und hinriß, wie gestern den Mönch, der jetzt als ein blühender Triumphator ohne die leiseste Furcht, denn er glaubte sich gefestet und gefeit, mit seiner warmen Beute einherzog.

Ezzelin betrachtete diesen Sieg der Schönheit fast verächtlich. Er wandte sein Auge teilnehmend gegen den zweiten Auftritt, welcher aus einer andern Gasse auf den Turmplatz mündete. Drei Vornehme, wie Astorre und Antiope zahlreich begleitet, suchten Bahn durch die Menge. In der Mitte ein schneeweißes Haupt: die würdige Erscheinung des alten Pizzaguerra. Ihm zur Linken Germano. Dieser hatte gestern schrecklich gezürnt, als ihm sein Deutscher die Kunde des Verrates brachte, und stürzte spornstreichs zur Rache, wurde aber von dem Sarazenen ereilt, welcher ihn, den Vater und die Schwester auf die nächste Frühstunde in den Turm und vor das Gericht des Vogtes lud. Er hatte darauf der Schwester den Frevel des Mönches, welchen er ihr lieber bis nach genommener Rache verheimlicht, offenbaren müssen und sich über ihre Fassung gewundert. Diana ritt zur

Rechten des Vaters, keine andere als sonst, nur daß sie den breiten Nacken um einen schweren Gedanken tiefer als gestern trug.

Die Menge, welche die Gekränkte und ihr Recht Fordernde eine Minute früher mit zürnendem Jubel begrüßt hätte, begnügte sich jetzt, das Auge noch geblendet von dem Glanze Antiopes und den Verrat des Mönches begreifend und mitbegehend, der Gedrückten ein mitleidiges: ‚Arme, Ärmste! Immer Geopferte!' zuzumurmeln.

Jetzt erschienen die Fünfe vor dem Tyrannen, der in einem nackten Saale auf einem nur um zwei Stufen über dem Boden erhöhten Stuhle saß. Vor ihm standen Kläger und Verklagte sich gegenüber: hier die beiden Pizzaguerra und, ein wenig beiseite, die große Gestalt Dianas, dort, Hand in Hand verschlungen, der Mönch und Antiope, alle in Ehrfurcht, während Ascanio an den hohen Sessel des Tyrannen lehnte, als wolle er seine Unparteilichkeit und die Mitte wahren zwischen zwei Jugendgespielen.

‚Herrschaften', begann Ezzelin, ‚ich werde euern Fall nicht als eine Staatssache, wo Treubruch Verrat, und Verrat Majestätsverbrechen ist, behandeln, sondern als eine läßliche Familienangelegenheit. In der Tat, die Pizzaguerra, die Vicedomini, die Canossa sind ebenso edeln Blutes als ich, nur daß die Erhabenheit des Kaisers mich zu ihrem Vogte in diesen ihren Ländern gemacht hat.' Ezzelin neigte das Haupt bei der Nennung der höchsten Macht; er konnte es nicht entblößen, da er dasselbe, wenn er es nicht mit dem Streithelm bedeckte, überall, selbst in Wind und Wetter, nach antiker Weise bar trug. ‚So bilden die zwölf Geschlechter eine große Familie, zu der auch ich durch eine meiner Ahnfrauen gehöre. Aber wie sind wir zusammengeschmolzen durch unselige Verblendung und strafbare Auflehnung einiger unter uns gegen das höchste weltliche Amt! Wenn ihr mir glaubet, so sparen wir nach Kräften, was noch vorhanden ist. In diesem Sinne halte ich die Rache der Pizzaguerra gegen Astorre Vicedomini auf, obwohl ich sie ihrer Natur nach eine gerechte nenne. Seid ihr', er wendete sich gegen die drei Pizzaguerra, ,mit meiner Milde nicht einverstanden, so höret und bedenket eines: ich, Ezzelino da Romano, bin der erste und darum der Hauptschuldige. Hätte ich mein Roß nicht an einem gewissen Tage und zu einer gewissen Stunde längs der Brenta jagen lassen, Diana wäre standesgemäß vermählt und dieser hier murmelte sein Brevier. Hätte ich meine Deutschen nicht zur Musterung befohlen an einem gewissen Tage und zu einer gewissen Stunde, so hätte mein Germano den Mönch nicht unzeitig auf einen Gaul gesetzt und dieser der Frau, welche er jetzt an der Hand hält, den ihr von seinem bösen Dämon –'

,Von meinem guten!' frohlockte der Mönch.

,– von seinem Dämon zugerollten Brautring wieder vom Finger gezogen. Darum, Herrschaften, begünstigt mich, indem ihr mir die verwickelte Sache entwirren und schlichten helfet; denn bestündet ihr auf der Strenge, so müßte ich auch mich und mich zuerst verurteilen!'

Diese ungewöhnliche Rede brachte den alten Pizzaguerra keineswegs aus der Fassung, und als ihn der Tyrann ansprach: ,Edler Herr, Euer ist die Klage', sagte er kurz und karg: ,Herrlichkeit, Astorre Vicedomini verlobte sich öffentlich und ganz nach den Gebräuchen mit meinem Kinde Diana. Dann aber, ohne daß Diana sich gegen ihn vergangen hätte, brach er sein Verlöbnis. Unbegründet, ungesetzlich, kirchenschänderisch. Diese Tat wiegt schwer und verlangt, wo nicht Blut, welches deine

Herrlichkeit nicht vergossen sehen will, eine schwere Sühne', und er machte die Gebärde eines Krämers, der Gewichtstein um Gewichtstein in eine Waagschale legt.

,Ohne daß Diana sich vergangen hätte?' wiederholte der Tyrann. ,Mich dünkt, sie verging sich. Hatte sie nicht eine Wahnsinnige vor sich? Und Diana schilt und schlägt. Denn Diana ist jähzornig und unvernünftig, wenn sie sich in ihrem Rechte gekränkt glaubt.'

Da nickte Diana und sprach: ,Du sagst die Wahrheit, Ezzelin.'

,Das ist es auch', fuhr der Tyrann fort, ,warum Astorre sein Herz von ihr abgekehrt hat: er erblickte eine Barbarin.'

,Nein, Herr', widersprach der Mönch, die Verratene von neuem beleidigend, ,ich habe Diana nicht angeschaut, sondern das süße Antlitz, das den Schlag empfing, und mein Eingeweide erbarmte sich.'

Der Tyrann zuckte die Achseln. ,Du siehst, Pizzaguerra', lächelte er, ,der Mönch gleicht einem sittsamen Mädchen, das zum erstenmal einen starken Wein geschlürft hat und sich danach gebärdet. Wir aber sind alte nüchterne Leute. Sehen wir zu, wie die Sache sich austragen läßt.'

Pizzaguerra erwiderte: ,Viel, Ezzelin, täte ich dir zu Gefallen wegen deiner Verdienste um Padua. Doch läßt sich beleidigte Hausehre sühnen anders als mit gezogenem Schwerte?' So redete der Vater Dianens und machte mit dem Arm eine edle Bewegung, welche aber in eine Gebärde ausartete, die einer geöffneten, wo nicht hingehaltenen Hand zum Verwechseln ähnlich sah.

,Biete, Astorre!' sagte der Vogt mit dem Doppelsinne: Biete die Hand! oder: Biete Geld und Gut!

,Herr', wendete sich jetzt der Mönch offen und edel gegen den Tyrannen, ,wenn du einen Haltlosen, ja einen

Sinnberaubten in mir erblickst, ich zürne dir es nicht, denn ein starker Gott, den ich leugnete, weil ich sein Dasein nicht ahnen konnte, hat sich an mir gerächt und mich überwältigt. Noch jetzt treibt er mich wie ein Sturm und jagt mir den Mantel über den Kopf. Muß ich mein Glück – bettelhaftes Wort! armselige Sprache! – muß ich das Höchste des Lebens mit dem Leben bezahlen: ich begreife es und finde den Preis niedrig gestellt! Darf ich aber leben und mit Dieser leben, so markte ich nicht!' Er lächelte selig. ‚Nimm meine Habe, Pizzaguerra!'

‚Herrschaften', verfügte der Tyrann, ‚ich bevormunde diesen verschwenderischen Jüngling. Unterhandeln *wir* zusammen, Pizzaguerra. Du hörtest es: ich habe weite Vollmacht. Was denkst du von den Bergwerken der Vicedomini?'

Der ehrbare Greis schwieg, aber seine nahe zusammen liegenden Augen glitzerten wie zwei Diamanten.

‚Nimm meine Perlfischereien dazu!' rief Astorre, doch Ascanio, der die Stufen heruntergeglitten kam, verschloß ihm den Mund.

‚Edler Pizzaguerra', versuchte jetzt Ezzelin den Alten, ‚nimm die Bergwerke! Ich weiß, die Ehre deines Hauses geht dir über alles und steht um keinen Preis feil, aber ich weiß ebenfalls, du bist ein guter Paduaner und tust dem Stadtfrieden etwas zuliebe.'

Der Alte schwieg hartnäckig.

‚Nimm die Minen', wiederholte Ezzelin, der das Wortspiel liebte, ‚und gib die Minne!'

‚Die Bergwerke und die Fischereien?' fragte der Alte, als wäre er schwerhörig.

‚Die Bergwerke, sagte ich, und damit gut. Sie ertragen viele tausende Pfunde. Würdest du mehr fordern, Pizzaguerra, so hätte ich mich in deiner Gesinnung betrogen und du setztest dich dem häßlichen Verdachte aus, um Ehre zu feilschen.‘

Da der Geizhals den Tyrannen fürchtete und nicht mehr erlangen konnte, verschluckte er seinen Verdruß und bot dem Mönche die trockene Hand. ‚Ein schriftliches Wort, Lebens und Sterbens halber‘, sagte er dann, zog Stift und Rechenbüchlein aus der Gürteltasche, entwarf mit zitternden Fingern die Urkunde ‚coram domino Azzolino‘ und ließ den Mönch unterzeichnen. Hierauf verbeugte er sich vor dem Vogt und bat, ihn zu entschuldigen, wenn er, obwohl einer aus den Zwölfen, Altersschwäche halber der Hochzeit des Mönches nicht beiwohne.

Germano hatte seine Wut verbeißend neben dem Vater gestanden. Jetzt löste er den einen seiner Eisenhandschuhe. Er schleuderte ihn dem Mönch ins Gesicht, hätte ihm nicht eine Machtgebärde des Tyrannen Halt geboten.

‚Sohn, willst du den öffentlichen Frieden brechen?‘ mahnte jetzt auch der alte Pizzaguerra. ‚Mein gegebenes Wort enthält und verbürgt auch das deinige. Gehorche! Bei meinem Fluche! Bei deiner Enterbung!‘ drohte er.

Germano lachte. ‚Kümmert Euch um Eure schmutzigen Hände, Vater!‘ warf er verächtlich hin. ‚Doch auch du, Ezzelin, Herr von Padua, darfst es mir nicht verwehren! Es ist Mannesrecht und Privatsache. Verweigere ich dem Kaiser und dir, seinem Vogte, den Gehorsam, so enthaupte mich; aber du hinderst mich nicht, gerecht wie du bist, diesen Mönch zu erwürgen, der meine Schwester geäfft und mich beheuchelt hat. Wäre Untreue straflos, wer möchte leben? Es ist des Platzes auf der Erde zu wenig für den Mönch und mich. Das wird er selbst begreifen, wann er wieder zu Sinnen kommt.‘

‚Germano‘, gebot Ezzelin, ‚ich bin dein Kriegsherr.

Morgen vielleicht ruft die Tuba. Du bist nicht dein eigen, du gehörst dem Reich!'

Germano erwiderte nichts. Er befestigte den Handschuh. ,Vorzeiten', sagte er dann, ,unter den blinden Heiden gab es eine Gottheit, welche gebrochene Treue rächte. Das wird sich mit dem Glockengeläute nicht geändert haben. Ihr befehle ich meine Sache!' Rasch erhob er die Hand.

,So steht es gut', lächelte Ezzelin. ,Heute abend wird im Palaste Vicedomini Hochzeit mit Masken gefeiert, ganz wie gebräuchlich. *Ich* gebe das Fest und lade euch ein, Germano und Diana. Ungepanzert, Germano! Mit kurzem Schwerte!'

,Grausamer!' stöhnte der Krieger. ,Kommt, Vater! Wie möget Ihr länger das Schauspiel unserer Schande geben?' Er riß den Alten mit sich fort.

,Und du, Diana?' fragte Ezzelin, da er vor seinem Stuhle nur noch diese und die Neuvermählten sah. ,Begleitest du nicht Vater und Bruder?'

,Wenn du es gestattest, Herr', sagte sie, ,habe ich ein Wort mit der Vicedomini zu reden.' An dem Mönche vorüber blickte sie fest auf Antiope.

Diese, deren Hand Astorre nicht losgab, hatte an dem Gerichte des Tyrannen einen leidenden aber tief erregten Anteil genommen. Bald errötete das liebende Weib. Bald entfärbte sich eine Schuldige, die unter dem Lächeln und der Gnade Ezzelins sein wahres und ein sie verdammendes Urteil entdeckte. Bald jubelte ein der Strafe entwischtes Kind. Bald regte sich das erste Selbstgefühl der jungen Herrin, der neuen Vicedomini. Jetzt, von Diana ins Gesicht angeredet, warf sie ihr scheue und feindselige Blicke entgegen.

Diese ließ sich nicht beirren. ,Schau her, Antiope!' sagte sie. ,Hier mein Finger' – sie streckte ihn – ,trägt den Ring deines Gatten. Den darfst du nicht vergessen. Ich bin nicht abergläubischer als andere, aber an deiner Stelle wäre mir schlimm zumute! Schwer hast du dich an mir versündigt, doch ich will gut und milde sein. Heute abend feierst du Hochzeit mit Masken nach den Gebräuchen. Ich werde dir erscheinen. Komme reuig und demütig und ziehe mir den Ring vom Finger!‘

Antiope stieß einen Schrei der Angst aus und klammerte sich an ihren Gatten. Dann, in seinen Armen geborgen, redete sie stürmisch: ‚Ich soll mich erniedrigen? Was befiehlst du, Astorre? Meine Ehre ist deine Ehre! Ich bin nichts mehr als dein Eigentum, dein Herzklopfen, dein Atemzug und deine Seele. Wenn du willst und du gebietest, dann!‘

Astorre sprach, sein Weib zärtlich beruhigend, gegen Diana: ‚Sie wird es tun. Möge dich ihre Demut versöhnen! und die meinige! Sei mein Gast heute Nacht und bleibe meinem Hause günstig!‘ Er wendete sich zu Ezzelin, dankte ihm ehrerbietig für Gericht und Gnade, verneigte sich und entführte sein Weib. Auf der Schwelle aber wandte er sich noch fragend gegen Diana: ‚Und in welcher Tracht wirst du bei uns erscheinen, daß wir dich kennen und dir Ehre bezeigen?‘

Diese lächelte verächtlich. Wieder wendete sie sich gegen Antiope. ‚Kommen werde ich als die, welche ich mich nenne und welche ich bin: die Unberührte, die Jungfräuliche!‘ sagte sie stolz. Dann wiederholte sie: ‚Antiope, denke daran: reuig und demütig!‘

‚Du meinst es ehrlich, Diana? Du führst nichts im Schilde?‘ zweifelte der Tyrann, da ihm jetzt die Pizzaguerra allein gegenüberstand.

‚Nichts‘, erwiderte sie, jede Beteurung verschmähend.

‚Und was wird aus dir, Diana?‘ fragte er.

‚Ezzelin‘, antwortete sie bitter, ‚vor diesem deinem

Richtstuhle hat mein Vater die Ehre und Rache seines Kindes um ein paar Erzklumpen verschachert. Ich bin nicht wert, daß mich die Sonne bescheine. Für solche ist die Zelle!' Und sie verließ den Saal.

'Allervortrefflichster Ohm!' jubelte Ascanio. 'Du vermählst das seligste Paar in Padua und machst aus einer gefährlichen Geschichte ein reizendes Märchen, womit ich einst, als ein ehrwürdiger Greis, meine Enkel und Enkelinnen am Herdfeuer ergötzen werde!'

'Idyllischer Neffe!' spottete der Tyrann. Er trat ans Fenster und blickte auf den Platz hinunter, wo die Menge noch in fieberhafter Neugierde standhielt. Ezzelin hatte Befehl gegeben, die vor ihn Beschiedenen durch eine Hinterpforte zu entlassen.

'Paduaner!' redete er jetzt mit gewaltiger Stimme und Tausende schwiegen wie eine Einöde. 'Ich habe den Handel untersucht. Er war verwickelt und die Schuld geteilt. Ich vergab, denn ich bin zur Milde geneigt jedesmal, wo die Majestät des Reiches nicht berührt wird. Heute abend halten Hochzeit mit Masken Astorre Vicedomini und Antiope Canossa. Ich, Ezzelin, gebe das Fest und lade euch alle. Lasset es euch schmecken, ich bin der Wirt! Euch gehören Schenke und Gasse! Den Palast Vicedomini aber betrete noch gefährde mir keiner, sonst, bei meiner Hand! – und jetzt kehre ruhig jeder in das Seinige, wenn ihr mich lieb habet!'

Ein unbestimmtes Gemurmel drang empor. Es verrieselte und verrann.

'Wie sie dich lieben!' scherzte Ascanio."

Dante schöpfte Atem. Dann endigte er in raschen Sätzen.

„Nachdem der Tyrann sein Gericht gehalten hatte, verritt er um Mittag nach einem seiner Kastelle, wo er baute. Er begehrte rechtzeitig nach Padua zurückzukehren, um die vor Diana sich demütigende Antiope zu betrachten.

Aber gegen Voraussicht und Willen wurde er auf der mehrere Miglien von der Stadt entfernten Burg festgehalten. Dorthin kam ihm ein staubbedeckter Sarazene nachgesprengt und überreichte ihm ein eigenhändiges Schreiben des Kaisers, das umgehende Antwort verlangte. Die Sache war von Bedeutung. Ezzelin hatte vor kurzem eine kaiserliche Burg im Ferraresischen, in deren Befehlshaber, einem Sizilianer, sein Scharfblick den Verräter argwöhnte, nächtlicherweise überfallen, eingenommen und den zweideutigen kaiserlichen Burgvogt in Fesseln gelegt. Nun verlangte der Staufe Rechenschaft über diesen klugen, aber verwegenen Eingriff in seinen Machtkreis. Die arbeitende Stirn in die Linke gelegt, ließ Ezzelin die Rechte über das Pergament gleiten und sein Stift zog ihn vom Ersten zum Zweiten und vom Zweiten zu einem Dritten. Gründlich unterhielt er sich mit dem erlauchten Schwiegervater über die Möglichkeiten und Ziele eines bevorstehenden oder wenigstens geplanten Feldzuges. So verschwand ihm Stunde und Zeitmaß. Erst als er sich wieder zu Pferde warf, erkannte er aus dem ihm vertrauten Wandel der Gestirne – sie blitzten in voller Klarheit –, daß er Padua kaum vor Mitternacht erreichen werde. Sein Gefolge weit hinter sich lassend, schnell wie ein Gespenst, flog er über die nächtige Ebene. Doch er wählte seinen Weg und umritt vorsichtig einen wenig tiefen Graben, über welchen der kühne Reiter an einem andern Tage spielend gesetzt hätte: er verhinderte das Schicksal, seine Fahrt zu bedrohen und seinen Hengst zu stürzen. Wieder verschlang er auf gestrecktem Renner den Raum, aber Paduas Lichter wollten noch nicht schimmern.

Dort, vor der breiten Stadtfeste der Vicedomini, während sie sich in rasch wachsender Dämmerung schwärzte, hatte sich das trunkene Volk versammelt. Zügellose wechselten mit possierlichen Szenen auf dem nicht großen Platze. In der gedrängten Menge gor eine wilde, zornige Lust, ein bacchantischer Taumel, welchem die ausgelassene Jugend der Hochschule ein Element des Spottes und Witzes beimischte.

Jetzt ließ sich eine schleppende Kantilene vernehmen, in der Art einer Litanei, wie unsere Landleute zu singen pflegen. Es war ein Zug Bauern, alt und jung, aus einem der zahlreichen Dörfer im Besitze der Vicedomini. Dieses arme Volk, welches in seiner Abgelegenheit nichts von der Verweltlichung des Mönches, sondern nur in unbestimmten Umrissen die Vermählung des Erben erfahren, hatte sich vor Tagesanbruch mit den üblichen Hochzeitsgeschenken aufgemacht und erreichte nun sein Ziel nach einer langen Wallfahrt im Staube der Landstraße. Es hielt und duckte sich zusammen, langsam über den wogenden Platz vorrückend, hier ein lokkiger Knabe, fast noch ein Kind, mit einer goldenen Honigwabe, dort eine scheue, stolze Dirne, ein blökendes bebändertes Lämmchen in den sorglichen Armen. Alle verlangten sie sehnlich nach dem Angesichte ihres neuen Herrn.

Nun verschwanden sie nach und nach in der Wölbung des Tores, wo rechts und links die angezündeten Fakkeln in den Eisenringen loderten, mit der letzten Tageshelle streitend. Im Torwege befahl Ascanio, als Ordner des Festes, er, der sonst so freundliche, mit einer schreienden und gereizten Stimme.

Von Stunde zu Stunde wuchs der Frevelmut des Volkes, und als endlich die vornehmen Masken anlangten, wurden sie gestoßen, dem Gesinde die Fackeln entrissen und auf den Steinplatten ausgetreten, die Edelweiber von ihren männlichen Begleitern abgedrängt und lüstern gehänselt, ungerächt von dem Schwertstiche, der an gewöhnlichen Abenden die Frechheit sofort gestraft hätte.

Dergestalt kämpfte unweit des Palasttores ein hohes Weib in der Tracht einer Diana mit einem immer enger sich schließenden Ringe von Klerikern und Schülern niedersten Ranges. Ein hagerer Mensch ließ seine mythologischen Kenntnisse glänzen. ‚Nicht Diana bist du!' näselte er verbuhlt, ‚du bist eine andere! Ich erkenne dich. Hier sitzt dein Täubchen!' und er zeigte auf den silbernen Halbmond über der Stirne der Göttin. Diese aber schmeichelte nicht wie Aphrodite, sondern zürnte wie Artemis. ‚Weg, Schweine!' schalt sie. ‚Ich bin eine reinliche Göttin und verabscheue die Kleriker!' ‚Gurr, gurr!' girrte die Hopfenstange und tastete mit den Knochenhänden, stieß aber auf der Stelle einen durchdringenden Schrei aus. Wimmernd hob der Elende die Hand und zeigte seinen Schaden. Sie war durch und durch gestochen und überquoll von Blut: das ergrimmte Mädchen hatte hinter sich in den Köcher gelangt – den entwendeten Jagdköcher ihres Bruders – und mit einem der scharf geschliffenen Pfeile die ekle Hand gezüchtigt.

Schon wurde der rasche Auftritt von einem andern ebenso grausamen, wenn auch unblutigen verdrängt. Eine alle erdenklichen Widersprüche und schneidenden Mißtöne durcheinander werfende Musik, die einem rasenden Zanke der Verdammten in der Hölle glich, brach sich Bahn durch die betäubte und ergötzte Menge. Das niederste und schlimmste Volk – Beutelschneider, Kuppler, Dirnen, Betteljungen – blies, kratzte, paukte, pfiff, quiekte, meckerte und grunzte vor und hinter einem abenteuerlichen Paare. Ein großes, verwildertes Weib von zerstörter Schönheit ging Arm in Arm

mit einem trunkenen Mönche in zerfetzter Kutte. Dieses war der Klosterbruder Serapion, der, von dem Beispiel Astorres aufgestachelt, nächtlicherweise aus der Zelle entsprungen war und sich seit einer Woche im Schlamm der Gasse wälzte. Vor einem aus der finstern Palastmauer vorspringenden erhellten Erker machte die Horde halt, und mit einer gellenden Stimme und der Gebärde eines öffentlichen Ausrufers schrie das Weib: ‚Kund und zu wissen, Herrschaften: Über ein kurzes schlummert der Mönch Astorre neben seiner Gattin Antiope!' Ein unbändiges Gelächter begleitete diese Verkündigung.

Jetzt nickte aus dem schmalen Bogenfenster des Erkers die läutende Schellenkappe Gocciolas und ein melancholisches Gesicht zeigte sich der Gasse.

‚Gutes Weib, sei stille!' klagte der Narr weinerlich auf den Platz hinunter. ‚Du verletzest meine Erziehung und beleidigst mein Schamgefühl!'

‚Guter Narr', antwortete die Schamlose, ‚stoße dich nicht daran! Was die Vornehmen begehen, dem geben wir den Namen. Wir setzen die Titel auf die Büchsen der Apotheke!'

‚Bei meinen Todsünden', jubelte Serapion, ‚das tun wir! Bis Mitternacht soll die Hochzeit meines Brüderchens auf allen Plätzen Paduas ausgeschellt und hell verkündigt werden. Vorwärts, marsch. Hopsasa!' und er hob das nackte Bein mit der Sandale aus den hangenden Lumpen der besudelten Kutte.

Dieser von der Menge wütend beklatschte Schwank verscholl an den steilen Mauern der nächtigen Burg, deren Fenster und Gemächer zum großen Teil gegen die innern Hofräume gingen.

In einem stillen, geschützten Gemache wurde Antiope von ihren Zofen, Sotte und einer andern, gekleidet und geschmückt, während Astorre den nicht enden wollenden Schwarm der Gäste oben an den Treppen empfing. Sie schaute in ihre eigenen bangen Augen, die ihr aus einem Silberspiegel begegneten, welchen die Unterzofe mit einem neidischen Gesicht in nackten frechen Armen hielt.

,Sotte', flüsterte das junge Weib zu der Dienerin, die ihr die Haare flocht, ,du ähnelst mir und hast meinen Wuchs: wechsle mit mir die Kleider, wenn du mich lieb hast! Gehe hin und ziehe ihr den Ring vom Finger! Reuig und demütig! Verbeuge dich mit gekreuzten Armen vor der Pizzaguerra, wie die letzte Sklavin! Falle auf die Kniee! Wälze dich am Boden! Wirf dich ganz weg! Nur nimm ihr den Ring! Ich lohne fürstlich!' und da sie Sotte zaudern sah: ,Nimm und behalte alles, was ich Köstliches trage!' flehte die Herrin, und dieser Versuchung widerstand die eitle Sotte nicht.

Astorre, welcher der Pflicht des Wirtes einen Augenblick entwendete, um sein Liebstes zu besuchen, fand im Gemache zwei sich umkleidende Frauen. Er erriet. ,Nein, Antiope!' verbot er. ,So darfst du nicht durchschlüpfen. Es muß Wort gehalten werden! Ich verlange es von deiner Liebe. Ich befehle es dir!' Indem er diesen strengen Spruch mit einem Kuß auf den geliebten Nakken zu einem Koseworte machte, wurde er weggerissen von dem herbeieilenden Ascanio, welcher ihm vorstellte, seine Bauern wünschen ihm ihre Gaben ohne Verzug zu überreichen, um in der Kühle der Nacht den Heimweg anzutreten. Da sich Antiope wendete, um den Gatten wiederzuküssen, küßte sie die Luft.

Jetzt ließ sie sich rasch fertig kleiden. Selbst die leichtfertige Sotte erschrak vor der Blässe des Angesichtes im Spiegel. Nichts lebte darin als die Angst der Augen und der Schimmer der zusammengepreßten Zähnchen. Ein roter Streif, der Schlag Dianens, wurde auf der weißen Stirne sichtbar.

Nach beendigtem Putze erhob sich das Weib Astorres mit klopfenden Pulsen und hämmernden Schläfen, verließ die sichere Kammer und durcheilte die Säle, Dianen suchend. Sie wurde gejagt von dem Mute der Furcht. Sie wollte jubelnd mit dem zurückeroberten Ringe ihrem Gatten entgegeneilen, dem sie den Anblick ihrer Buße erspart hätte.

Bald unterschied sie aus den Masken die hochgewachsene Göttin der Jagd, erkannte in ihr die Feindin und folgte, bebend und zornige Worte murmelnd, der gemessen Schreitenden, welche den Hauptsaal verließ und sich gnädig in eines der schwachbeleuchteten und nur halb so hohen Nebengemächer verlor. Die Göttin schien nicht öffentliche Demütigung, sondern Demut des Herzens zu verlangen.

Jetzt neigte sich im Halbdunkel Antiope vor Diana. ‚Gib mir den Ring!' preßte sie hervor und tastete an dem kräftigen Finger.

‚Demütig und reuig?' fragte Diana.

‚Wie anders, Herrin?' fieberte die Unselige. ‚Aber du treibst dein Spiel mit mir, Grausame! Du biegst deinen Finger, jetzt krümmst du ihn!'

Ob Antiope es sich einbildete? Ob Diana wirklich dieses Spiel trieb? Wie wenig ist ein gekrümmter Finger! Cangrande, du hast mich der Ungerechtigkeit bezichtigt. Ich entscheide nicht.

Genug, die Vicedomini hob den geschmeidigen Leib und rief, die flammenden Augen auf die strengen der Pizzaguerra gerichtet: ‚Neckst du eine Frau, Mädchen?' Dann bog sie sich wieder und suchte mit beiden Händen dem Finger den Ring zu entreißen – da durchfuhr sie ein Blitz. Ihr die linke Hand überlassend, hatte die strafende Diana mit der Rechten einen Pfeil aus dem Köcher gezogen und Antiope getötet. Diese sank zuerst auf die linke, dann auf die rechte Hand, drehte sich und lag, den Pfeil im Genick, auf die Seite gewendet.

Der Mönch, der nach Verabschiedung seiner ländlichen Gäste zurückgeeilt kam und sehnlich sein Weib suchte, fand eine Entseelte. Mit einem erstickten Schrei warf er sich neben sie nieder und zog ihr den Pfeil aus dem Halse. Ein Blutstrahl folgte. Astorre verlor die Besinnung.

Als er aus seiner Ohnmacht erwachte, stand Germano vor ihm mit gekreuzten Armen. ‚Bist du der Mörder?' fragte der Mönch.

‚Ich morde keine Weiber', antwortete der andere traurig. ‚Es ist meine Schwester, die ihr Recht gesucht hat.'

Astorre tastete nach dem Pfeile und fand ihn. Aufgesprungen in einem Satze und das lange Geschoß mit der blutigen Spitze wie eine Klinge handhabend, fiel er in blinder Wut den Jugendgespielen an. Der Krieger schauderte leicht vor dem schwarzgekleideten fahlen Gespenste mit den gesträubten Haaren und dem Pfeil in der Faust.

Er wich um einen Schritt. Das kurze Schwert ziehend, welches der Ungepanzerte heute trug, und den Pfeil damit festhaltend, sagte er mitleidig: ‚Geh in dein Kloster zurück, Astorre, das du nie hättest verlassen sollen!'

Da gewahrte er plötzlich den Tyrannen, der, gefolgt von dem ganzen Feste, welches dem längst Erwarteten bis ans Tor entgegengestürzt war, ihm gerade gegenüber durch die Tür trat.

Ezzelin streckte die Rechte, Friede gebietend, und Germano senkte ehrfürchtig seine Waffe vor dem Kriegsherrn. Diesen Augenblick ergriff der rasende

Mönch und stieß dem Ezzelin Entgegenschauenden den Pfeil in die Brust. Aber auch sich traf er tödlich, von dem blitzschnell wieder gehobenen Schwerte des Kriegers erreicht.

Germano war stumm zusammengesunken. Der Mönch, von Ascanio gestützt, tat noch einige wankende Schritte nach seinem Weibe und bettete sich, von dem Freunde niedergelassen, zu ihr, Mund an Mund.

Die Hochzeitsgäste umstanden die Vermählten. Ezzelin betrachtete den Tod. Hernach ließ er sich auf ein Knie nieder und drückte erst Antiope, darauf Astorre die Augen zu. In die Stille klang es mißtönig herein durch ein offenes Fenster. Man verstand aus dem Dunkel: ‚Jetzt schlummert der Mönch Astorre neben seiner Gattin Antiope.‘ Und ein fernes Gelächter."

Dante erhob sich. „Ich habe meinen Platz am Feuer bezahlt“, sagte er, „und suche nun das Glück des Schlummers. Der Herr des Friedens behüte uns alle!“ Er wendete sich und schritt durch die Pforte, welche ihm der Edelknabe geöffnet hatte. Aller Augen folgten ihm, der die Stufen einer fackelhellen Treppe langsam emporstieg.

Nachwort

I

Das erzählerische Werk Conrad Ferdinand Meyers ist durchweg in vergangenen geschichtlichen Epochen angesiedelt. Deshalb gilt der Dichter als Meister der historischen Novelle. Er bezèichnete sich auch selbst so. Dies ist bemerkenswert, weil diese Charakteristik und Selbsteinschätzung – unausgesprochen – eine Unterscheidung von anderen zeitgenössischen Tendenzen der Literaturentwicklung enthält. Die beiden Jahrzehnte, die Meyer zum Schreiben beschieden waren (etwa von 1871 bis 1891), bedeuteten für die Schriftsteller in den meisten europäischen Ländern eine Hoch-Zeit der kritischen Auseinandersetzung mit Krisenerscheinungen der bürgerlichen Gesellschaft, auf deren unverhüllte realistische und naturalistische Darstellung es ihnen ankam. So erschien zum Beispiel die Novelle *Der Heilige,* in der Meyer einen Konflikt Heinrichs II. von England mit seinem Freund, dem Kanzler Thomas Becket, schildert, in Rodenbergs *Deutscher Rundschau* im gleichen Jahr – 1879 –, in dem Henrik Ibsen in Skandinavien sein epochemachendes Gegenwartsdrama *Nora* veröffentlichte. Die Buchausgabe der Novelle erfolgte 1880 gleichzeitig mit den *Brüdern Karamasow,* worin Dostojewski das künstlerische Fazit seines Lebens und seiner Zeit zog. 1885, als Meyer in der *Richterin* bis in die Zeit Karls des Großen zurückgriff, wurden in Frankreich (und weit darüber hinaus) die Gemüter von Zolas hochaktuellem Roman *Germinal* erregt. Während der Schweizer Erzähler in seiner letzten Novelle *Angela Borgia* (1891) noch einmal alle Register der ihm eigenen sprachlichen Stilisierungskraft zur Darstellung einer italienischen Renaissancegeschichte zog, schrieb in Deutschland Gerhart Hauptmann bereits an den *Webern*. Deren erste Fassung erwies sich 1892 als nicht aufführbar, weil der Dichter die ausgebeuteten schlesischen Heimarbeiter ihre Not in sprachlich weithin unbearbeiteter schlesischer Mundart hatte herausschreien lassen.

Die Wirkungsgeschichte der Meyerschen Novellen bis heute hat längst erwiesen, daß es sich bei der konsequenten Bindung an Stoffe aus der europäischen Renaissance und der frühbürgerlichen Bewegung nicht um eine Flucht vor den gesellschaftlichen Widersprüchen handelte, die die Schweiz wie das übrige Europa in der zweiten Hälfte des 19. Jahrhunderts betrafen. Von seiner Schweizer Position aus und unter dem Blickwinkel seiner Kunstauffassung waren gerade Stoffe aus dieser Zeit für Meyer geeignet, sich in der zeitgenössischen Entwicklung als Künstler zu behaupten.

II

Conrad Ferdinand Meyer wurde am 11. Oktober 1825 als Sohn einer alten Züricher Patrizierfamilie geboren. Als 1840 sein Vater starb, der als Staatsbeamter tätig gewesen war, geriet der Fünfzehnjährige in eine tiefe Lebenskrise. Lebensangst und Zweifel an sich selbst lähmten ihn in so bedrohlicher Weise, daß er eine Nervenheilanstalt aufsuchen mußte.

Die Gründe für diesen Zusammenbruch, der sich dann am Ende seines Lebens wiederholte, waren vielschichtig. Er hatte zweifelsohne vor allem sehr persönliche Ursachen in der Familie, vor allem in der psychisch gefährdeten Mutter, die sich später selbst das Leben nahm. Darüberhinaus war jedoch der Tod seines Vaters für Meyer wie übrigens auch für seinen nur sechs Jahre älteren Landsmann Gottfried Keller, der seinen Vater ebenfalls bereits als Kind verlor, ein Schicksalsschlag von geschichtlicher Tragweite. Beide erlebten ihn, wenngleich von sozial unterschiedlichen Positionen aus, zu diesem Zeitpunkt vor der Mitte des 19. Jahrhunderts als Ausdruck einer für die Schweiz zu Ende gehenden Epoche. Zu der Zeit, als die beiden Vaterlosen begreifen mußten, daß sie fortan auf sich selbst gestellt ins Leben finden mußten, streifte auch die Schweiz die patriarchalischen Strukturen der alten Ständeordnung ab. Der 1848 im Parlament sanktionierte Übergang vom tradierten, auf das legendäre Bündnis der Urschweizer zurückgehende Staatenbund zum modernen Bundesstaat machte den Weg für eine kapitalistische Entwicklung frei. Während der Demokrat Keller in den Volksbewegungen der vierziger Jahre selbst aktiv für diesen Fortschritt eingetreten war, berührten Conrad Ferdinand Meyer weder die Schweizer Freischarenzüge, noch verband er mit der europäischen Entwicklung seit 1848 irgendwelche optimistischen demokratischen Erwartungen. Er erlebte die zeitgenössischen Veränderungen von Anfang an im Zeichen der humanen Verluste, die sie mit sich brachten.

Als er nach seiner Genesung einen Versuch unternahm, in Frankreich Jura zu studieren und beruflich in die Fußtapfen seines Vaters zu treten, klagte er bereits 1857 aus Paris, daß da „nur ein Gott“, sei, „das Geld und der Erfolg“. Seine Kritik galt den „drei Pesten der Gegenwart“, der Börse, dem Katholizismus und auch dem sich formierenden Proletariat, dessen geschichtlicher Anspruch sich seinem historischen Verständnis entzog. Eine Erbschaft (und später die Heirat mit einer wohlhabenden Frau) enthoben ihn der Notwendigkeit, unter den verabscheuten Verhältnissen für seinen Lebensunterhalt einen Beruf ausüben zu müssen. Er konnte sich ganz der Beschäftigung mit der Kunst widmen, die er auf Reisen in Frankreich, Deutschland und vor allem in Italien als eine alternative Lebensmöglichkeit zur bürgerlichen, auf Erwerb gerichteten Lebensweise schätzen gelernt hatte. Das betraf vorzüglich Malerei und Plastik der Renaissance, die für seine dichterische Tätigkeit zu ständigen Anregern wurden. Die Bewunderung für diese Epoche der Geschichte und der Kunst und die Distanzierung von der kapitalistischen Entwicklung seiner Zeit waren folglich zwei Seiten ein und desselben Bedürfnisses, sich in diesem Prozeß als Mensch und als Zeitgenosse zu behaupten.

III

Stoffe aus der italienischen Renaissance sowie aus verschiedenen Bereichen der bürgerlichen Aufstiegsbewegung in Europa gaben Meyer die Möglichkeit, als Künstler zu verteidigen, was ihm in den gesellschaftlichen Umschichtungsprozessen seiner Zeit gefährdet zu sein schien: bedeutende Persönlichkeiten, die in gesellschaftlich wesentlichen Aktionen wertvolle menschliche Eigenschaften bewahrten und – dabei siegend oder scheiternd – mitmenschliche Teilnahme verdienten.

Meyer hat mehrfach bekannt, daß er eigentlich das Drama erstrebt habe. Aus solchen Bekenntnissen geht hervor, daß er wohl an eine Tragödie im Stil der deutschen Klassik dachte. Wie Schiller, den er übrigens bewunderte, glaubte er, daß er in der Tragödie seine Überzeugung von der Geschichtsmächtigkeit des Individuums plastisch gestalten und sie damit gegen ihr zuwiderlaufende Tendenzen befestigen könnte. Daher hatte er sich auch, ermutigt durch seinen Freund, den

Renaissancekenner und -historiker Jakob Burckhardt, für historische Persönlichkeiten wie Friedrich II. von Hohenstauffen, Gustav Adolf, Heinrich II. von England, Cesare Borgia oder Ludwig XIV. interessiert. In derartigen hervorragenden Individuen, wie sie auch zwischen Shakespeare und Schiller Geschichtsdrama und Tragödie geprägt hatten, konnte, wie er hoffte, die Darstellung von Charakteren gelingen, die im Untergang Größe bewahrten. Was für die deutsche aufklärerisch-klassische Literatur im 18. Jahrhundert ein wesentlicher Wirkungsfaktor im Programm der Nationalerziehung und der humanistischen Menschenbildung gewesen war, sollte sich am Ende des 19. Jahrhunderts womöglich noch einmal bei der notwendigen nationalen und bürgerlichen Selbstbesinnung bewähren. Mit einem bedeutenden Schicksal sollten und könnten sich die Zuschauer seiner Zeit über die zeitgenössischen Schranken hinweg identifizieren und im Miterleiden der Vorgänge *ihre* Wesenskräfte, also *ihre* Persönlichkeit erleben und sich auf diese Weise über ihre zeitlichen Beschränkungen erheben und auch die Schweizer wieder zu dem werden, was sie menschlich – in einem demokratischen Sinne – einmal gewesen waren.

Die genannten historischen Persönlichkeiten sind schließlich in den Novellen zu Hintergrundgestalten geworden. Die erhofften Dramen hat Conrad Ferdinand Meyer nicht geschrieben. Auch die von ihm oft geäußerte Absicht, einen Stoff zur Vergewisserung seiner ästhetischen Möglichkeiten sowohl in dramatischer als auch in novellistischer Form zu gestalten, hat kaum mehr als unveröffentlichte dramatische Entwürfe gezeitigt. Die Titelhelden sind andere, selten handelnde, oft leidende Menschen. Und: ihre Schicksale werden erzählt, nicht auf dem Theater vorgeführt.

Dennoch sind sie nicht nur in hohem Maße dramatisch; sie sind auch, wenn man von den beiden heiteren *Der Schuß von der Kanzel* (1878) und *Plautus im Nonnenkloster* (1882) einmal absieht, fast alle von tiefer Tragik: der „entkuttete Mönch", der unter dem Druck eines fremden Willens aus seiner Bahn tritt und untergeht; *Die Richterin* (1885), die von ihrer Tochter belauscht wird, wie sie am Grabe ihres Mannes bekennt, ihn ermordet zu haben, und die sich den Tod gibt, um ihrer Tochter den Weg in die Zukunft freizuhalten; *Das Leiden eines Knaben* (1883), Julian Boufflers, der von den Lehrern des Jesuitenseminars in den Tod getrieben wird, ebenso wie *Angela Borgia* (1891), der die große Liebe versagt bleibt und die sich in den christlich-entsagungsvollen Dienst an dem geblendeten Giulio schicken lernen muß.

Aber die Tragik der Meyerschen Zentralfiguren gründet sich im allgemeinen nicht auf einen Konflikt, der zwischen einem Helden und einem Gegenspieler ausgetragen würde. Die Konflikte werden von den betroffenen Figuren im Innern erlitten. Es handelt sich bei Meyers Novellen trotz aller historisch-konkreten Details, die der Dichter mitgibt, um Seelendramen, die nur mit den Mitteln der Erzählkunst erschlossen und vom Leser nacherlebt werden können.

IV

Meyer beschäftigte in dieser Hinsicht eine Erfahrung, die schon Lessing machen mußte. Sie hing mit dem Charakter der modernen, bürgerlichen Existenz zusammen, mit der sich der Autor – im Medium des geschichtlichen Stoffes – auseinandersetzte. Als die *römische Virginia,* die für Lessing das Vorbild für *Emilia Galotti* abgegeben hatte, von ihrem Vater zum Schutze ihrer Tugend umgebracht worden war, hatte dies einen Volksaufstand gegen die Tyrannei zur Folge gehabt. Das war ein heroischer, poetischer und in seiner Tragik dramatischer Vorgang gewesen. Als Lessing diese Vorlage für das von ihm beabsichtigte *bürgerliche* Trauerspiel entpolitisierte, gewann er zwar ein allgemein menschlich interessierendes Schicksal. Der Konflikt Emilias verlagerte sich jedoch von der Gegnerschaft zur Feudalwillkür des Prinzen auf den Kampf gegen die Gefährdung ihrer Tugend durch ihre eigenen Sinne. Das war ein seelischer Konflikt, dessen Dramatik und Tragik sich der Öffentlichkeit und damit der Sichtbarkeit entzogen. Für die Tragödie des menschlichen Herzens unter dem Zwang der Verhältnisse des bürgerlichen Staates wurde fortan im 19. Jahrhundert der Roman die bevorzugte Gattung oder – wenn es wie bei Meyer um Tragik *und* Dramatik der Vorgänge ging – die Novelle. Bereits ehe Meyer diese Erfahrung machen sollte, nannte Theodor Storm 1861 die Novelle „die Schwester des Dramas“. Sie sei „die strengste Form der Prosadichtung. Gleich dem Drama“ behandele „sie die tiefsten Probleme des Menschenlebens; gleich diesem“ verlange „sie einen im Mittelpunkt stehenden Konflikt, von welchem aus das Ganze sich“ organisiere. Sie hätte im Prozeß der Literaturentwicklung „gleichsam die Aufgabe des Dramas übernommen“.

V

Gustav Adolfs Page (1882) und *Die Hochzeit des Mönchs* (1884) sind dramatische Novellen; sie basieren auf solchen modernen Konflikten. Auguste Leubelfing, die, als Jüngling verkleidet, Page des Schwedenkönigs Gustav Adolf wird, opfert sich in der Schlacht bei Lützen für den König, indem sie sich der Kugel entgegenwirft, die für den geliebten Mann bestimmt war. Die eigentliche Tragödie besteht jedoch nicht darin, daß die Mitwelt

Gustels Liebe erst akzeptiert, als sie sich (wie in der klassischen Tragödie) im Tode erfüllt, sich also als Opfer für die patriotische Sache heroisieren läßt. Es geht nicht um eine Liebe, die an ihr entgegenstehenden gesellschaftlichen Verhältnissen scheiterte. Gustel geht zugrunde, *weil* sie die gesellschaftlichen Normen als in der Person Gustav Adolfs gleichsam personifiziert bewundert und eben deshalb nicht verletzen möchte. Für ihn lassen sich weder Ehebruch noch die Anwesenheit von Frauen im Heerlager mit den protestantisch-bürgerlichen Moralvorstellungen vereinbaren. Frauen wie die Slawonierin, die sich darum nicht kümmern, stehen in diesem Denkmuster außerhalb von Moral und gesellschaftlicher Ordnung, gefährden sie mit ihrem egoistischen Anspruch und werden entweder umerzogen und wieder eingegliedert oder ausgestoßen. Übereinstimmung mit der Gesellschaft setzt – wenn auch in unterschiedlichem Grade – Selbstverleugnung und Verzicht auf egoistische Ansprüche (wozu alle möglichen sinnlichen Forderungen gehören) voraus. Zu lieben ohne zu lieben ist aber ein Frustrationszirkel, aus dem es für Gustel nur zwei Auswege gibt, die, gemessen an dem menschlich berechtigten Anspruch auf ganzheitliche Selbstverwirklichung, keine sind: Entweder Verzicht und lebenslange menschliche Verkrüppelung oder eine punktuelle Aufhebung des Widerspruchs im Tod. Gustel bekennt sich zu der Devise „Courte et bonne" (kurz und gut): „Ich wünsche mir alle Strahlen meines Lebens in *ein* Flammenbündel und in den Raum *einer* Stunde vereinigt, daß statt einer blöden Dämmerung ein kurzes, aber blendend helles Licht von Glück entstünde, um dann zu löschen wie ein zuckender Blitz."

Ähnlich verhält es sich mit dem Mönch Astorre, den eine von ihm und seiner Mitwelt nicht zu steuernde

Kette von Zufällen unrettbar aus der Ordnung wirft. Daß er sein Gelübde bricht, um die Braut seines verunglückten Bruders im Interesse der notwendigen Erbfolge seiner Familie zu heiraten, geschieht mit Zustimmung des Papstes und findet als gesellschaftliches Erfordernis noch die Zustimmung wenigstens der herrschenden patrizischen Kreise von Padua. Der Mönch stellt ähnlich wie Gustav Adolf ein Leitbild dar, in dem sich die gesellschaftlichen Anforderungen an die Volksmassen, Verzicht und Selbstüberwindung im Interesse des Gemeinwesens, glaubhaft verkörpern. Gerade weil er aus einer reichen Familie stammt, setzt er sich aber beim Volk bereits durch diesen Schritt dem Verdacht aus, den selbstlosen Dienst an der allgemeinen Ordnung nur vorgetäuscht zu haben. Daher ist der kaiserliche Vogt Ezzelin an seiner raschen Heirat mit Diana interessiert. Astorre soll die Fähigkeit zu einem maßvollen Leben auch als weltlicher Patrizier demonstrieren. Eine Ehe, für die dies und nicht Liebe den Ausschlag gibt, scheint geeignet, die in Teilen des Volkes lautwerdende Unzufriedenheit (die als egoistisch und asozial gewertet wird) durch das gute Beispiel zu bändigen. Daß der Zufall Astorre dem Mädchen Antiope begegnen läßt und in ihm sonst ungeweckt gebliebene Empfindungen wie die Liebe entfesselt, erscheint als ein Verhängnis, das er nicht zu meistern vermag. Wo er individuell am wahrsten ist und instinktiv weiß, daß er auf dieses Erlebnis einen natürlichen Anspruch hat, setzt er sich vor der Gesellschaft dem Mißverständnis aus, selbstisch zu handeln. Individueller Anspruch und gesellschaftliche Norm schließen nach Meyers Erfahrung einander aus.

VI

Die Konflikte, mit denen seine Figuren ringen, spiegeln Meyers Bemühungen um eine Interpretation der gesellschaftlichen Widersprüche gegen Ende des 19. Jahrhunderts. Einerseits wurden in dieser Zeit die inhumanen Seiten des Kapitalismus immer deutlicher, andererseits meldete die sich herausbildende Arbeiterklasse dagegen ihre historischen Ansprüche an. Für Meyer als konsequenten Verfechter bürgerlich-demokratischer Ordnung war die Funktionstüchtigkeit der Gesellschaft folglich von zwei Seiten gefährdet, die jedoch ursächlich miteinander zusammenhingen: in seinem Verständnis boten die Auflösung von Sitte und Ordnung, die die Bourgeoisie demonstrierte, dem Proletariat, wie die Pariser Commune 1871 zeigte, den Vorwand, seinerseits asoziale, den Bestand des Gemeinwesens zersetzende egoistische Forderungen anzumelden. Der darin sichtbare Klassenkonflikt erschien Meyer, der in bürgerlich-demokratischen Kategorien dachte, als *moralische* Krise. Der konnte seines Erachtens nur durch eine starke Persönlichkeit entgegengewirkt werden, die vermöge ihrer moralischen Integrität Ordnung und Sitte autoritativ wiederherstellen konnte. Eine solche Persönlichkeit sah Meyer, im Bewußtsein freilich auch anderer Seiten, z. B. in Bismarck. Wenn er jedoch dieses Denkmuster in der Novelle durchspielte, stieß der Dichter notwendig auf dessen geschichtliche Grenzen. Er sah sich zusehends genötigt, den Anspruch des einzelnen auf volle Verwirklichung seiner Persönlichkeit und die Forderungen der Gesellschaft als einander ausschließend gegenüberzustellen. Aber gerade darin ist die künstlerische Darstellung Meyers historisch wahrer als diese Hoffnung. In der Unlösbarkeit der Konflikte wird die Unmöglichkeit sichtbar, diesen gesellschaftlichen Widerspruch der Zeit unter den gegebenen Verhältnissen überhaupt zu lösen. Es erweist sich die geschichtliche Perspektivelosigkeit der bürgerlichen Demokratie in ihrer Unfähigkeit, das Recht des Menschen auf eine volle Entfaltung der Persönlichkeit in Einklang mit der ganzen Gesellschaft einzulösen. Zugleich nahm Conrad Ferdinand Meyer seine Verantwortung als Künstler wahr, auf der Berechtigung dieses Anspruchs immer wieder zu bestehen, indem er ihn seine Figuren auf die verschiedenste, menschlich stets ergreifende Weise verfechten läßt. –

Seine letzte Novelle, *Angela Borgia,* läßt – in der Zunahme resignativer Elemente – die schließliche psychische und physische Erschöpfung des Dichters ahnen. 1892 mußte er vorübergehend wieder die Nervenklinik aufsuchen. Die bis zu seinem Tod am 28. November 1898 ihm noch verbleibenden Jahre dämmerte er im Kreise seiner Familie dahin.

Christine Träger

Anmerkungen

PLAUTUS IM NONNENKLOSTER

5 *Cosmus (Cosimo) Medici* (1389–1464); die Familie Medici war das bedeutendste ital. Patriziergeschlecht, 1434–1735 (mit Unterbrechung) Herrscher von Florenz.

Poggio Bracciolini, Gian-Francesco (1380–1459); italienischer Humanist, päpstlicher Sekretär und Schriftsteller; Verfasser von Fazetien; ihm gelangen wertvolle Handschriftenfunde antiker Werke, u. a. des römischen Komödiendichters *Plautus,* Titus Maccius (um 244 v. u. Z.– um 184 v. u. Z.).

Fazetie (lat. facetiae); eine bes. von *Poggio* gepflegte Form des Schwanks.

Facetia inedita (lat.); unveröffentlichte Fazetie.

7 *Lernäische Schlange;* in der grch. Sage eine riesige, neunköpfige Schlange, der für jeden Kopf, den ihr jemand abschlug, zwei nachwuchsen.

8 *Otto (Odo) von Colonna* (1368–1431); wurde auf dem Konzil zu Konstanz 1417 als Papst Martin V. gewählt. Damit endete das durch Glaubensspaltung (Schisma) eingetretene Triregnum (s. d.).

9 *per fas oder nefas* (lat.); rechtmäßig oder unrechtmäßig.

22 *Doctor christianissimus* (lat.); der allerchristlichste Doktor, respektvolle Anrede.

24 *Bekenntnisse St. Augustins* (lat. confessiones); Hauptwerk des römischen Kirchenlehrers Aurelius Augustinus (354–430), das die Entwicklung der autobio-

graphischen Literatur in Europa v. a. im 18. Jahrhundert wesentlich beeinflußt hat.

34 *scelera horrenda abominanda* (lat.); schreckliche, abscheuliche Verbrechen.

Proteus; in der grch. Sage weissagender Meergott, der sich in alle Gestalten verwandeln konnte.

35 *Intemerata* (lat.); die Reine, Unschuldige.

36 *Optimus Maximus;* in der röm. Antike Bezeichnung für den besten, höchsten Gott Jupiter.

41 *Habemus pontificem Dominum Othonem de Colonna* (lat.); wir haben den Papst Otto von Colonna, Verkündigungsformel nach der Wahl des neuen Papstes.

42 *Triregnum* (lat.); Dreiherrschaft, die gleichzeitige, durch Glaubensspaltung bewirkte Herrschaft der Päpste, Johann XXIII., Benedikt XIII. und Gregor XII., die auf dem Konzil zu Konstanz (1414–1418) beendet wurde.

urbi et orbi (lat.); der Stadt und dem Erdkreis, päpstliche Formel, mit der bis heute Rom und der ganzen Welt der Segen erteilt wird.

Plaudite amici (lat.); spendet uns Beifall, Freunde.

GUSTAV ADOLFS PAGE

45 *Gustav Adolf* (1594–1632); seit 1611 König von Schweden, führte im Dreißigjährigen Krieg 1632 die protestantischen Truppen gegen die katholischen kaiserlichen unter Wallenstein.

49 *Remedur* (lat.); Abhilfe.

50 *tutte quante* (auch: tutti quanti, lat., ital.); samt und sonders.

55 *Die Brandenburgerin;* Marie Eleonore, Schwester Georg Wilhelms v. Brandenburg (1599–1655), seit 1620 mit Gustav Adolf verheiratet.

59 *Casse – Cou* (frz.); Wagehals.

61 *Nondum* (lat.); noch nicht.

61 *Courte et bonne* (frz.); kurz und gut.

68 *Herzog Franz Albrecht von Lauenburg;* ein Begleiter Gustav Adolfs, der einer – heute widerlegten – Behauptung zufolge den König meuchelmörderisch erschossen haben sollte.

79 *Pereat Gustavus* (lat.); nieder mit Gustav.

Salvokondukt (lat. salvo conductus); mit freiem Geleit.

80 *Admiral Gaspard de Coligny* (1519–1572); wurde nach seinem Übertritt zum Kalvinismus zum Führer der Hugenotten. Nach der hier von Wallenstein erwähnten Quelle hätte Coligny die Möglichkeit gehabt, seinen Gegner *François de Lorraine, Herzog von Guise* (1519–1563), von dem gegen diesen geplanten Anschlag zu informieren. Guise wurde bei der Belagerung von Orleans am 18. Februar 1563 von dem Hugenotten *Poltrot* aus dem Hinterhalt erschossen.

92 *Galopin* (frz.); unbeschwerter, leichtfertiger junger Mensch.

100 *Salva guardia* (lat.); Begleitschutz.

101 *Die Schlacht bei Lützen* (unweit von Leipzig); Gustav Adolf fiel dort am 6. (16.) 11. 1632.

Fortiter pugnans cum rege Gustavo Adolpho (lat.); tapfer mit dem König Gustav Adolf kämpfend.

DIE HOCHZEIT DES MÖNCHS

105 *Cangrande della Scala* (1291–1329); Markgraf von Verona, bei dem Dante sich nach seiner Verbannung aus Florenz (1302) einige Jahre aufhielt.

Dante Alighieri (1265–1321); bedeutendster Dichter der italien. Renaissance. In seinem Hauptwerk, der *Divina commedia* (1472 ersch., Die göttliche Komödie), auf die hier mehrfach Bezug genommen wird, schildert er den Weg des Menschen durch die Hölle (inferno) und über den Läuterungsberg (purgatorio) zur göttlichen Seligkeit (paradiso).

111 *Ezzelino da Romano* (1194–1259); Schwiegersohn und treuer Helfer Kaiser Friedrichs II. von Hohenstaufen im Kampf gegen das Papsttum, wurde 1236 Statthalter von Padua.

120 *egli – ella* (ital.); er – sie.

121 *Dekretalen* (lat.); Briefliche Verfügungen der Päpste; ursprünglich zur Entscheidung einzelner vorgebrachter Fälle, dann als allgemeine gesetzliche Richtschnur betrachtet.

122 *Friedrich II. von Hohenstaufen* (1194–1250); deutscher Kaiser und König von Jerusalem und Sizilien, residierte vorwiegend auf Sizilien und baute es zu einer zentralistisch regierten Monarchie aus.

123 *ipso facto* (lat.); selbstgemacht, eigenmächtig; eigentl. durch die Tat selbst.

134 *Sacrilegium* (lat.); Gotteslästerung, Entweihung.

136 *amare* (lat.); lieben, Verbum der 1. Konjugation.

Alsatier; Elsässer.

ghibellinische Höfe Italiens; die Ghibellinen, italienische Anhänger der Hohenstaufen, kämpften gegen die papstfreundlichen Guelfen und die Autonomiebestrebungen der oberitalienischen Städte.

148 *Der dreigekrönte Schriftsteller;* Papst Gregor IX. (1227–1241), der entschlossenste Gegner des deutschen Papsttums und Verfasser von 3 Büchern Dekretalen (1234).

151 *Valete!* (lat.); lebt wohl!

Non liquet (lat.); es läßt sich nicht entscheiden.

153 *Ecce* (lat.); siehe, siehe da.

Distinguendum est (lat.); man muß entscheiden.

154 *Sbosalizien* (lat. sponsalia, ‚Verlobung‘); Verlobungsfeierlichkeiten.

174 *Mänade* (grch.); rasendes Weib (urspr. aus dem Gefolge des Bacchus).
182 *Philtrum* (grch. philtron ‚Liebeszauber'); das Grübchen in der Mitte der Oberlippe.
185 *Camposanto* (ital.); heiliges Feld, Gottesacker, Friedhof.
211 *Miglien* (ital.); Meilen.

Orthographie und Interpunktion der drei Novellen wurden behutsam dem heutigen Stand angepaßt.

Inhalt